大学入試シリーズ

277

淑徳大学

教学社

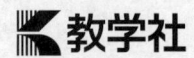

はしがき

入力した質問に対して，まるで人間が答えているかのような自然な文章で，しかも人間よりもはるかに速いスピードで回答することができるという，自然言語による対話型の AI（人工知能）の登場は，社会に大きな衝撃を与えました。回答の内容の信憑性については依然として課題があると言われるものの，AI 技術の目覚ましい進歩に驚かされ，人間の活動を助けるさまざまな可能性が期待される一方で，悪用される危険性や，将来人間を脅かす存在になるのではないかという危惧を覚える人もいるのではないでしょうか。

大学教育においても，本来は学生本人が作成すべきレポートや論文などが，AI のみに頼って作成されることが懸念されており，AI の使用についての注意点などを発表している大学もあります。たとえば東京大学では，「回答を批判的に確認し，適宜修正することが必要」，「人間自身が勉強や研究を怠ることはできない」といったことが述べられています。

16 ～ 17 世紀のイギリスの哲学者フランシス・ベーコンは，『随筆集』の中で，「悪賢い人は勉強を軽蔑し，単純な人は勉強を称賛し，賢い人は勉強を利用する」と記しています。これは勉強や学問に取り組む姿勢について述べたものですが，このような新たな技術に対しても，侮ったり，反対に盲信したりするのではなく，その利点と欠点を十分に検討し，特性をよく理解した上で賢く利用していくことが必要といえるでしょう。

受験勉強においても，単にテクニックを覚えるのではなく，基礎的な知識を習得することを目指して正攻法で取り組み，大学で教養や専門知識を学ぶための確固とした土台を作り，こうした大きな変革の時代にあっても自分を見失わず，揺るぎない力を身につけてほしいと願っています。

＊　＊　＊

本書刊行に際しまして，入試問題や資料をご提供いただいた大学関係者各位，掲載許可をいただいた著作権者の皆様，各科目の解答や対策の執筆にあたられた先生方に，心より御礼を申し上げます。

編者しるす

そもそも

赤本とは…

受験生のための大学入試の過去問題集！

60年以上の歴史を誇る赤本は，600点を超える刊行点数で全都道府県の370大学以上を網羅しており，過去問の代名詞として受験生の必須アイテムとなっています。

Q. なぜ受験に過去問が必要なの？

A. 大学入試は大学によって問題形式や頻出分野が大きく異なるからです。

マーク式か記述式か，試験時間に対する問題量はどうか，基本問題中心か応用問題中心か，論述問題や計算問題は出るのか――これらの出題形式や頻出分野などの傾向は大学によって違うので，とるべき対策も大学によって違ってきます。

出題傾向をつかみ，その大学にあわせた対策をとるために過去問が必要なのです。

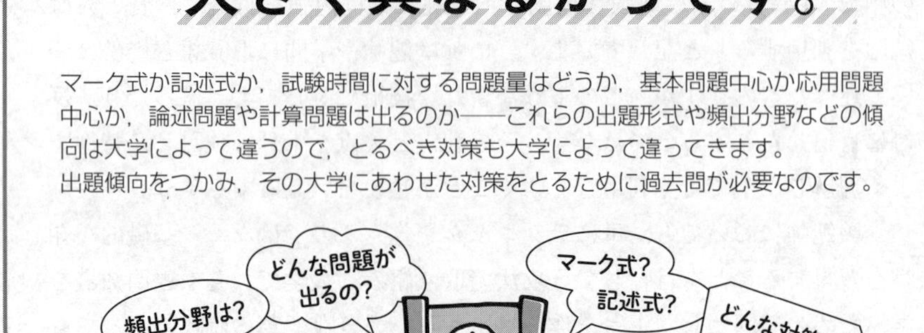
時間配分は？
どんな対策が必要？
自分に足りないのは？
問題のレベルは？

赤本で志望校を研究しよう！

赤本の掲載内容

傾向と対策

これまでの出題内容から，問題の**「傾向」**を分析し，
来年度の入試にむけて具体的な**「対策」**の方法を紹介しています。

問題編・解答編

年度ごとに問題とその解答を掲載しています。
「問題編」ではその年度の試験概要を確認したうえで，実際に出題された過去問に取り組むことができます。
「解答編」には高校・予備校の先生方による解答が載っています。

ギュ
ホンを…
大事に…

ページの見方

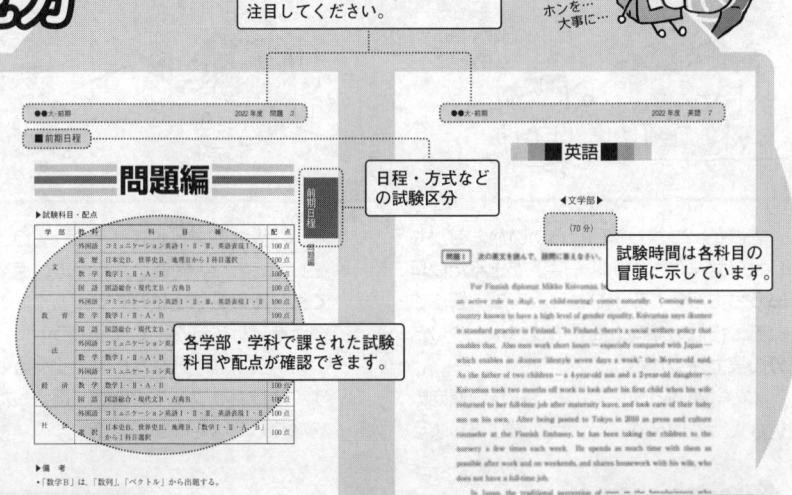

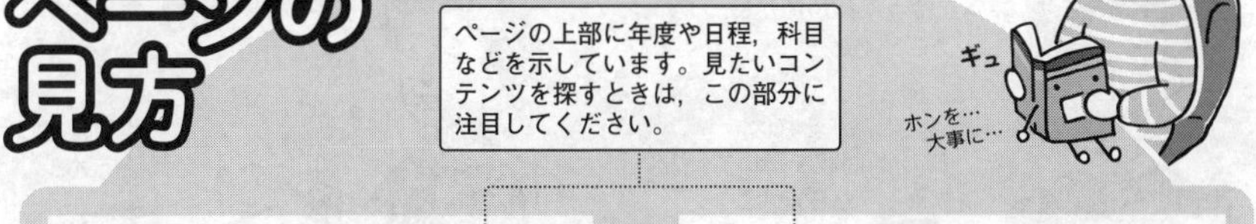

ページの上部に年度や日程，科目などを示しています。見たいコンテンツを探すときは，この部分に注目してください。
●●大-前期 2022年度 問題 3
■前期日程

◀文学部▶
(70分)
試験時間は各科目の冒頭に示しています。
問題編冒頭
各科目の問題

他にも赤本によって，大学の基本情報や，先輩受験生の合格体験記，在学生からのメッセージなどが載っています。

● 掲載内容について ●

著作権上の理由やその他編集上の都合により問題や解答の一部を割愛している場合があります。なお，指定校推薦入試，社会人入試，編入学試験，帰国生入試などの特別入試，英語以外の外国語科目，商業・工業科目は，原則として掲載しておりません。また試験科目は変更される場合がありますので，あらかじめご了承ください。

▶試験科目・配点
前期日程
日程・方式などの試験区分
各学部・学科で課された試験科目や配点が確認できます。
▶備考
•「数学B」は，「数列」，「ベクトル」から出題する。
●●大-前期 2022年度 英語 7

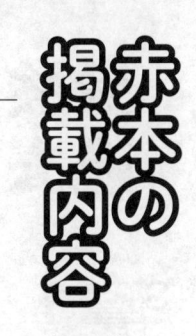

受験勉強は過去問に始まり，過去問に終わる。

STEP 1 まずは解いてみる

なにはともあれ

しずかに…
今，自分の心と
向き合ってるんだから
ムーン
それは
問題を解いて
からだホン!

過去問をいつから解いたらいいか悩むかもしれませんが，まずは一度，**できるだけ早いうちに**解いてみましょう。**実際に解くことで，出題の傾向，問題のレベル，今の自分の実力がつかめます**。
赤本の「傾向と対策」にも，詳しい傾向分析が載っています。必ず目を通しましょう。

STEP 2 弱点を分析する

じっくり具体的に

分析の結果だけど
英・数・国が苦手みたい
スリー
必須科目だホン
頑張るホン

解いた後は，ノートなどを使って自己分析をしましょう。**間違いは自分の弱点を教えてくれる貴重な情報源です**。
弱点を分析することで，今の自分に足りない力や苦手な分野などが見えてくるはずです。合格点を取るためには，こうした弱点をなくしていくのが近道です。

合格者があかす赤本の使い方

傾向と対策を熟読
(Fさん／国立大合格)

大学の出題傾向を調べることが大事だと思ったので，赤本に載っている「傾向と対策」を熟読しました。解答・解説もすべて目を通し，自分と違う解き方を学びました。

目標点を決める
(Yさん／私立大合格)

赤本によっては合格者最低点が載っているものもあるので，まずその点数を超えられるように目標を決めるのもいいかもしれません。

時間配分を確認
(Kさん／公立大合格)

過去問を本番の試験と同様の時間内に解くことで，どのような時間配分にするか，どの設問から解くかを決めました。

過去問を解いてみて，まずは自分のレベルとのギャップを知りましょう。
それを克服できるように学習計画を立て，苦手分野の対策をします。
そして，また過去問を解いてみる，というサイクルを繰り返すことで効果的に学習ができます。

STEP 3 重点対策をする

志望校にあわせて

明日からはみんなで頑張るよ！
参考書も！ 問題集も！
よろしくね！
呼んだ？
なにを!?
どこから!?
グッ
グッ

分析した結果をもとに，参考書や問題集を活用して**苦手な分野の重点対策**をしていきます。赤本を指針にして，何をどんな方法で強化すればよいかを考え，**具体的な学習計画を立てましょう**。
「傾向と対策」のアドバイスも参考にしてください。

STEP 1▸2▸3… 実践を繰り返す

サイクルが大事！

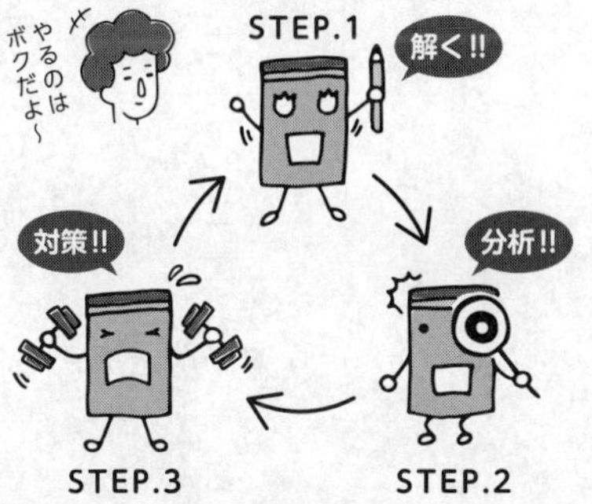
やるのはボクだよ～
STEP.1
解く!!
分析!!
対策!!
STEP.3
STEP.2

ステップ1～3を繰り返し，足りない知識の補強や，よりよい解き方を研究して，実力アップにつなげましょう。
繰り返し解いて**出題形式に慣れること**や，試験時間に合わせて**実戦演習を行うこと**も大切です。

添削してもらう

（Sさん／国立大合格）

記述式の問題は自分で採点しにくいので，先生に添削してもらうとよいです。人に見てもらうことで自分の弱点に気づきやすくなると思います。

繰り返し解く

（Tさん／国立大合格）

１周目は問題のレベル確認程度に使い，２周目は復習兼頻出事項の見極めとして，３周目はしっかり得点できる状態を目指して使いました。

他学部の過去問も活用

（Kさん／私立大合格）

自分の志望学部の問題はもちろん，同じ大学の他の学部の過去問も解くようにしました。同じ大学であれば，傾向が似ていることが多いので，これはオススメです。

目次

掲載内容についてのお断り

- 総合型選抜・学校推薦型選抜は掲載していません。
- 著作権の都合により，下記の内容を省略しています。

  一般選抜Ａ（２月３日実施分）:「英語」大問４の英文

University Guide

大学情報

大学の基本情報

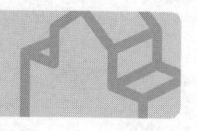

学部・学科の構成

大　学

総合福祉学部　千葉キャンパス
　社会福祉学科
　教育福祉学科（学校教育コース，健康教育コース）
　実践心理学科
コミュニティ政策学部　千葉キャンパス
　コミュニティ政策学科
看護栄養学部　千葉第二キャンパス
　看護学科
　栄養学科
教育学部　埼玉キャンパス
　こども教育学科（初等教育コース，幼児教育コース）
地域創生学部　埼玉キャンパス
　地域創生学科
経営学部　東京キャンパス
　経営学科
　観光経営学科
人文学部　東京キャンパス
　歴史学科
　表現学科
　人間科学科

大学院

総合福祉研究科／看護学研究科

募集要項(出願書類)の入手方法

募集要項はテレメールで請求できます。

問い合わせ先

アドミッションセンター

〒174-0063　東京都板橋区前野町 2-29-3

TEL.　03-5918-8125

総合福祉学部・コミュニティ政策学部

〔千葉キャンパス〕〒260-8701　千葉県千葉市中央区大巌寺町 200

アドミッションセンター千葉オフィス

TEL.　043-265-6881

看護栄養学部

〔千葉第二キャンパス〕〒260-8703　千葉県千葉市中央区仁戸名町 673

アドミッションセンター千葉オフィス

TEL.　043-265-6881

教育学部・地域創生学部

〔埼玉キャンパス〕〒354-8510　埼玉県入間郡三芳町藤久保 1150-1

アドミッションセンター埼玉オフィス

TEL.　049-274-1506

経営学部・人文学部

〔東京キャンパス〕〒174-0063　東京都板橋区前野町 2 -29- 3

アドミッションセンター東京オフィス

TEL.　03-3966-7637

受験生サイト

https://www.shukutoku.ac.jp/admission/nyushi/

淑徳大学のテレメールによる資料請求方法

スマートフォンから	QRコードからアクセスしガイダンスに従ってご請求ください。
パソコンから	教学社 赤本ウェブサイト(akahon.net)から請求できます。

Trend & Steps

傾向と対策

傾向と対策を読む前に

科目ごとに問題の「傾向」を分析し，具体的にどのような「対策」をすればよいか紹介しています。まずは出題内容をまとめた分析表を見て，試験の概要を把握しましょう。

■注意

「傾向と対策」で示している，出題科目・出題範囲・試験時間等については，2023 年度までに実施された入試の内容に基づいています。2024 年度入試の選抜方法については，各大学が発表する学生募集要項を必ずご確認ください。

また，新型コロナウイルスの感染拡大の状況によっては，募集期間や選抜方法が変更される可能性もあります。各大学のホームページで最新の情報をご確認ください。

分析表の記号について

☆印：全問マークシート方式採用であることを表す。

英　語

年度	区分		番号	項　目	内　容
☆2023	一般A	2月2日	〔1〕	文法・語彙	空所補充
			〔2〕	文法・語彙	同意表現，語の定義
			〔3〕	文法・語彙	語句整序
			〔4〕	読　解	内容真偽，内容説明
			〔5〕	読　解	要約，主題
		2月3日	〔1〕	文法・語彙	空所補充
			〔2〕	文法・語彙	同意表現，語の定義
			〔3〕	文法・語彙	語句整序
			〔4〕	読　解	内容説明，内容真偽
			〔5〕	読　解	要約，主題
	一般B	2月24日	〔1〕	文法・語彙	空所補充
			〔2〕	文法・語彙	同意表現，語の定義
			〔3〕	文法・語彙	語句整序
			〔4〕	読　解	内容真偽，内容説明
			〔5〕	読　解	要約，主題
☆2022	一般A	2月3日	〔1〕	文法・語彙	空所補充
			〔2〕	文法・語彙	同意表現，語の定義
			〔3〕	文法・語彙	語句整序
			〔4〕	読　解	内容説明，内容真偽
			〔5〕	読　解	要約，主題
		2月4日	〔1〕	文法・語彙	空所補充
			〔2〕	文法・語彙	同意表現，語の定義
			〔3〕	文法・語彙	語句整序
			〔4〕	読　解	内容説明，内容真偽
			〔5〕	読　解	要約，主題
	一般B	2月25日	〔1〕	文法・語彙	空所補充
			〔2〕	文法・語彙	同意表現，語の定義
			〔3〕	文法・語彙	語句整序
			〔4〕	読　解	内容説明，内容真偽
			〔5〕	読　解	要約，主題

傾　向　総合的な英語力を問う出題

1　出題形式は？

全問マークシート方式で，大問５題の出題である。試験時間は60分。

2　出題内容はどうか？

一般選抜Ａ・Ｂともに例年，文法・語彙問題３題，読解問題２題という構成である。各大問は以下の通り。

〔1〕短文の空所補充が15問出題されている。文法・語彙問題で標準的な知識を問う内容となっている。

〔2〕ＡとＢの枝問に分かれ，各４問の出題。枝問Ａは同意表現の問題，枝問Ｂは語の定義に関する問題（形式上は空所補充による短文の完成であるが，実質上は定義に当てはまる語を問うものである）が出題されている。枝問Ａでは，句動詞の他，2023年度一般選抜Ｂでは副詞での同意表現を問う出題もあった。枝問Ｂでは，2022年度では一般選抜Ａ・Ｂともに最終問題にやや難しい形容詞の選択肢があった。

〔3〕語句整序問題が３問出題されている。対応する日本文が与えられており，取り組みやすい。基本的な構文とイディオムの理解が試されている。

〔4〕長文読解問題で，段落ごとの内容把握に重点が置かれている。設問数は８問である。英語学習教材からの出題が多く，2023年度は環境問題や異文化体験（カルチャーショック）に関する英文であった。2022年度の一般選抜Ｂは心理学の実験が扱われ，ややアカデミックな内容となっていた。ただし，文中で使用されている語句や構文に複雑なものはない。

〔5〕１～２段落程度の英文が３つ出題され，それぞれに２問ずつ，合計６問が出題されている。各英文２問のうち１問は要旨を問うもの，もう１問は英文の題名として適切なものを選ぶものである。いずれも社会学的内容の傾向が強い。

3　難易度は？

全体的に標準的なレベルであるが，〔2〕Ｂや〔5〕のようにやや特徴的な問題もある。語の定義を問う〔2〕Ｂではこのタイプの出題に慣れていないと戸惑うこともあるだろう。〔5〕では要旨や主題を問われるので，読解力だけでなく思考力も必要となる。

対　策

1　語彙問題対策

同意表現は，句動詞やイディオムを中心に出題されており，標準的なレベルではあるが，『風呂で覚える英熟語』（教学社）などを反復し確実に点が取れるようにしておきたい。

2　文法問題

語句整序問題は例年出題されているので，文法の体系的な学習が必須になる。『大学入試 すぐわかる英文法』（教学社）などで，基本文型から語法までを徹底して学習することで，語句整序問題対策になるだけでなく，長文読解のスピードアップにもつながる。余裕があれば，『全解説 頻出英語整序問題 850』（桐原書店）などの語句整序問題に特化した問題集を１冊仕上げるのもよい。

3　読解対策

〔４〕は長文で読解のスピードが必要であり，〔５〕は文章は短いが，主題を選ぶという深い内容理解が必要となる。最低限の語彙力や文法力はもちろん必要だが，読解問題の対策として，精読から速読へというステップはどうしても必要になる。やみくもに多読しても成果は上がらないので，早い段階から『大学入試 ぐんぐん読める英語長文〔BASIC〕』（教学社）などでコツと方法を学びながら学習し，『大学入試 英語長文ハイパートレーニングレベル２ 標準編』（桐原書店）などで演習を重ねることをおすすめする。

日本史

年度	区分		番号	内　　容		形　式
☆ *2023*	一般A	2月2日	〔1〕	女性の歴史		選択・配列・正誤
			〔2〕	原始・古代の外交	＜年表・史料＞	正誤・選択
			〔3〕	中世の政治		選択・正誤・配列
			〔4〕	近世の三都		選択・配列・正誤
			〔5〕	近現代の外交・政治	＜地図＞	選択・配列・正誤
		2月3日	〔1〕	民衆の歴史	＜地図＞	選択・正誤
			〔2〕	古代の天皇家と藤原氏	＜系図＞	選択・配列・正誤
			〔3〕	中世の社会・経済	＜史料＞	正誤・選択
			〔4〕	近世の外交・政治		選択・正誤・配列
			〔5〕	近現代の人物	＜年表・史料＞	正誤・選択
	一般B	2月24日	〔1〕	外国から見た日本		選択・正誤・配列
			〔2〕	原始・古代の社会・経済		選択・正誤
			〔3〕	古代・中世の外交	＜年表・地図＞	選択・正誤
			〔4〕	近世の政治		選択・正誤・配列
			〔5〕	近現代の経済		選択・正誤・配列

☆ *2022*	一般A	2月3日	〔1〕	女性の歴史　＜史料＞	選択・配列・正誤
			〔2〕	古代・中世の政治	正誤・選択・配列
			〔3〕	中世の社会・経済　＜地図・史料＞	正誤・選択
			〔4〕	近世の政治・外交　＜図・地図＞	選択・正誤
			〔5〕	渋沢栄一・小林一三・鮎川義介の生涯　＜年表＞	選択・正誤・配列
		2月4日	〔1〕	民衆の歴史　＜地図・史料＞	選択・正誤・配列
			〔2〕	原始・古代の社会・経済　＜史料＞	正誤・選択・配列
			〔3〕	中世の政治・外交　＜地図＞	選択・正誤・配列
			〔4〕	織田信長・豊臣秀吉の生涯，江戸時代の政策　＜年表＞	選択・配列・正誤
			〔5〕	近現代の外交　＜図・地図＞	選択・正誤・配列
	一般B	2月25日	〔1〕	国際交流の歴史	選択・配列・正誤
			〔2〕	原始・古代の政治・外交　＜地図＞	選択・正誤・配列
			〔3〕	北条氏と細川氏の系統　＜系図・地図＞	正誤・選択
			〔4〕	江戸時代の社会・経済　＜史料・図＞	選択・配列・正誤
			〔5〕	井上毅・犬養毅・佐藤栄作の生涯　＜年表＞	選択・配列・正誤

傾向　形式・内容ともに幅広い出題

1　出題形式は？

一般選抜A・Bともに全問マークシート方式である。大問5題，解答個数50個で，試験時間は60分。設問形式はリード文中の空所補充や，下線部に関連する事項の選択問題を中心に，正文（誤文）選択問題，2つの文の正誤判定問題や，年代順を問う配列問題など多岐にわたる。また，史料問題は頻出である。それ以外に，地図・系図・年表なども用いた多角的な出題形式となっている。

2　出題内容はどうか？

時代別では，例年，古代・中世・近世・近現代から各1題ずつ時代順に出題されていたが，近年はそれに加えて複数の時代にまたがるテーマ史が出題されている。いずれにせよ，特定の時代に偏った出題はみられないので，各時代をまんべんなく学習しておく必要があるだろう。

分野別では，政治史・外交史・社会経済史・文化史と幅広く出題されている。したがって，各分野を偏りなく学習しておく必要がある。2023年度は女性，民衆，国際関係という内容で時代をまたいだテーマ史が出題された。この3つのテーマは2022年度から引き続き出題されている。通史をひととおり学習し終えたら，テーマごとの整理をしておく必要がある。

3　難易度は？

全体的には教科書を中心とした標準的問題である。ただし，正誤判定問題は詳細な内容が出題されることもあり，難度がやや高いものがある。また，史料や地図・系図などを用いた，応用力を必要とする問題も出題されるので，教科書や資料集を用いてできるだけ正確な知識を身につけることが求められる。まずは，難問に時間をかけすぎて標準的問題を取りこぼすことなく解答できるよう，時間配分に気をつけよう。

対策

1　教科書学習の徹底

2文の正誤判定問題など一部に難問もみられるが，基本的には教科書レベルの標準的な問題である。したがって，基礎的な問題を確実に正解することが合格につながる。そのためには，まず教科書の精読が最も有効な学習方法である。地図や系図なども多用されるので，図表や脚注もおろそかにせず，資料集も併せて活用しよう。人名や重要歴史用語は『日本史用語集』（山川出版社）などを併用して，他の分野や時代とも関連づけ，より深い理解を伴った知識の定着をはかることが大切である。

2　史料問題対策

史料問題は頻出である。教科書に掲載されている史料から初見の史料まで幅広く出題される。大問で出題されることは少ないが，小問単位で出題されたり，リード文中に引用されたりするなど出題形式は多岐にわたる。設問内容は内容理解をはじめ，史料の空所補充，選択肢から正解の史料を選択する問題など多様である。『詳説日本史史料集』（山川出版社）などの史料集を用いて史料文の読解を心がけよう。その際，原文の語意を読み取る練習をすること。そうすれば史料文中のキーワードを見逃すことなく対応できるようになる。

3 過去問の研究

解答個数が50個で試験時間が60分なので，解答の時間配分に注意する必要がある。各実施日とも出題形式，解答個数は同一であるので，できるだけ多くの過去問にあたって自分の知識を確認するとともに，出題内容や傾向をつかんでおこう。

世界史

年度	区分		番号	内　　　容	形　　式
☆ 2023	一般A	2月2日	〔1〕	中国・朝鮮関連史	選択・正誤
			〔2〕	インド古代宗教関連史	選択・正誤
			〔3〕	レコンキスタ　＜地図＞	選択・配列・正誤
			〔4〕	近世ヨーロッパの科学・技術史	選　　択
			〔5〕	アメリカ合衆国の歴史上の宣言	選択・配列・正誤
		2月3日	〔1〕	歴史上の軍事関係史	選択・正誤
			〔2〕	古代中国思想史	正誤・選択・配列
			〔3〕	ローマ教皇と神聖ローマ皇帝の関係	正誤・選択・配列
			〔4〕	ムガル帝国建国以降の南アジア史　＜地図＞	正誤・選択・配列
			〔5〕	ロシア・ソ連外交史　＜年表＞	選択・正誤・配列
	一般B	2月24日	〔1〕	歴史上の金属	選択・正誤・配列
			〔2〕	地中海世界の文明・文化	選択・正誤
			〔3〕	中国の都市	正誤・選択
			〔4〕	15～16世紀の航海者たち　＜地図＞	選　　択
			〔5〕	東南アジアの民族運動	正誤・選択・配列
☆ 2022	一般A	2月3日	〔1〕	歴史上の女性	選択・正誤
			〔2〕	古代のアフリカ・南北アメリカ	選択・正誤・配列
			〔3〕	13世紀のユーラシア　＜地図＞	選択・正誤
			〔4〕	対抗宗教改革	選択・正誤・配列
			〔5〕	中国の近代化政策	選　　択
		2月4日	〔1〕	歴史上の名言	選択・正誤
			〔2〕	古代のギリシアとオリエント　＜地図＞	選択・正誤・配列
			〔3〕	ビザンツ帝国　＜年表＞	配列・選択
			〔4〕	明清代の社会・文化	選択・配列・正誤
			〔5〕	歴史上の憲法	選択・配列・正誤

一般B	2月25日	〔1〕	歴史上の文字にまつわる事象	選択・正誤
		〔2〕	古代ローマ世界の信仰	配列・正誤・選択
		〔3〕	隋唐代の社会・文化	選　　択
		〔4〕	啓蒙専制君主と文化人　＜地図＞	選択・正誤・配列
		〔5〕	ロンドン・パリ・ニューヨークの歴史	正誤・選択・配列

傾向　教科書レベルの基本問題　年表・地図問題は頻出

1　出題形式は？

一般選抜A・Bともに大問5題，解答個数50個となっている。試験時間は60分。全問マークシート方式で，選択法を中心に出題されている。選択法では空所補充形式に加えて正文（誤文）選択問題，正しい組み合わせを解答させる問題などが出されている。そのほか2つの文章の正誤の組み合わせを選ぶ正誤法や年代順を問う配列法も出されている。また，各実施日で年表や地図を利用した問題がみられる。

2　出題内容はどうか？

地域別では，年度・実施日によって欧米地域とアジア地域の出題の比率は変化しており，1つの大問で多地域が問われることも多い。欧米地域は西ヨーロッパを中心にアメリカ・ロシアからも幅広く出題されている。アジア地域も同様で，中国を中心にインド・朝鮮・西アジア・東南アジア・アフリカなどからも出題されている。

時代別では，古代から近現代までまんべんなく出題されている。第二次世界大戦以後からも出題がみられ，注意が必要である。幅広い時代から出題されているので，まんべんなく学習しておく必要がある。

分野別では，政治・外交史がほとんどであるが，文化・宗教・経済史からも出題されている。

3　難易度は？

教科書レベルの知識でほぼ対応できる問題である。ただし，正誤法や配列法の問題もあり，知識の正確さが求められている。また，問題数が多いので，素早く解答できるようにしておきたい。標準的な問題を取りこぼすことなく解答できるよう，時間配分に気をつけよう。

対　策

❶ 教科書中心の学習

教科書レベルの基本事項に関する問題が大半を占めている。教科書をしっかりと精読し，基本的事項を確実に把握しておこう。その際，本文周辺の図表・地図・写真とその解説にも注意を払うこと。

❷ サブノートの作成

教科書の内容理解を深めるため，自分なりに丹念にノートをまとめていくことをすすめる。市販のサブノートを使用してもよいだろう。書くことによって確実に知識を身につけよう。その上で，『世界史用語集』（山川出版社）などの用語集を用いてやや細かい点を補充しておけば，正文（誤文）選択問題にも十分対応できる。

❸ 常に地図を見る習慣を

例年，各実施日で地図を使用した問題が出題されている。教科書学習を進めていく際に，教科書に記載されている地図には必ず目を通し，歴史上に登場する都市や王朝の領域，著名な戦いの場所などは必ず地理的位置とともに覚えておこう。

❹ 過去問演習

受験勉強において過去問演習は必須である。実際に過去問を解くことで，問題の特徴や出題傾向，レベルがわかる。淑徳大学はどの日程も多様な形式で出題されているため，過去問演習を通して慣れておきたい。また，幅広い地域・時代が出題されているため，学習が手薄な分野があると厳しい。複数の日程に取り組み，自分の学習が十分なところとそうでないところを確認しよう。苦手な地域・時代があれば，教科書学習を丁寧に行うこと。

数　学

■一般選抜A

年度	区分	番号	項　目	内　　容
☆2023	2月2日	〔1〕	小問6問	(1)式の値 (2)展開 (3)不等式を満たす最大整数 (4)連立不等式 (5)三角比の値 (6)集合の要素の個数
		〔2〕	2次関数	放物線とx軸との交点，切り取られる線分の長さ，定義域における最大値
		〔3〕	図形と計量	余弦の値，余弦定理，三角形の面積，外接円の半径，メネラウスの定理，三角形の面積比
		〔4〕	確　率	球を取り出す確率，反復試行，余事象の確率，条件を満たす取り出し方の確率
	2月3日	〔1〕	小問6問	(1)式の値 (2)因数分解 (3)絶対値を含む不等式 (4)2次方程式が実数解をもつための条件 (5)2直線のなす角 (6)集合
		〔2〕	2次関数	頂点の座標，原点に関して対称な放物線，頂点が直線上にあるための条件
		〔3〕	図形と計量	余弦定理，正弦定理，外接円の半径，内接円の半径
		〔4〕	確　率	カードを取り出す確率，条件を満たす取り出し方の確率
☆2022	2月3日	〔1〕	小問6問	(1)式の値 (2)因数分解 (3)絶対値を含む不等式 (4)三角比の値 (5)場合の数 (6)命題が真となる条件
		〔2〕	確　率	硬貨の表裏で袋を選ぶ確率，条件付き確率，連続で赤玉を取り出す確率
		〔3〕	図形と計量	三角形の面積，重心と頂点との距離，四面体の体積，内接球の半径
		〔4〕	2次関数	頂点の座標，x軸との交点，切り取る部分の長さ，定義域における最大値
	2月4日	〔1〕	小問6問	(1)式の値 (2)絶対値を含む方程式 (3)連立2次不等式 (4)三角比の値 (5)組合せ (6)集合の包含関係
		〔2〕	確　率	さいころの確率，反復試行の確率
		〔3〕	図形と計量	外接円の半径，正弦定理，余弦定理，三角形の面積，内接円の半径
		〔4〕	2次関数	頂点の座標，定義域における最大値，x軸により切り取られる部分の長さ

傾　向　基本事項の理解が問われる

1　出題形式は？

全問マークシート方式で，大問4題の出題である。〔1〕は小問集合で選択肢から正解を選ぶ形式，〔2〕～〔4〕は空所に数字・符号を補充する形式である。試験時間は60分。

2 出題内容はどうか？

出題範囲は「数学Ⅰ・A（場合の数と確率・図形の性質）」である。

小問集合では全項目にわたって出題されており，大問では2次関数，図形と計量，確率などが頻出である。各分野からまんべんなく出題しようとする意図がうかがえるので，どの分野も偏りなく学習しておくこと。

3 難易度は？

全般的に難しい問題はなく，基本から標準レベルの出題がほとんどである。素材は教科書に記述されているようなものがほとんどで，無理のない良問ばかりである。基本的な理解が十分にできていれば，解答するのに特に問題はないだろう。

対　策

1 基本事項の完全理解

基本的な問題が出題されているので，教科書の例題や章末問題を利用して基本事項を確実に身につけること。また，定理や公式は単に覚えるだけでなく，導き方も確かめて，それらを用いて応用できるようにしておきたい。そうすれば，入試問題のように幅広い知識が要求される種々の問題に対しても十分に対処できよう。

2 マークシート方式の対策

全問マークシート方式による出題なので，計算ミスは致命的である。普段から，問題を解くとき，すぐに解答を見たりせず，自分で時間を設定し，必ず自分で解いて，検算までをする習慣を身につけておくこと。その場合，別の角度からの点検（たとえば，方程式なら解を代入してみるなど）が望ましい。また，ミスをしたらその原因をつかみ，正解が得られるまでやり直し，同じミスをしないように心がけること。

3 全範囲をもれなく

出題範囲全般からの出題である。弱点分野を残さないことが大切である。どの分野から出題されても解答できるようにしておくこと。そのためには，教科書傍用問題集や受験用問題集の基本・標準問題を中心に，数多くの問題をこなし，２次関数，図形と計量，確率の分野を中心に幅広く学習をしておこう。また，１つの解き方にとどまらず，さまざまな解法に触れ，基本事項をひとつひとつ総合的にまとめあげる力を養うとよい。

化 学

■一般選抜A

年度	区分	番号	項　目	内　容
☆2023	2月2日	〔1〕	理　論	単体と化合物，分子の構造，原子の構造，化合物の分類，電子配置，物質量，身のまわりの物質，原子半径 ⇨計算
		〔2〕	理　論	原子の構造，反応の量的関係 ⇨計算
		〔3〕	理　論	酸と塩基，結晶の性質と分類 ⇨計算
		〔4〕	理　論	原子量・分子量・溶液，酸化還元滴定 ⇨計算
	2月3日	〔1〕	理　論	混合物の分離，化学結合，分子，原子の構造，原子価，電子の個数，物質量，配位結合 ⇨計算
		〔2〕	理　論	結晶，反応の量的関係 ⇨計算
		〔3〕	理　論	酸化還元反応，状態変化 ⇨計算
		〔4〕	理　論	電池，中和滴定 ⇨計算
☆2022	2月3日	〔1〕	理　論	純物質と混合物，周期表，電子配置，電気の伝導性，電気陰性度，物質の熱運動と三態，同位体，混合物の分離
		〔2〕	理　論	分子の構造と性質，反応の量的関係 ⇨計算
		〔3〕	理　論	中和と塩，中和滴定 ⇨計算
		〔4〕	理　論	金属のイオン化傾向，酸化還元反応 ⇨計算
	2月4日	〔1〕	理　論	同素体，成分元素の検出，周期表，イオン，価電子，電子配置，同位体，身のまわりの物質
		〔2〕	理　論	分子の構造と性質，反応の量的関係 ⇨計算
		〔3〕	理　論	化学結合，中和滴定 ⇨計算
		〔4〕	理　論	酸と塩基，酸化還元反応 ⇨計算

傾 向　化学理論に関する幅広く確実な力が必要

1 出題形式は？

大問4題，解答個数32個の出題で，全問マークシート方式が採用されている。試験時間は60分。

2 出題内容はどうか？

出題範囲は「化学基礎」である。

各分野から幅広く出題されている。基本的な問題が中心であるが，教科書の細部に関する内容も出題されている。また，中和滴定や酸化還元滴定のような実験問題もほぼ毎年出題されている。

3 難易度は？

問題量はそれほど多くないが，計算問題はやや複雑な計算が必要となるものもある。マーク１個あたり１～２分程度で解答できるとよいだろう。教科書の脚注や表をよくみておかなければ判断に迷うような出題があるが，おおむね標準的なレベルといえよう。

対　策

1 基礎的事項の確認

まずは基礎的事項の習熟をはかりたい。問題集の例題や基本問題を全分野にわたって解くという方法がよいだろう。

2 物質の構成

教科書の内容から幅広く出題されている。基本的な問題が多いので，教科書の例題や問題集の基本問題を解くことが対策となる。物質の分類や周期表については，教科書の内容の理解をはかりたい。電子配置や分子の構造については，電子式や構造式を自分で書くことができるようにしておきたい。

3 物質の変化

計算問題はおおむね基本的な問題が出題されるので，教科書や問題集の標準レベルの問題を中心に取り組むとよい。中和滴定や酸化還元滴定に関しては，３種類以上の物質が関わる，やや思考力を要する問題も出されることがあるが，段階的に取り組めるように出題されており，対応は難しくない。この分野については，教科書の発展的な問題まで演習を行うことが望ましい。また，濃度に関する計算問題も頻出であるため，演習を重ねておきたい。

生　物

■一般選抜A

年度	区分	番号	項目	内容
☆2023	2月2日	〔1〕	総合	ウイルス，ゲノム，翻訳，硬骨魚類の尿，免疫，窒素循環
		〔2〕	細胞，遺伝情報	階層性，ゾウリムシ，細胞の構造，体細胞分裂，異化と同化，呼吸と燃焼
		〔3〕	体内環境	体液，肝臓，腎臓，内分泌系　⇨計算
		〔4〕	生態	バイオーム，垂直分布，炭素循環，有機物の収支
	2月3日	〔1〕	総合	光学顕微鏡，細胞の大きさ，細胞の構造，血液，分泌腺，湿性遷移，絶滅危惧種
		〔2〕	遺伝情報	DNAの抽出，DNAの構造，タンパク質，転写と翻訳
		〔3〕	体内環境	体温の調節，自然免疫，適応免疫
		〔4〕	生態	植生の遷移，階層構造，熱帯多雨林，地球温暖化
☆2022	2月3日	〔1〕	総合	細胞周期，酵素，血圧，赤血球，尿生成，森林限界，生物濃縮　⇨計算
		〔2〕	細胞，遺伝情報	細胞の構造と機能，DNAに関する研究，DNAの構造，ゲノム
		〔3〕	体内環境	自律神経系，自然免疫，適応免疫
		〔4〕	生態	植生の遷移，窒素循環，アオコと赤潮
	2月4日	〔1〕	総合	ミクロメーター，種，自律神経系，魚類の塩類濃度調節，ヒトの血管，ヘモグロビン，極相種，日本の外来生物
		〔2〕	代謝，遺伝情報	光合成，呼吸，体細胞分裂
		〔3〕	体内環境	汗腺，ホルモン，心臓，血液凝固
		〔4〕	生態	バイオーム，暖かさの指数，消費者，生産者，栄養塩類　⇨計算

傾　向　標準的な知識問題が中心　正文・誤文選択問題にも注意

1　出題形式は？

大問4題，解答個数30～32個の出題で，全問マークシート方式が採用されている。正文または誤文を選択する問題や，計算問題も出題されている。試験時間は60分。

2 出題内容はどうか？

出題範囲は「生物基礎」である。

〔1〕は例年小問集合となっており，全体を通して各分野からほぼまんべんなく出題されているといえる。

3 難易度は？

難易度はやや易～標準レベルといえるが，正文・誤文の判定には正確な知識が求められる。知識問題にはテンポよく解答し，正文・誤文選択問題や計算問題に時間をかけるようにしたい。

対　策

1 基本事項を正確に理解しよう

まずは教科書を丁寧に読み，太字で記載されている生物学用語を覚えよう。類似した用語，関連する現象などについても確認しながら知識の整理をしておこう。資料集にも十分に目を通し，理解を深めるとともに知識の幅を広げておきたい。

2 標準問題で練習しよう

教科書や資料集で学習することと並行して，標準レベルの問題集に取り組むとよい。教科書を読んでわかったつもりになっていても，実際に問題を解こうとすると，用語が出てこなかったり，理解が不十分であることに気づいたりするものである。間違えた問題を中心に何度も繰り返し取り組み，知識の定着をはかろう。

3 出題形式に慣れよう

淑徳大学の過去問やマークシート方式の問題集を使って，解答方法に慣れておきたい。正文・誤文を判定する問題は，文のどこが誤りであるのかをチェックしながら解くようにしよう。そうすることで正答率が上がるとともに，理解をより深めることができる。

国　語

年度	区分		番号	種　類	類別	内　容	出　典
☆2023	一般A	2月2日	〔1〕	国語常識		書き取り	
			〔2〕	現代文	評論	語意，空所補充，内容説明，主旨	「死は生を肯定する条件である」　小浜逸郎
			〔3〕	現代文	評論	語意，空所補充，内容説明，主旨	「AIと科学研究」呉羽真・久木田水生
		2月3日	〔1〕	国語常識		書き取り	
			〔2〕	現代文	評論	語意，空所補充，内容説明，主旨	「『性別役割分業意識の変革』の新段階？」江原由美子
			〔3〕	現代文	評論	語意，空所補充，内容説明，ことわざ，主旨	「なぜ科学を学ぶのか」池内了
	一般B	2月24日	〔1〕	国語常識		書き取り	
			〔2〕	現代文	評論	語意，慣用句，空所補充，内容説明，主旨	「『自分らしさ』と日本語」中村桃子
			〔3〕	現代文	評論	語意，空所補充，内容説明，主旨	「進歩の思想　成熟の思想」加藤尚武
☆2022	一般A	2月3日	〔1〕	国語常識		書き取り	
			〔2〕	現代文	評論	語意，内容説明，空所補充，主旨	「義理と人情」源了圓
			〔3〕	現代文	評論	語意，空所補充，内容説明，主旨	「文明探偵の冒険」　神里達博
		2月4日	〔1〕	国語常識		書き取り	
			〔2〕	現代文	評論	語意，内容説明，空所補充，主旨	「美学入門」中井正一
			〔3〕	現代文	評論	語意，空所補充，内容説明，主旨	「ネオリベラリズムの精神分析」　樫村愛子
	一般B	2月25日	〔1〕	国語常識		書き取り	
			〔2〕	現代文	評論	語意，内容説明，空所補充，主旨	「監視カメラと閉鎖する共同体」　朝田佳尚
			〔3〕	現代文	評論	語意，空所補充，内容説明，内容真偽	「メディアと芸術」　三井秀樹

傾向　評論文の読解力を身につけよう

1　出題形式は？

一般選抜Ａ・Ｂともに漢字の書き取り１題，現代文２題，計３題の出題である。解答形式は全問マークシート方式である。試験時間は60分。

2　出題内容はどうか？

現代文は，評論が出題されている。概して問題文が長めでやや高度な内容を含むため，評論の読解力を身につけておく必要がある。ポイントとなるのはやはり内容説明で，設問数が多い。空所補充と語意は必出で，慣用句やことわざが問われることもある。最後の設問として，筆者の主張として適当なものを選ばせ，本文全体の主旨がつかめているかを問うものが出されることが多い。

3　難易度は？

問題文の内容は難度がやや高く，内容説明，内容真偽の選択肢にも紛らわしいものが含まれている。試験時間60分に対して問題文が長文であるため，読むのに時間を取られていては解答する時間が足りなくなるおそれがある。〔１〕は５分以内で済ませ，〔２〕〔３〕はそれぞれ25分程度でひととおり解き終えられるよう，過去問で練習しておきたい。

対策

1　書き取り

漢字・熟語は自分の手で書いて練習しよう。試験がマークシート方式でも，書いてみることが大切である。その際，書き順・画数・部首にも注目するとよい。継続的な学習が効果的である。

2　語　意

やや難度の高い熟語の意味や，慣用句・ことわざの意味が問われることがある。新聞や新書などで目に触れた熟語や慣用表現をチェックしておくとよい。国語辞典などにあたって，用例も含めて学習しておくとよいだろう。

3　空所補充

前後の文脈に留意すること。また，接続詞を正しく入れられるよう練習しておきたい。答えを決めたあと，文脈の流れが不自然でないかどうか検証することも大切である。その他，段落ごとのキーワードをチェックしながら読むことも必要である。

4　内容説明・内容真偽

　本文の内容と照合して，選択肢の表現で矛盾しているところ，疑義を抱かせるところ，明らかに誤っているところなどをみつけて，消去法で進めていく方法が効果的であろう。選択肢は紛らわしいものもあるので，慎重に選ぶこと。

2023年度

問題と解答

■一般選抜Ａ：２月２日実施分

問題編

▶試験科目・配点

【総合福祉・コミュニティ政策・教育・地域創生学部】

教　科	科　　　目	配　点
外国語	コミュニケーション英語Ⅰ・Ⅱ	100 点
国　語	国語総合（古文・漢文を除く）	100 点

【看護栄養学部】

教　科	科　　　目	配　点
外国語・国語	「コミュニケーション英語Ⅰ・Ⅱ」，「国語総合（古文・漢文を除く）」から１科目選択	100 点
数学・理　科	「数学Ⅰ・Ａ」，「化学基礎」，「生物基礎」から１科目選択	100 点

【経営・人文学部】

教　科	科　　　目	配　点
選　択	「コミュニケーション英語Ⅰ・Ⅱ」，「日本史Ｂまたは世界史Ｂ」，「国語総合（古文・漢文を除く）」から２教科選択	各 100 点（計 200 点）

▶備　考

- 受験日自由選択制（両日受験可）。
- 上記の他，書類審査（調査書）が 10 点配点されている。
- 看護栄養学部看護学科は上記の他に，面接（グループ面接，50 点）が課される。
- 数学Ａについては，「場合の数と確率」「図形の性質」を出題範囲とする。

英語

（60分）

第1問 次の問い（問1～15）の 1 ～ 15 に入れるのに最も適当なものを，①～④のうちから一つ選びなさい。解答は 1 ～ 15 の該当欄にマークしなさい。

問1 "Why didn't you call me?" "I [1] call but you were out."

① am ② do ③ did ④ will

問2 Can you help me [2] this box? It's too heavy for me.

① carry ② carried ③ carrying ④ to carrying

問3 According to Kate, her sister gets [3] wages.

① many ② high ③ few ④ expensive

問4 No matter [4] hard I tried, I couldn't solve this problem.

① what ② where ③ which ④ how

問5 You don't need to be ashamed [5] your failure.

① in ② with ③ of ④ to

問6 "I can't ride a unicycle." "I can't, [6]."

① too ② either ③ also ④ nor

問7 I visited their beautiful house, [7] Eric's father built.

① where　② that　③ which　④ what

問8　His explanation was by [8] means satisfactory. We couldn't understand what he said at all.

① all　② no　③ some　④ any

問9　I have never been to Kyoto. [9], I can't tell you about it.

① Therefore　② Although　③ Despite　④ However

問10　I have [10] with the doctor at 12:30.

① an appointment　② a plan

③ a reservation　④ a promise

問11　I want to make myself [11] in Chinese.

① to understand　② to be understood

③ understanding　④ understood

問12　The flight was canceled [12] heavy snow.

① because　② due to　③ in spite of　④ so

問13　A certain number of people [13] touched by that movie.

① was　② were　③ is to be　④ be

問14　Can you quit [14] me?

① bother　② to bother　③ bothering　④ to bothering

問15　What would you do if you [15] a lot of money now?

① have　② had

③ had had　④ would have had

第2問　次の問い（A・B）に答えなさい。

A　次の問い（問 1〜4）の下線部の意味に最も近いものを，①〜④のうちから一つ選びなさい。解答は[16]〜[19]の該当欄にマークしなさい。

問 1　Who thought up this scheme? [16]

① held　② devised　③ inferred　④ suspected

問 2　“May I make a suggestion?”　“By all means.” [17]

① Just in case.　② Never mind.　③ Certainly.　④ Obviously.

問 3　I ran to the station, but I was only just in time for the train. [18]

① tightly　② exactly　③ barely　④ closely

問 4　Please take note of this chemical reaction. [19]

① choose　② attract　③ write　④ observe

B　次の問い（問 1〜4）の[20]〜[23]に入れるのに最も適当なものを，①〜④のうちから一つ選びなさい。解答は[20]〜[23]の該当欄にマークしなさい。

問 1　When you [20] a book, you look at it in order to get information.

① edit　② consult　③ advise　④ receive

問 2　If you are [21], you express a negative opinion about someone or something.

① critical　② criminal　③ cruel　④ clever

問3 [22] is the scientific study of the structure of living things.

① Geology　② Biography　③ Ecology　④ Biology

問4 A [23] person says things in a direct way even if it offends others.

① shy　② frank　③ quiet　④ false

第3問　次の問い（問1〜3）の日本文の意味に合うように，①〜⑤の各語をそれぞれ最も適当な順に並べかえて英文を完成させなさい。完成文の[24]〜[29]に配置される語の番号を答えなさい。解答は[24]〜[29]の該当欄にマークしなさい。なお，文頭にくる語も小文字にしてあります。

問1　冷蔵庫にはかなり大量の食べ物が残っている。

There's (　　)([24])(　　)([25])(　　) in the refrigerator.

① food　② quite　③ a

④ left　⑤ little

問2　私は数学ほど難しいものはないと思う。

I think (　　)([26])(　　)([27])(　　) math.

① difficult　② is　③ more

④ nothing　⑤ than

問3　私は自転車に乗ることに慣れてきた。

(　　)([28])(　　)([29])(　　) a bike.

① getting　② I'm　③ riding

④ to　⑤ used

第4問　次の「版築について」の英文を読み，あとの問い（問1～8）に答えなさい。[1]～[9]は段落の番号です。解答は 30 ～ 37 の該当欄にマークしなさい。

[1] Mud is a very traditional building material and even today, around 50 per cent of the world's population lives in traditional dwellings made of the material. Only recently, however, has '*rammed earth', as the building material is called, appeared on the *curricula of modern architecture and engineering schools. Although few *laypeople in the West think of it as a building material at all, mud is now being used to create some of the most advanced and sustainable homes.

[2] Martin Rauch, an architect who is championing the use of earth for sustainable construction, explains why: 'With industrialisation and the growth of the railways from the mid-nineteenth century onwards, it became easier to transport mass-produced building materials in many parts of the world, so it wasn't necessary to build with earth anymore.' He says, 'It became a poor man's material and the image is hard to shake off!' But in the past fifteen years, interest in rammed earth construction has re-emerged alongside concerns about human and environmental health.

[3] Rauch has used the material to build a range of structures including a cinema and his own family home in Austria. The materials he used were local, so minimal energy was needed for their production and transportation. The fact that as much as 47 per cent of *anthropogenic carbon-dioxide emissions are attributable to the construction industry in a country like the UK means that such alternative methods are worth considering. What's more, the ability of earth to moderate humidity and temperature is another advantage, as it reduces the need for costly and energy-hungry central heating and air conditioning.

[4] Not everybody accepts that the future lies in rammed earth construction,

however. A central concern of *sceptics is durability. The fear is that exposure to rain and moisture will cause walls to *slump. However, strong foundations and an overhanging roof to protect walls seem to (1)provide an answer. Indeed, Rauch designs for 'calculated *erosion'. Every few layers, he inserts stone blocks into the surface of earth walls. These *protrude as the earth *erodes around them, acting as a *buffer against rain running down the surface of the building.

[5] Research conducted by the Scottish government in 2001 highlights another key issue, however. The longevity of earth buildings in the past was due, in part, to the regular maintenance regimes that were integral to traditional practice. (2)A change of attitude would be necessary for modern earth buildings to survive equally well in a world where 'maintenance-free' products such as cement *renders and *masonry paints characterise the construction industry.

[6] So how does rammed earth construction work? The construction process is not dissimilar to building a sandcastle. Earth is collected, its consistency checked, and organic matter that will decompose is removed. Next, a frame is brought in. The earth is then quite literally rammed into this, layer by layer, either manually or mechanically, using *pneumatic rammers. The earth begins to harden and 'cure' straightaway and continues to do so for months or years, depending on the local climate.

[7] This process leaves relatively little room for mechanisation. Anna Heringer, a Royal Institute of British Architects award-winner who has extensive experience with rammed earth in the developing world, views the labour-intensive nature of this form of construction as a bonus. 'We often think of sustainability in terms of high-tech solutions and it isn't possible for everyone in the world to have these. Building with earth, you can have a lot of people involved—it's about community spirit too.' And those communities have choices. Depending on the earth selected, the

colour of a building can be varied, the ramming process can be designed to produce layering effects and the frame can be moulded so patterns are *embossed in the walls.

[8] Rauch is aware of (3)the limits of the material, however. Certain parts of structures, such as the ceilings, aren't possible in earth. So he suggests using appropriate local materials, together with mud. In the western world, most earth constructions are actually stabilised rammed earth, where cement is added to the mud. 'This is the wrong way to do things,' says Rauch. 'If there is cement in the mix, then it's not real earth. We've built for 10,000 years with pure earth.' He feels that the climatic and environmental qualities of the material are lost with such contamination.

[9] Heringer adds that when cement is mixed with earth, 'You can't recycle it. We aren't building for eternity, some day it will all return to the ground and then there's the question of environmental impact.' Having used earth in construction around the world, in the monsoons of Bangladesh and dry summers of Morocco, Heringer has proved that cement is not required with innovative, context-specific design.

注） *rammed earth 版築，小石や石灰などを配合した練り土
*curricula curriculum（教育課程）の複数形 *laypeople 俗人たち
*anthropogenic 人為的起源の *sceptic 疑り深い人 *slump ドスンと落ちる
*erosion 浸食 *protrude 突き出る *erode 浸食される *buffer 緩衝材
*render 下塗り *masonry 石工技術の *pneumatic rammer 空気圧突き棒
*emboss ～を浮き彫りにする

Bruce Rogers and Nick Kenny, *The Complete Guide To IELTS*, 2016

問１ 第[2]段落の内容に一致するものを，次の①～④のうちから一つ選びなさい。解答は[30]の該当欄にマークしなさい。

① 鉄道の発達に伴って，版築の価値が見直されるようになった。

② 土はかつて，貧しい人たち向けの建材というイメージが持たれていた。

③ この15年で，版築はより簡単に，大量に造れるように発展した。

④ 工業化が進む中，土を使った建築の人気が衰えることはなかった。

問2 第[3]段落で述べられている版築の環境的な利点として正しいものを，次の①～④のうちから一つ選びなさい。解答は 31 の該当欄にマークしなさい。

① 現地で建材を調達できるため，輸送の際のエネルギーが抑えられる。

② 断熱効果が高く，空調の使用を約47%減らすことができる。

③ 木材を多く使わないので，森林伐採を防ぐことができる。

④ 土によって空気中の二酸化炭素を吸収することができる。

問3 第[4]段落の下線部(1)が表す内容として正しいものを，次の①～④のうちから一つ選びなさい。解答は 32 の該当欄にマークしなさい。

① 版築のために強い基礎を作ることの重要性を説明する。

② 人々が版築の安全性を疑問視している理由を提示する。

③ なぜ版築の壁が雨に浸食されないのかという疑問に答える。

④ 版築の耐久性に不安を覚えている人たちに対応策を示す。

問4 第[5]段落の下線部(2)とはどのような考えの変化か。その説明として正しいものを，次の①～④のうちから一つ選びなさい。解答は 33 の該当欄にマークしなさい。

① 手入れが要らない家のほうが，より好まれるという考え。

② セメントを使った家でさえ，手入れをする必要があるという考え。

③ 版築の家は，定期的な手入れが必要不可欠であるという考え。

④ 維持管理不要の建築様式が，主流であるという考え。

問5　第[6]段落で述べられている版築の作り方について，正しいものを，次の①～④のうちから一つ選びなさい。解答は 34 の該当欄にマークしなさい。

① 材料は土だが，砂の城とは作り方が根本的に異なる。

② 土の中に草や藁を入れて強度を高める。

③ 機械は使わず，手作業で作る。

④ 数か月から数年をかけて硬化する。

問6　第[7]段落で Heringer が述べている内容として正しいものを，次の①～④のうちから一つ選びなさい。解答は 35 の該当欄にマークしなさい。

① 版築の工程はすべて機械化されるべきである。

② 世界中の人がハイテクな建築技術を利用できるようにするべきである。

③ 版築は多くの人手がかかるが，それによって共同体意識が高まる。

④ 土の色を変えるなどの工夫の余地が多いことが版築の利点である。

問7　第[8]段落の下線部(3)が表す内容として正しいものを，次の①～④のうちから一つ選びなさい。解答は 36 の該当欄にマークしなさい。

① 現地に版築に適した土がない場合があること。

② 天井など，版築が使用できない部分があること。

③ 西洋ではセメントを混ぜた版築のほうが主流であること。

④ 版築による環境への悪影響もあること。

問8　第[9]段落で述べられている Heringer の考えとして正しいものを，次の①～④のうちから一つ選びなさい。解答は 37 の該当欄にマークしなさい。

① 版築に土以外のものを混ぜる必要はない。

② 版築はモンスーン気候や乾燥した暑い地域には適さない。

③ 建材は，機能性よりも環境への影響の有無のほうが重要である。

④ 環境への影響を考えると，建物をむやみに取り壊さないほうがよい。

第5問 次の英文（A～C）を読み，あとの問い（問1～6）に答えなさい。解答は 38 ～ 43 の該当欄にマークしなさい。

A. Figures from the Transport Research Laboratory indicate that most motor accidents are partly due to human error, so the introduction of driverless vehicles will result in greater safety. In addition to the direct benefits of *automation, it may bring other advantages. For example, schemes for car sharing will be more workable, especially in towns and cities, resulting in fewer cars on the road.

According to the University of Michigan Transportation Research Institute, there could be a 43 percent drop in ownership of cars. However, this would mean that the yearly *mileage of each car would, on average, be twice as high as it currently is. This would lead to a higher *turnover of vehicles, and therefore no reduction in automotive manufacturing.

注） *automation 自動操作 *mileage 使用量
*turnover of vehicles 自動車の乗り換え

IELTS ACADEMIC 15 WITH ANSWERS, 2020

問1 本文の要旨として最も適するものを，次の①～④のうちから一つ選びなさい。解答は 38 の該当欄にマークしなさい。

① 自動運転車の導入は直接的な影響を与えるだけでなく，副次的な影響も与えると考えられている。
② ほとんどの自動車事故は人為的な過失によって起こっている。
③ 自動車の保有台数が減っても，自動車の生産台数が減ることはないと考えられる。
④ 自動運転車によって，運転時の安全性は人が運転するときに比べて大幅に高まる。

問2 本文につける題名として最も適するものを，次の①～④のうちから一つ選びなさい。解答は 39 の該当欄にマークしなさい。

① How Does Car Sharing Work?
② Reducing the Number of Cars on the Road
③ Car Manufacturing is in Danger
④ The Impact of Driverless Cars

B.　The United States has the highest rate of eating disorders in the world. Because of this fact, many people believe that *anorexia and *bulimia are strictly American diseases.　They might be surprised to learn that people all over the globe are being treated for these problems.　Treatment centers for eating disorders can be found in Europe, Asia, the Middle East, and Africa.

Another common misconception is that only girls and young women suffer from eating disorders.　It's true that the majority of people with eating disorders are female, but boys and men can also have eating disorders.　In fact, some studies report that 5-15% of people with anorexia and bulimia are male.　If you're concerned that you or someone you know may have an eating disorder, there are many resources online that list common signs of eating disorders and places you can go for help.

注）　*anorexia　食欲不振　*bulimia　過食症

Linda Lee and Jean Bernard, *Select Readings Upper-Intermediate*, 2011

問3　本文の要旨として最も適するものを，次の①～④のうちから一つ選びなさい。解答は[40]の該当欄にマークしなさい。

① 摂食障害は男女問わず可能性のある病気であり，全世界で例が見られる。
② 摂食障害の症例は女性に多いが，男性も５～15%の割合を占める。
③ ヨーロッパ，アジア，中東，アフリカにも摂食障害の治療施設が存在する。
④ 国内の患者数の多さから，摂食障害はアメリカ人がかかる病気だと多くの人が信じている。

問4　本文につける題名として最も適するものを，次の①～④のうちから一つ選びなさい。解答は[41]の該当欄にマークしなさい。

① The Rate of Eating Disorders in the US
② The Truth About Eating Disorders
③ The Causes of Eating Disorders
④ How to Treat Eating Disorders

C. Native people create legends to explain unusual phenomena in their environment. A legend from the Hawaiian island of *Kauai explains how the naupaka flower, a flower that grows on beaches there, got its unusual shape. The flower looks like half a small daisy—there are petals on one side only. The legend says that the marriage of two young lovers on the island was opposed by both sets of parents. The parents found the couple together on a beach one day, and to prevent them from being together, one of the families moved to the mountains, separating the young couple forever. As a result, the naupaka flower separated itself into two halves. One half moved to the mountains, and the other half stayed near the beach. This story is a good example of a legend invented by native people to interpret the world around them.

注） *Kauai カウアイ島

Alice Oshima and Ann Hogue, *Longman Academic Writing Series 4*, 2017

問５ 本文の要旨として最も適するものを，次の①～④のうちから一つ選びなさい。解答は 42 の該当欄にマークしなさい。

① ナウパカの花は片側にしか花弁がなく，半分に欠けたような形をしている。

② ナウパカの花は，若い男女が姿を変えたものだとされている。

③ ナウパカはハワイ州のカウアイ島で見られる花で，海辺に咲く。

④ ナウパカの伝説は，身の回りで見られる珍しい現象を説明するために作られた伝説の例である。

問６ 本文につける題名として最も適するものを，次の①～④のうちから一つ選びなさい。解答は 43 の該当欄にマークしなさい。

① Native Plants

② Native Legends

③ Native People

④ Native Culture

日本史

（60分）

1 「女性の歴史」をテーマに，班ごとに調べ学習をした際の調査結果をレポートにまとめた次の文章A～Cを読み，下の問い（問1～10）に答えよ。

（配点 20）

A班のレポート

1．原始における女性について

縄文時代……女性をかたどったものが多い土製の人形の［ A ］が出土しており，女性を神聖なものとして，豊かな収穫や子孫の繁栄を願った信仰があったと考えられる。

弥生時代……呪術的な占いを行う女性が国を統治することもあり，国をまとめるためには［ B ］のような道具を用いて祭祀を行う力が必要だったとも考えられる。

2．古代における女性について

飛鳥～奈良時代……他の時代と比較して，女性天皇の割合が非常に高いことなどから，ⓐ<u>皇位継承の方式がまだ安定していなかった</u>と考えられる。

平安時代……天皇との外戚関係をつくるために，ⓑ<u>有力貴族たちは自分の娘を天皇家に嫁がせることが多かった</u>。また，高い教養を持つ女性を自分の娘に仕えさせ，天皇と娘との良好な関係を築こうとしたと考えられる。

問1 空欄［ A ］［ B ］に入る語句の組合せとして正しいものを，次の①～④のうちから一つ選び，記号で答えよ。［ 1 ］

① A 土偶 B 石匙
② A 土偶 B 銅鏡
③ A 形象埴輪 B 石匙
④ A 形象埴輪 B 銅鏡

問2 下線部ⓐに関連して，皇位継承に関わる出来事について述べた次の文Ⅰ～Ⅲを，古いものから年代順に正しく配列したものを，下の①～⑥のうちから一つ選び，記号で答えよ。 2

Ⅰ 天智天皇の死後に壬申の乱が起こり，大海人皇子が勝利した。
Ⅱ 皇極天皇の時に乙巳の変が起こり，孝徳天皇が即位した。
Ⅲ 崇峻天皇が暗殺された後，女性である推古天皇が即位した。

① Ⅰ―Ⅱ―Ⅲ ② Ⅰ―Ⅲ―Ⅱ ③ Ⅱ―Ⅰ―Ⅲ
④ Ⅱ―Ⅲ―Ⅰ ⑤ Ⅲ―Ⅰ―Ⅱ ⑥ Ⅲ―Ⅱ―Ⅰ

問3 下線部ⓑに関連して，自分の娘である定子を一条天皇に嫁がせた人物として正しいものを，次の①～④のうちから一つ選び，記号で答えよ。
3

① 藤原道長 ② 藤原頼通 ③ 藤原道隆 ④ 藤原兼家

B班のレポート

1．中世における女性について
鎌倉時代には，ⓒ尼将軍とよばれた女性が政治面で重要な役割を果たした。また室町時代にはⓓ実子と義弟との間での将軍継嗣争いに関わった女性もいた。

2．近世における女性について
将軍の正室や側室などの女性たちは大奥とよばれる場所で生活しており，ⓔ大奥にいる女性が政治面で影響力を持つ場合があった。

経済面では［ C ］において奉公人として働く女性がおり，発達した商品経済の一端を担っていた。また文化面では女子教育が進められ，寺子屋の師匠となる女性や，［ D ］のように文人画家として活躍した女性もいた。

問4　下線部ⓒの人物について述べた文として正しいものを，次の①～④のうちから一つ選び，記号で答えよ。［ 4 ］

① この女性の夫は，初代執権の北条時政である。
② この女性の実子は，2代執権の北条義時である。
③ この女性は，蒙古襲来の際に御家人へ結集をよびかけた。
④ この女性の死後，執権を補佐する連署がおかれた。

問5　下線部ⓓに関連して，この時の将軍継嗣争いについて述べた次の文X・Yの正誤の組合せとして正しいものを，下の①～④のうちから一つ選び，記号で答えよ。［ 5 ］

X　この将軍継嗣争いをきっかけに，応仁の乱が起こった。
Y　この女性の実子である足利義視が，9代将軍に就任した。

① X 正 Y 正　　② X 正 Y 誤
③ X 誤 Y 正　　④ X 誤 Y 誤

問6　下線部ⓔに関連して，大奥で活躍した女性について述べた次の文Ⅰ～Ⅲを，古いものから年代順に正しく配列したものを，下の①～⑥のうちから一つ選び，記号で答えよ。［ 6 ］

Ⅰ　春日局は，徳川家光の将軍就任に尽力した。
Ⅱ　天英院は，徳川家宣の正室として大奥の実権をにぎった。
Ⅲ　天璋院は，紀伊藩主徳川慶福を将軍として迎えた。

① Ⅰ—Ⅱ—Ⅲ　② Ⅰ—Ⅲ—Ⅱ　③ Ⅱ—Ⅰ—Ⅲ
④ Ⅱ—Ⅲ—Ⅰ　⑤ Ⅲ—Ⅰ—Ⅱ　⑥ Ⅲ—Ⅱ—Ⅰ

問7　空欄 C D に入る語句の組合せとして正しいものを，次の①～④のうちから一つ選び，記号で答えよ。 7

① C 農村家内工業　D 江馬細香
② C 農村家内工業　D 渡辺崋山
③ C 工場制手工業　D 江馬細香
④ C 工場制手工業　D 渡辺崋山

C班のレポート

1．明治期における女性の労働環境について
経済面では，当時の日本における基幹産業であった製糸業などの繊維産業を支えたのは女工とよばれた女性労働者であった。彼女たちの多くは劣悪な労働環境のもとに置かれており，ⓕ労働者を保護するための法整備が行われたのは明治時代末期であった。

2．大正期における女性の権利拡張について
明治末期から始まった女性解放運動は，ⓖ1922年に治安警察法の一部が改正されたことで一定の成果をあげた。

3．昭和期における女性の活動について
ⓗ戦時色が強くなると，女性たちに銃後の守りが求められた。そして敗戦を迎えて占領期に入ると，女性たちの歌声や映画での活躍が人々の活気をよび戻した。

問8　下線部ⓕに関連して，明治時代末期に行われた法整備について述べた次の文X・Yの正誤の組合せとして正しいものを，下の①～④のうちから一つ選び，記号で答えよ。 8

X　労働条件に関する法令として，労働基準法が制定された。

Y　女性の労働条件として，１日８時間労働制が定められた。

① X　正　　Y　正　　② X　正　　Y　誤

③ X　誤　　Y　正　　④ X　誤　　Y　誤

問９　下線部ⓖに関連して，この時に改正された内容について述べた文として正しいものを，次の①～④のうちから一つ選び，記号で答えよ。

| 9 |

① 女性がタイピストなどの仕事に就けるようになった。

② 女性が政治演説会に参加できるようになった。

③ 女性が貴族院議員に推薦されるようになった。

④ 女性が衆議院議員総選挙で投票できるようになった。

問10　下線部ⓗに関連して，この時期の女性が行った可能性のあることとして正しいものを，次の①～④のうちから一つ選び，記号で答えよ。

| 10 |

① 軍需工場での労働

② 召集令状による従軍

③ 海外からの復員

④ 安保闘争への参加

2　原始・古代の外交に関する次の年表A・Bをみて，下の問い（問1～10）に答えよ。（史料は，一部省略したり，書き改めたりしたところもある。）
（配点　18）

A　以下は，中国の歴史書などに記されている出来事の一部を年表に示したものである。

世紀	出来事
紀元前1世紀	倭には百余りの小国があり，ⓐ楽浪郡に使いを送っていた。
1世紀	ⓑ倭の奴国が後漢に使いを送り，印綬を授かった。
2世紀	ⓒ倭国が大いに乱れて，争いが続いていた。
3世紀	邪馬台国の女王がⓓ中国に使いを送った。
4世紀	ⓔ倭と高句麗が交戦した。

問1　下線部ⓐに関連して，楽浪郡について述べた次の文X・Yの正誤の組合せとして正しいものを，下の①～④のうちから一つ選び，記号で答えよ。［11］

X　楽浪郡は，朝鮮半島南部におかれていた。
Y　楽浪郡は，新羅によって滅ぼされた。

① X　正　Y　正　　② X　正　Y　誤
③ X　誤　Y　正　　④ X　誤　Y　誤

問2　下線部ⓑに関連して，次の史料は『後漢書』東夷伝の一部である。史料の内容について述べた文として正しいものを，下の①～④のうちから一つ選び，記号で答えよ。［12］

建武中元二年，倭の奴国，貢を奉じて朝賀す。使人自ら大夫と称す。倭国の極南界なり。光武，賜ふに印綬を以てす。

① 奴国では，漢字４文字の元号を制定していた。

② 奴国の使いは，皇帝と同じ地位である「大夫」を名乗っていた。

③ 奴国は，倭国の南の端に位置すると記されている。

④ 奴国が，「漢委奴国王」の称号を授かったことが記されている。

問３　下線部ⓒに関して述べた次の文甲・乙と，それに該当する語句ａ～ｄとの組合せとして正しいものを，下の①～④のうちから一つ選び，記号で答えよ。 13

甲　このような遺跡は，２世紀に争いが続いたことを反映していると考えられる。

乙　この遺跡には，戦乱に備えた楼閣が設けられていたと考えられる。

ａ　高地性集落　　　　ｂ　古代朝鮮式山城

ｃ　唐古･鍵遺跡　　　ｄ　岩宿遺跡

① 甲　ａ　乙　ｃ　　② 甲　ａ　乙　ｄ

③ 甲　ｂ　乙　ｃ　　④ 甲　ｂ　乙　ｄ

問４　下線部ⓓに関連して，邪馬台国の女王と，女王が使いを送った中国の王朝との組合せとして正しいものを，次の①～④のうちから一つ選び，記号で答えよ。 14

① 卑弥呼－前漢　　② 卑弥呼－魏

③ 帥升－前漢　　④ 帥升－魏

問５　下線部ⓔに関連して，この出来事について述べた次の文ａ～ｄについて，正しいものの組合せを，下の①～④のうちから一つ選び，記号で答えよ。 15

a　この交戦の内容は，中国東北部にある石碑に刻まれている。

b　この交戦の内容は，『漢書』地理志に記されている。

c　この交戦の前後から，倭人たちは騎馬技術を学ぶようになった。

d　この交戦後，倭人たちは前方後円墳を築くようになった。

①　a・c　　②　a・d　　③　b・c　　④　b・d

B　以下は，7世紀以降の出来事を年表に示したものである。

年	出来事
610年	ⓕ曇徴が彩色や紙・墨の技法を倭に伝えた。
717年	ⓖ藤原宇合が遣唐使として渡唐した。
838年	ⓗ実質的に最後となった遣唐使が派遣された。
987年	ⓘ奝然が宋より帰国し，後に清凉寺に釈迦如来像を安置した。
1019年	ⓙ藤原隆家の指揮のもと，九州の武士たちが刀伊の来襲を撃退した。

問6　下線部ⓕに関連して，曇徴が来倭した後の出来事について述べた文として正しいものを，次の①～④のうちから一つ選び，記号で答えよ。 16

①　筑紫国造磐井が九州で反乱を起こした。

②　大連の物部守屋と大臣の蘇我馬子の権力争いが激化した。

③　加耶諸国が百済や新羅の支配下に入った。

④　中国から帰国した高向玄理が国博士に就任した。

問7　下線部ⓖに関連して，藤原宇合に関して述べた次の文甲・乙と，それに該当する語句a～dとの組合せとして正しいものを，下の①～④のうちから一つ選び，記号で答えよ。 17

甲　この家柄は，藤原宇合を祖としている。

乙　この事件は，藤原宇合が深く関わっていた。

a　南家　　b　式家

c　長屋王の変　　d　橘奈良麻呂の変

① 甲 a 乙 c　② 甲 a 乙 d

③ 甲 b 乙 c　④ 甲 b 乙 d

問8　下線部ⓗに関連して，この時の遣唐使とともに入唐した人物として正しいものを，次の①～④のうちから一つ選び，記号で答えよ。 18

① 空海　② 円仁　③ 吉備真備　④ 菅原道真

問9　下線部ⓘに関連して，10世紀における宋への渡航と商人による交易に関して述べた次の文a～dについて，正しいものの組合せを，下の①～④のうちから一つ選び，記号で答えよ。 19

a　日本は宋と正式な国交を結んだ上で，宋へ使節を派遣していた。

b　巡礼目的の僧には，宋への渡航が許されることがあった。

c　博多へ来航した宋の商人を通じて，交易が行われていた。

d　主な輸出品は銭貨や硫黄で，輸入品は書籍や陶磁器であった。

① a・c　② a・d　③ b・c　④ b・d

問10　下線部ⓙに関連して，藤原隆家について述べた次の文X・Yの正誤の組合せとして正しいものを，下の①～④のうちから一つ選び，記号で答えよ。 20

X　藤原隆家は兄の藤原伊周とともに，藤原道長と争ったことがあった。

Y　藤原隆家は，『御堂関白記』を漢文体で書き記した。

①　X　正　Y　正　　②　X　正　Y　誤
③　X　誤　Y　正　　④　X　誤　Y　誤

3　中世の政治について述べた次の文章A～Cを読み，下の問い（問1～10）に答えよ。　（配点　20）

A　平安時代末期頃から，貴族社会では，家格が次第に定まっていった。ⓐ摂関家が家格として確立するのは11世紀半ばのことと考えられる。摂関家では「氏長者」である藤氏長者《とうしのちょうじゃ》が摂関家を代表して政務にあたり，摂関家の荘園群である殿下渡領の継承や，藤原氏の大学別曹である［A］の別当(長官)も兼任するようになった。

その後天皇家においては，天皇に対して直接影響力を持つ上皇が権力を握った。最初は白河上皇で，子である［B］へ譲位した後，3代にわたる天皇の治世で実権を握り，「治天の君」としての地位を確立させた。「治天の君」が専制的に国政を動かした「院政」は，ⓑ白河・鳥羽・後白河の三上皇の時期に100年余り続いたが，この時期の後半にはⓒ鳥羽上皇の死の直後に起こった戦乱以降，武士が中央政界で大きな力を持つようになっていった。

問1　空欄［A］［B］に入る語句の組合せとして正しいものを，次の①～④のうちから一つ選び，記号で答えよ。［21］

①　A　学館院　　B　堀河天皇
②　A　学館院　　B　光孝天皇
③　A　勧学院　　B　堀河天皇
④　A　勧学院　　B　光孝天皇

問2　下線部ⓐに関連して，摂関家はのちに五摂家とよばれる5つの家に分かれることとなった。五摂家として正しいものを，次の①～④のうちから一つ選び，記号で答えよ。 22

①　和田家　　②　比企家　　③　畠山家　　④　九条家

問3　下線部ⓑに関連して，この時期の文化に関して述べた次の文X・Yの正誤の組合せとして正しいものを，下の①～④のうちから一つ選び，記号で答えよ。 23

X　上皇たちは熱心に仏教を信仰し，いずれも出家して法皇となり，六勝寺などの寺院を造営した。

Y　後白河上皇は，民間歌謡である今様を好み，熱心に学んで『梁塵秘抄』を編纂した。

①　X　正　Y　正　　②　X　正　Y　誤
③　X　誤　Y　正　　④　X　誤　Y　誤

問4　下線部ⓒに関連して，この戦乱に関して述べた次の文a～dについて，正しいものの組合せを，下の①～④のうちから一つ選び，記号で答えよ。 24

a　上皇側には，摂関家では藤原頼長が参加した。
b　上皇側には，源氏では源義朝が参加した。
c　天皇側では，藤原通憲（信西）が攻められて敗死した。
d　天皇側では，平氏の平清盛らの働きにより勝利した。

①　a・c　　②　a・d　　③　b・c　　④　b・d

B　安徳天皇が三種の神器を持ったまま都落ちすると，ⓓ弟の後鳥羽天皇が，神器がないまま天皇として即位した。こうした背景もあって，後鳥羽上皇はⓔ幕府との二元支配体制が確立した後に，自らの権威高揚をめざした。特に分散していた皇室領荘園群を手中におさめ，自らの経済的基盤とした。

その後［C］により後鳥羽上皇は配流され，幕府が優位に立って皇位継承や朝廷の政治に干渉するようになった。そして［D］の死後，兄弟間で治天の君をめぐる争いが起こり，二つの天皇家領荘園群はそれぞれの皇統の経済的基盤となった。

問5　空欄［C］［D］に入る語句の組合せとして正しいものを，次の①～④のうちから一つ選び，記号で答えよ。［25］

① C　宝治合戦　　D　順徳上皇
② C　宝治合戦　　D　後嵯峨法皇
③ C　承久の乱　　D　順徳上皇
④ C　承久の乱　　D　後嵯峨法皇

問6　下線部ⓓに関連して，後鳥羽天皇の時期の出来事に関して述べた次の文Ⅰ～Ⅲを，古いものから年代順に正しく配列したものを，下の①～⑥のうちから一つ選び，記号で答えよ。［26］

Ⅰ　源頼朝が奥州藤原氏を滅ぼした。
Ⅱ　源頼朝が征夷大将軍に任命された。
Ⅲ　平氏が壇の浦の戦いで滅んだ。

① Ⅰ—Ⅱ—Ⅲ　② Ⅰ—Ⅲ—Ⅱ　③ Ⅱ—Ⅰ—Ⅲ
④ Ⅱ—Ⅲ—Ⅰ　⑤ Ⅲ—Ⅰ—Ⅱ　⑥ Ⅲ—Ⅱ—Ⅰ

問7　下線部ⓔに関連して，朝廷と幕府の二元支配体制について述べた次の文X・Yの正誤の組合せとして正しいものを，下の①～④のうちから

一つ選び，記号で答えよ。 27

X　各国には，朝廷から任命された国司と幕府から任命された守護が併置された。

Y　法制が整備され，武家法と本所法が廃止され，御成敗式目が制定された。

①　X　正　Y　正　　②　X　正　Y　誤
③　X　誤　Y　正　　④　X　誤　Y　誤

C　持明院統と大覚寺統に分かれて争っていた両統は，ⓕ後醍醐天皇が即位したことで大きな変革期を迎えた。やがて後醍醐天皇による親政の崩壊後，北朝側が二つに分裂して争うなどして動乱は長期化した。

その争いに終止符を打ったのが足利義満であった。ⓖ二つに分かれていた皇統は一つとなり，以後は持明院統の天皇が皇位を継承した。しかしⓗ応仁の乱以降に荘園制の解体が進むと，天皇家は財政的にも苦しくなっていた。そのため即位式など様々な儀礼の実施も難しくなり，戦国大名からの献金などにより，何とか儀式が実施できる状態であった。

問8　下線部ⓕに関して述べた次の文甲・乙と，それに該当する語句a～dとの組合せとして正しいものを，下の①～④のうちから一つ選び，記号で答えよ。 28

甲　この事件の翌年に，後醍醐天皇は隠岐に流された。
乙　この天皇は，京都に戻った後醍醐天皇により廃された。

a　元弘の変　　b　正中の変
c　光厳天皇　　d　光明天皇

①　甲　a　乙　c　　②　甲　a　乙　d
③　甲　b　乙　c　　④　甲　b　乙　d

問9　下線部ⓖに関連して，この時に行われた皇位継承について述べた次の文a～dについて，正しいものの組合せを，下の①～④のうちから一つ選び，記号で答えよ。 29

a　大覚寺統の後亀山天皇は，神器を持明院統へ譲った。

b　大覚寺統の亀山天皇は，神器を持明院統から譲り受けた。

c　持明院統の後深草天皇は，神器を大覚寺統へ譲った。

d　持明院統の後小松天皇は，神器を大覚寺統から譲り受けた。

①　a・c　　②　a・d　　③　b・c　　④　b・d

問10　下線部ⓗに関連して，応仁の乱後の天皇について述べた次の文Ⅰ～Ⅲを，古いものから年代順に正しく配列したものを，下の①～⑥のうちから一つ選び，記号で答えよ。 30

Ⅰ　後奈良天皇の即位式は，大内義隆ら戦国大名からの献金によってようやく実現した。

Ⅱ　後土御門天皇は，明応の政変に憤慨して譲位を決意したが，結局取りやめた。

Ⅲ　正親町天皇は，中国地方を支配していた毛利元就からの献金によって即位式を実施できた。

①　Ⅰ－Ⅱ－Ⅲ　　②　Ⅰ－Ⅲ－Ⅱ　　③　Ⅱ－Ⅰ－Ⅲ
④　Ⅱ－Ⅲ－Ⅰ　　⑤　Ⅲ－Ⅰ－Ⅱ　　⑥　Ⅲ－Ⅱ－Ⅰ

4　「近世の三都」をテーマに班ごとに調べ学習をした際の発表原稿である次の文章A～Cを読み，下の問い（**問1～10**）に答えよ。

（**配点　20**）

A班の発表原稿

わたしたちは，近世の大坂について調べました。大坂は16世紀前半以来，石山（大坂）本願寺の寺内町として発展しましたが，織田信長との11年に及ぶ石山戦争を経て本願寺法主の［　A　］が退去し，信長の支配下に入りました。その後，ⓐ信長のあとを継いだ豊臣（羽柴）秀吉により，大坂は政治･経済の中心地となりました。

江戸時代に入ると，ⓑ江戸と大坂を中心とした海上交通網が整備され，大坂には様々な物資が集められました。各藩は領内の年貢米や特産物である［　B　］を蔵屋敷へ運び入れ，それを換金して貨幣を獲得していました。大坂にはこうした物資を売買する卸売市場が設けられ，特にⓒ享保年間に公認された堂島米市場は米価の調整に重要な役割を果たしていました。

問1　空欄［　A　］［　B　］に入る語句の組合せとして正しいものを，次の①～④のうちから一つ選び，記号で答えよ。［　31　］

①　A　顕如　　　B　納屋物
②　A　顕如　　　B　蔵物
③　A　蓮如　　　B　納屋物
④　A　蓮如　　　B　蔵物

問2　下線部ⓐに関連して，秀吉による勢力拡大について述べた次の文Ⅰ～Ⅲを，古いものから年代順に正しく配列したものを，下の①～⑥のうちから一つ選び，記号で答えよ。［　32　］

Ⅰ　朝廷から関白に任じられ，四国を平定した。
Ⅱ　賤ヶ岳の戦い後，大坂城の築城を開始した。

Ⅲ　聚楽第に後陽成天皇を迎えて歓待した。

① Ⅰ—Ⅱ—Ⅲ　② Ⅰ—Ⅲ—Ⅱ　③ Ⅱ—Ⅰ—Ⅲ
④ Ⅱ—Ⅲ—Ⅰ　⑤ Ⅲ—Ⅰ—Ⅱ　⑥ Ⅲ—Ⅱ—Ⅰ

問3　下線部ⓑに関して述べた次の文甲・乙と，それに該当する語句a～dとの組合せとして正しいものを，下の①～④のうちから一つ選び，記号で答えよ。［33］

甲　この人物は，江戸と大坂を中心に全国をつなぐ海上交通網を完成させた。

乙　この船は江戸・大坂間を運航していたが，のちに荷役の速い樽廻船に押されていった。

a　河村瑞賢　b　末次平蔵
c　菱垣廻船　d　北前船

① 甲 a　乙 c　② 甲 a　乙 d
③ 甲 b　乙 c　④ 甲 b　乙 d

問4　下線部ⓒに関連して，堂島米市場を公認した将軍が行った改革について述べた文として正しいものを，次の①～④のうちから一つ選び，記号で答えよ。［34］

① 治安対策として寄場組合を設置した。
② 大名の末期養子の禁止を緩和した。
③ 無宿人などを収容する人足寄場を設けた。
④ 公事方御定書を定めて，裁判の基準を整備した。

B班の発表原稿

わたしたちは，近世の京都について調べました。江戸に幕府が開かれて，政治の中心が江戸に移ったのちも，ⓓ京都には天皇や公家たちが暮らしており，幕府にとって重要な都市でした。

江戸時代初期の京都では，上層町人の［ C ］が多くの分野で活躍し，『舟橋蒔絵硯箱』などすぐれた工芸作品を残しました。絵画では俵屋宗達があらわれ，装飾画である［ D ］を描きました。この二人の作風は，元禄期に活躍した尾形光琳・乾山兄弟へ影響を与え，特に兄のⓔ尾形光琳は俵屋宗達の画法を取り入れて琳派とよばれる画風を生み出し，装飾性にすぐれた作品を制作しました。

問5　空欄［ C ］［ D ］に入る語句の組合せとして正しいものを，次の①～④のうちから一つ選び，記号で答えよ。［ 35 ］

① C　酒井田柿右衛門　　D　『唐獅子図屛風』
② C　酒井田柿右衛門　　D　『風神雷神図屛風』
③ C　本阿弥光悦　　D　『唐獅子図屛風』
④ C　本阿弥光悦　　D　『風神雷神図屛風』

問6　下線部ⓓに関して，幕府と朝廷との関係について述べた次の文X・Yの正誤の組合せとして正しいものを，下の①～④のうちから一つ選び，記号で答えよ。［ 36 ］

X　幕府は禁中並公家諸法度を制定して，朝廷運営の基準を示した。
Y　幕府と朝廷をつなぐ窓口として，公家から武家伝奏を任命した。

① X　正　Y　正　　② X　正　Y　誤
③ X　誤　Y　正　　④ X　誤　Y　誤

問7　下線部ⓔに関連して，尾形光琳の作品として正しいものを，次の①

～④のうちから一つ選び，記号で答えよ。 37

① 『不忍池図』　　② 『十便十宜図』
③ 『紅白梅図屏風』　　④ 『富嶽三十六景』

C班の発表原稿

わたしたちは，近世の江戸について調べました。幕府の諸施設や大名屋敷が置かれ政治の中心地であった江戸には，多くの武士が居住するとともに，その生活を支える町人も多く集まり，江戸時代中期には，その人口は100万人をこえたと推定されています。人口の増加によってⓕ江戸時代中期以降には様々な都市問題が起こり，幕府はこの対応に追われました。

その一方で，江戸では町人を中心とした文化が発達しました。芸能ではⓖ歌舞伎が江戸の町でさかんになり，人気役者があらわれました。また文学においては，ⓗ庶民生活を題材とした滑稽本や，恋愛ものの人情本などが人気を博しましたが，中には風俗を乱すとして処罰された作家もいました。

問８　下線部ⓕに関連して，都市問題に対する幕府の対応について述べた次の文Ⅰ～Ⅲを，古いものから年代順に正しく配列したものを，下の①～⑥のうちから一つ選び，記号で答えよ。 38

Ⅰ　江戸の町費を節約させ，節約分の七割を積み立てさせた。
Ⅱ　江戸に流入した貧民の帰郷を強制する人返しの法を出した。
Ⅲ　目安箱への投書を機に，小石川養生所が設置された。

① Ⅰ―Ⅱ―Ⅲ　　② Ⅰ―Ⅲ―Ⅱ　　③ Ⅱ―Ⅰ―Ⅲ
④ Ⅱ―Ⅲ―Ⅰ　　⑤ Ⅲ―Ⅰ―Ⅱ　　⑥ Ⅲ―Ⅱ―Ⅰ

問９　下線部ⓖに関連して，男性が女性役を演じることと，その役柄において名優とよばれた人物の組合せとして正しいものを，次の①～④のう

ちから一つ選び，記号で答えよ。 39

① 女形－出雲阿国　② 女形－芳沢あやめ
③ 和事－出雲阿国　④ 和事－芳沢あやめ

問10　下線部ⓗに関連して，滑稽本と人情本について述べた次の文a～dについて，正しいものの組合せを，下の①～④のうちから一つ選び，記号で答えよ。 40

a　滑稽本では，十返舎一九が『東海道中膝栗毛』を著した。
b　滑稽本では，曲亭馬琴が『南総里見八犬伝』を著した。
c　人情本では，為永春水が『春色梅児誉美』を著した。
d　人情本では，山東京伝が『仕懸文庫』を著した。

① a・c　② a・d　③ b・c　④ b・d

5　近現代の外交・政治に関連する，下の問い（問1～10）に答えよ。
（配点　22）

問1　幕末に列強との間で起こった出来事に関して述べた次の文甲・乙と，それに該当する地図上の場所a～dとの組合せとして正しいものを，下の①～④のうちから一つ選び，記号で答えよ。 41

甲　この場所で起こった殺傷事件が原因で，薩英戦争が起こった。
乙　イギリスなど四国の連合艦隊が，この場所の砲台を攻撃した。

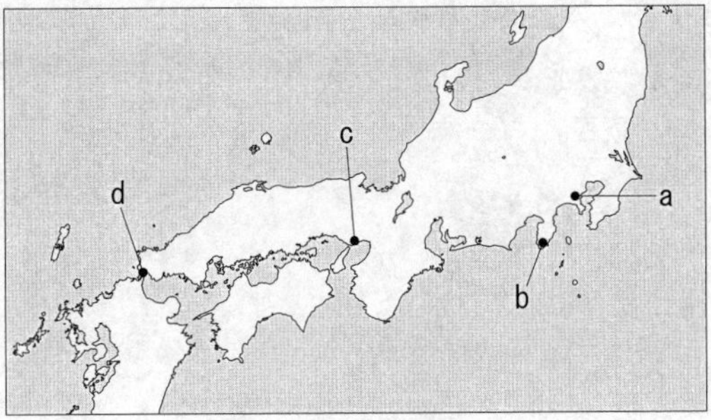

① 甲 a 乙 c　② 甲 a 乙 d
③ 甲 b 乙 c　④ 甲 b 乙 d

問2　岩倉使節団に随行し，のちに女子英学塾を設立した女性として正しいものを，次の①～④のうちから一つ選び，記号で答えよ。 42

①　山川捨松　②　景山英子
③　津田梅子　④　松井須磨子

問3　条約改正に関して述べた次の文Ⅰ～Ⅲを，古いものから年代順に正しく配列したものを，下の①～⑥のうちから一つ選び，記号で答えよ。
43

Ⅰ　大審院への外国人判事の任用を認めていたため，外相が襲撃されて内閣が総辞職した。
Ⅱ　イギリスが条約改正に応じる姿勢を見せたが，大津事件の責任をとって外相が辞任した。
Ⅲ　関税自主権の回復について，アメリカは承認したがイギリスなどが反対したため失敗した。

①　Ⅰ－Ⅱ－Ⅲ　②　Ⅰ－Ⅲ－Ⅱ　③　Ⅱ－Ⅰ－Ⅲ
④　Ⅱ－Ⅲ－Ⅰ　⑤　Ⅲ－Ⅰ－Ⅱ　⑥　Ⅲ－Ⅱ－Ⅰ

問4　日清戦争後，列強による中国分割が進んだ。これに当初直接加わらなかった国として正しいものを，次の①～④のうちから一つ選び，記号で答えよ。 44

① イギリス　　② アメリカ
③ フランス　　④ ドイツ

問5　日露戦争後の関東州支配について述べた次の文X・Yの正誤の組合せとして正しいものを，下の①～④のうちから一つ選び，記号で答えよ。
45

X　関東州を統治する関東都督府が，旅順におかれた。
Y　半官半民の南満州鉄道株式会社が，大連に設立された。

① X 正　Y 正　　② X 正　Y 誤
③ X 誤　Y 正　　④ X 誤　Y 誤

問6　第一次世界大戦中の日本の外交に関して述べた次の文a～dについて，正しいものの組合せを，下の①～④のうちから一つ選び，記号で答えよ。 46

a　袁世凱政府に対して，二十一カ条の要求を行った。
b　袁世凱政府に対して，西原借款を行った。
c　ロシアとの間で，石井・ランシング協定を結んだ。
d　ロシアとの間で，極東における両国の特殊権益を相互に再確認した。

① a・c　　② a・d　　③ b・c　　④ b・d

問7　次のⅠ～Ⅲは，日本の中国への進出に関連した出来事などについて述べた文である。古いものから年代順に正しく配列したものを，下の

①～⑥のうちから一つ選び，記号で答えよ。 47

Ⅰ　国民党の北伐が完了し，中国全土の統一がほぼ達成された。

Ⅱ　田中義一内閣は，中国関係の外交官や軍人を東京に集めて，東方会議を開いた。

Ⅲ　関東軍は，張作霖を奉天郊外で列車ごと爆破して，殺害した。

① Ⅰ—Ⅱ—Ⅲ　② Ⅰ—Ⅲ—Ⅱ　③ Ⅱ—Ⅰ—Ⅲ
④ Ⅱ—Ⅲ—Ⅰ　⑤ Ⅲ—Ⅰ—Ⅱ　⑥ Ⅲ—Ⅱ—Ⅰ

問8　第二次世界大戦中のアメリカの対日政策に関して述べた次の文X・Yの正誤の組合せとして正しいものを，下の①～④のうちから一つ選び，記号で答えよ。 48

X　日本の北部仏印進駐に対して，対日石油輸出を禁止した。

Y　サイパン島を陥落させたあと，日本本土の空襲を強化した。

① X 正　Y 正　② X 正　Y 誤
③ X 誤　Y 正　④ X 誤　Y 誤

問9　サンフランシスコ講和会議での動向や平和条約の内容に関して述べた次の文甲・乙と，それに該当する語句a～dとの組合せとして正しいものを，下の①～④のうちから一つ選び，記号で答えよ。 49

甲　この国は，会議に参加したものの条約への調印は拒否した。

乙　この島は，アメリカの施政権下におかれた。

a　インド　b　ソ連
c　択捉島　d　小笠原諸島

① 甲 a 乙 c ② 甲 a 乙 d
③ 甲 b 乙 c ④ 甲 b 乙 d

問 10 アメリカのニクソン大統領の動きと日本への影響に関して述べた次の文X・Yの正誤の組合せとして正しいものを，下の①～④のうちから一つ選び，記号で答えよ。 50

X 金とドルとの交換停止を発表したのち，日本は変動相場制から固定相場制へと移行した。

Y 米中が国交正常化を進めたため，日本は中華民国との間で日中共同声明を発表した。

① X 正 Y 正 ② X 正 Y 誤
③ X 誤 Y 正 ④ X 誤 Y 誤

世界史

（60分）

[1] 中国と朝鮮半島に関する次の問い（**問1～10**）に答えよ。（配点　20）

問1　前2世紀から3世紀にかけての中国と朝鮮半島について述べた次の文中の空欄 [ア] ・ [イ] にあてはまる語句の組合せとして正しいものを，下の①～④のうちから一つ選べ。 [1]

前2世紀，漢の武帝は，衛氏朝鮮を滅ぼして朝鮮半島北部に [ア] などを設置した。 [ア] は，のちに [イ] を皇帝とする魏に引き継がれた。

① ア　南海郡　　イ　曹丕　　② ア　南海郡　　イ　孫権
③ ア　楽浪郡　　イ　曹丕　　④ ア　楽浪郡　　イ　孫権

問2　高句麗遠征の失敗をきっかけに隋の滅亡を招いた皇帝として正しいものを，次の①～④のうちから一つ選べ。 [2]

①　孝文帝　　②　文帝　　③　太武帝　　④　煬帝

問3　7世紀の唐と朝鮮半島の国々について述べた次の文aとbの正誤の組合せとして正しいものを，下の①～④のうちから一つ選べ。 [3]

a　唐に滅ぼされた高句麗の復興のため，日本が援軍を送った。
b　新羅は，唐から骨品制を導入した。

①　a－正　　b－正　　②　a－正　　b－誤
③　a－誤　　b－正　　④　a－誤　　b－誤

問4　唐滅亡のおよそ10年後，朝鮮半島では新羅に代わって高麗が成立した。高麗の都と高麗の国教の組合せとして正しいものを，次の①～④のうちから一つ選べ。 [4]

① 開城 － 儒教　② 開城 － 仏教
③ 金城（慶州） － 儒教　④ 金城（慶州） － 仏教

問5　モンゴル帝国は，高麗を属国としたのちに国号を元と改めて南宋を滅ぼし，中国全土を支配した。南宋と同じくモンゴル帝国の攻撃を受けて衰退したビルマ（ミャンマー）の国として正しいものを，次の①～④のうちから一つ選べ。 5

① 陳朝　② チャンパー
③ パガン朝　④ マジャパヒト王国

問6　高麗を倒して朝鮮王朝を建てた人物として正しいものを，次の①～④のうちから一つ選べ。 6

① 李自成　② 李時珍　③ 李舜臣　④ 李成桂

問7　朝鮮王朝が導入した中国の制度や文化の組合せとして正しいものを，次の①～④のうちから一つ選べ。 7

① 科挙・金属活字　② 朱子学・科挙
③ 訓民正音・朱子学　④ 金属活字・訓民正音

問8　16世紀末，日本の豊臣秀吉が朝鮮への侵攻を行ったが，朝鮮王朝の水軍や明朝の援軍などによって阻止された。当時，朝鮮の水軍が用いた軍船として正しいものを，次の①～④のうちから一つ選べ。 8

① 亀船（亀甲船）　② 三段櫂船
③ ジャンク船　④ 朱印船

問9　清朝と朝鮮王朝の関係について述べた次の文aとbの正誤の組合せとして正しいものを，下の①～④のうちから一つ選べ。 9

a　朝鮮王朝の両班層は自らを「小中華」とみなし，清朝に対抗意識を持った。
b　甲申政変では，金玉均らが清朝の支持を得て反乱を起こした。

① a－正　b－正　② a－正　b－誤
③ a－誤　b－正　④ a－誤　b－誤

問10　朝鮮半島の非核化を目指して2003年に始まった六カ国協議の枠組みを構成する国の組合せとして正しいものを，次の①～④のうちから一つ選べ。 10

①　韓国・北朝鮮・中国・ロシア・日本・アメリカ合衆国
②　韓国・北朝鮮・中国・モンゴル・ロシア・日本
③　韓国・北朝鮮・中国・モンゴル・ロシア・台湾
④　韓国・北朝鮮・中国・台湾・日本・アメリカ合衆国

2　インドにおける仏教とヒンドゥー教について述べた次の文章A～Cを読み，下の問い（**問1～10**）に答えよ。（配点　20）

A　西北インドでは，前2000年以前から都市文明が形成された。この文明はインダス文明と呼ばれ，パンジャーブ地方の ア などがその代表的な遺跡である。前1500年頃中央アジアからインドに侵入したアーリヤ人は，前1000年頃にはガンジス川流域にも進出し，都市国家を建設した。アーリヤ人は自然現象を神として崇拝した。南アジア最古の文献とされる イ は，(1)バラモンによる神々への賛歌集である。前6世紀になると，社会的経済的発展を背景に，(2)形式的なバラモン教への反省や新しい宗教を求める動きが起こった。

問1　文章中の空欄 ア ・ イ にあてはまる語句の組合せとして正しいものを，次の①～④のうちから一つ選べ。 11

①　**ア**　ハラッパー　　**イ**　『アヴェスター』
②　**ア**　ハラッパー　　**イ**　『リグ=ヴェーダ』
③　**ア**　モエンジョ=ダーロ　　**イ**　『アヴェスター』
④　**ア**　モエンジョ=ダーロ　　**イ**　『リグ=ヴェーダ』

問2　下線部(1)について，バラモンを最上位とする身分的上下観念であるヴァルナについて述べた文として正しいものを，次の①～④のうちから一つ選べ。 12

①　シュードラとは，王族や武人をさす階層である。
②　インド社会では，すべての人々が4つの身分階層のいずれかに分類された。
③　ヴァルナとは，色を意味する言葉である。
④　各身分は，同じ職能集団の人々で構成されていた。

問3　下線部(2)について述べた次の文aとbの正誤の組合せとして正しいものを，下の①～④のうちから一つ選べ。 13

a　「ウパニシャッド（奥義書）」は，梵我一如により輪廻から解脱できると説いた。

b　ヴァルダマーナ（マハーヴィーラ）は，ジャイナ教を創始した。

①　a－正　b－正　②　a－正　b－誤
③　a－誤　b－正　④　a－誤　b－誤

B　前3世紀半ば，インドの大部分を支配したマウリヤ朝のアショーカ王は，仏教を保護し，仏典の結集や ウ への布教を行った。王の死後まもなくインドは分裂状態となったが，紀元前後頃には(3)新しい仏教がおこった。1世紀半ばに台頭した(4)クシャーナ朝は2世紀半ばに盛期を迎え，当時の王はこの新しい仏教を手厚く保護した。新しい仏教は，ガンダーラを中心とする仏教美術とともに，中国・朝鮮・日本まで伝わった。

問4　文章中の空欄 ウ にあてはまる語句として正しいものを，次の①～④のうちから一つ選べ。 14

①　ジャワ島　②　セイロン島
③　スマトラ島　④　マレー半島

問5　下線部(3)に関連して，大乗仏教について述べた次の文aとbの正誤の組合せとして正しいものを，下の①～④のうちから一つ選べ。 15

a　厳しい戒律を守り，自身の救済を目指した。

b　竜樹（ナーガールジュナ）が，教理を体系化した。

①　a－正　b－正　②　a－正　b－誤
③　a－誤　b－正　④　a－誤　b－誤

問6　下線部(4)について，クシャーナ朝の首都と，クシャーナ朝と並んで西北インドから南インドにかけての広い領域を支配していた王朝との組合せとして正しいものを，次の①～④のうちから一つ選べ。 16

① プルシャプラ ― チョーラ朝
② パータリプトラ ― チョーラ朝
③ プルシャプラ ― サータヴァーハナ朝
④ パータリプトラ ― サータヴァーハナ朝

C 4世紀におこった(5)グプタ朝は，再びインドを統一し，インド古典文化の全盛期をもたらした。この間に，バラモン教は，民間信仰や習俗を吸収してヒンドゥー教となり，社会に定着していった。仏教は，7世紀にはヴァルダナ朝の エ により保護され，僧院では教義の研究も進められた。また，仏教の中からは(6)密教が成立した。しかし，仏教は，ヒンドゥー教との違いがあいまいになったこともあって，インドではしだいに(7)ヒンドゥー教に吸収されて衰退していった。

問7 下線部(5)について，この時期の出来事として**誤っているもの**を，次の①～④のうちから一つ選べ。 17

① 『マハーバーラタ』が現在のような形に完成した。
② サンスクリット語が公用語となった。
③ ゼロの概念が生み出された。
④ ダルマ（法）が刻まれた石柱が各地に建てられた。

問8 文章中の空欄 エ にあてはまる語句として正しいものを，次の①～④のうちから一つ選べ。 18

① カニシカ王
② カーリダーサ
③ ハルシャ王
④ チャンドラグプタ2世

問9 下線部(6)に関連して，密教の影響を受けたチベット仏教について述べた次の文aとbの正誤の組合せとして正しいものを，下の①～④のうちから一つ選べ。 19

a 開祖は，ソンツェン=ガンポである。
b ラサのポタラ宮殿が中心となった。

① a－正 b－正
② a－正 b－誤
③ a－誤 b－正
④ a－誤 b－誤

問10　下線部(7)について，仏教衰退の理由として，ヒンドゥー教の神への絶対的帰依を説く宗教運動が盛んになったことがあげられる。この運動として正しいものを，次の①〜④のうちから一つ選べ。 20

①　バクティ運動　②　仇教運動
③　スーフィズム　④　ウラービー（オラービー）運動

3　イベリア半島のレコンキスタについて述べた次の文章A・Bを読み，下の問い（問1〜10）に答えよ。（配点　20）

A　イベリア半島に侵入した(1)イスラーム教徒は，711年に ア を滅ぼし，その後，北部の小地域を除く全半島を征服した。イスラーム教徒はさらにピレネー山脈を越えて北上したが，(2)フランク王国に撃退された。

イスラーム勢力は，711年から イ 年までイベリア半島に拠点を維持した。10世紀初期，(3)アブド=アッラフマーン3世はカリフを称し，イスラーム文化が栄えた。

一方，イスラーム教徒の侵入に対して，イベリア半島の支配者や住民の多くは，(4)イスラームの支配下に入ったが，北部や東部に拠ったキリスト教徒集団は国土回復運動（レコンキスタ）に着手し，イスラーム教徒と攻防を繰り返した。

問1　下線部(1)について述べた文として正しいものを，次の①〜④のうちから一つ選べ。 21

①　イスラーム教徒はウンマと呼ばれる。
②　イスラーム教徒の宗教行為にはメッカへの巡礼などがある。
③　スンナ派（スンニー）の人々はアリーの血統をとくに重視する。
④　イスラーム教徒の礼拝施設をスークという。

問2　文章中の空欄 ア ・ イ にあてはまる語句や数字の組合せとして正しいものを，次の①〜④のうちから一つ選べ。 22

①　ア　ヴァンダル王国　イ　1479
②　ア　ヴァンダル王国　イ　1492
③　ア　西ゴート王国　イ　1479
④　ア　西ゴート王国　イ　1492

問３　下線部(2)について述べた次の文ａ～ｃが，年代の古いものから順に配列されているものを，下の①～⑥のうちから一つ選べ。 23

ａ　ピピンがラヴェンナ地方を教皇に献上した。
ｂ　クローヴィスがアタナシウス派に改宗した。
ｃ　ヴェルダン条約が締結された。

①　ａ → ｂ → ｃ　　②　ａ → ｃ → ｂ
③　ｂ → ａ → ｃ　　④　ｂ → ｃ → ａ
⑤　ｃ → ａ → ｂ　　⑥　ｃ → ｂ → ａ

問４　下線部(3)について，この王朝の名称として正しいものを，次の①～④のうちから一つ選べ。 24

①　ファーティマ朝　　②　後ウマイヤ朝
③　アッバース朝　　④　サーマーン朝

問５　下線部(4)について，イスラーム教徒の異民族支配について述べた次の文ａとｂの正誤の組合せとして正しいものを，下の①～④のうちから一つ選べ。
25

ａ　ウマイヤ朝では，イスラーム教に改宗した異民族に免税の特権が与えられた。
ｂ　アッバース朝では，土地を持つアラブ人にジズヤが課せられた。

①　ａ－正　ｂ－正　　②　ａ－正　ｂ－誤
③　ａ－誤　ｂ－正　　④　ａ－誤　ｂ－誤

Ｂ　(5)国土回復運動の過程でカスティリャから分離したポルトガルは，(6)イングランドと同盟を結んだ。ジョアン１世の第３王子によるアフリカ西岸航路の開拓は王室事業として推進され，インド航路の開拓へとつながった。ポルトガルの首都 ウ は，アジアからもたらされた香辛料などで繁栄し，世界有数の人口を誇った。一方(7)スペイン(イスパニア)王国は，イスラーム教徒の最後の拠点であった エ を攻略して国土回復運動を終結させるとともに，積極的な海外進出を始めた。

問6　下線部(5)に関連して，12 世紀中頃のイベリア半島の様子を表す地図を次のa・bから選び，さらにその時代の「イスラーム勢力」にあたる国家名との組合せとして正しいものを，下の①～④のうちから一つ選べ。 26

地図a　　地図b

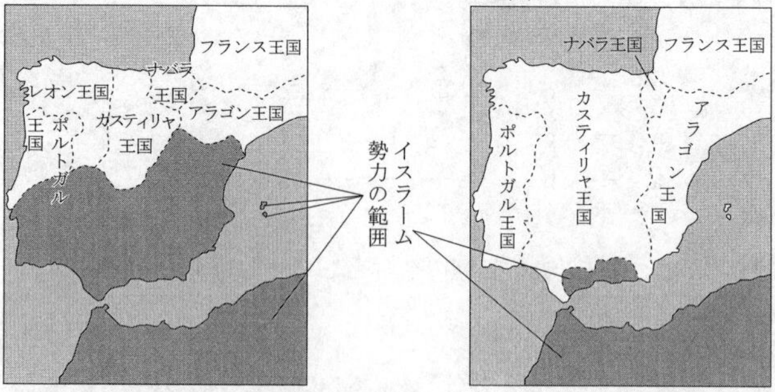

①　a－ムラービト朝　　②　a－ナスル朝
③　b－ムラービト朝　　④　b－ナスル朝

問7　下線部(6)について，14 世紀のイングランドの状況を述べた文として正しいものを，次の①～④のうちから一つ選べ。 27

①　トマス=モアが『ユートピア』を著した。
②　ヘンリ7世が即位した。
③　ワット=タイラーの乱が起こった。
④　東インド会社が設立された。

問8　文章中の空欄 ウ にあてはまる語句として正しいものを，次の①～④のうちから一つ選べ。 28

①　セウタ　　②　トレド　　③　マドリード　　④　リスボン

問9　下線部(7)について述べた次の文aとbの正誤の組合せとして正しいものを，下の①～④のうちから一つ選べ。 29

a　アラゴン王子とカスティリャ王女の結婚により成立した王国である。
b　カルロス1世は，神聖ローマ皇帝を兼任した。

①　a－正　b－正　　②　a－正　b－誤
③　a－誤　b－正　　④　a－誤　b－誤

問10　文章中の空欄［ エ ］にあてはまる語句として正しいものを，次の①～④のうちから一つ選べ。［ 30 ］

①　グラナダ　　②　コルドバ
③　セビリャ　　④　マラケシュ

［4］　近世ヨーロッパにおける科学・技術の発達について述べた次の文章中の空欄（　ア　）～（　コ　）に入れる語として正しいものを，下の**【語群Ａ】**～**【語群Ｇ】**のうちから，各語群に記されている指示に従って一つ選べ。（配点　20）

15世紀から16世紀にかけて，ヨーロッパでは科学・技術において大きな変化が起こった。科学の分野では，占星術を基礎に天文学が発達した。天文学の発達は，航海術と結びついて新航路開拓を後押しする一方，ポーランド人（　ア　）らが地動説を唱えるなど，天動説を正統とする教会に異議を唱える動きにもつながった。技術の分野では，ドイツ人（　イ　）が活版印刷術を実用化した。この技術は，後漢の（　ウ　）が改良したとされる製紙法と結びつき，新しい知識や思想を幅広い層に普及させた。

さらに17世紀に入ると，ヨーロッパは「科学革命の時代」と呼ばれる変革期を迎え，画期的な発見や発明が相次いだ。たとえばイギリスでは，（　エ　）が可決された1628年，（　オ　）が血液の循環を発見した。また，イギリス革命（ピューリタン革命）を経て，王政復古直後の1662年には（　カ　）が気体と圧力に関する法則を発見した。同年には，彼の研究グループを母体とする王立協会が国王（　キ　）の認可を受けている。そして，名誉革命直前の1687年には，万有引力の法則を発見したニュートンが『（　ク　）』を著して理論を体系化した。

17世紀は，自然科学における認識のあり方の基盤となる，学問における考え方の変革期でもあった。イギリス人の（　ケ　）が，著書『ニュー=オルガヌム』で多数の個別の事例から一般的な法則を導く帰納法を説いた。一方，『（　コ　）』を著したフランス人のデカルトは，一般的な命題から展開して結論を導く演繹法を確立した。

【語群Ａ】：空欄（ア）・（イ）に入れる語

（ア）［ 31 ］　・　（イ）［ 32 ］

①　ガリレイ　　②　グーテンベルク

③ ケプラー　④ コペルニクス
⑤ ジョルダーノ=ブルーノ　⑥ プトレマイオス

【語群B】: 空欄（ウ）に入れる語

（ウ） 33

① 蔡倫　② 鄭玄　③ 蘇秦　④ 張儀

【語群C】: 空欄（エ）に入れる語

（エ） 34

① 権利の章典　② 権利の請願
③ 権利の宣言　④ 大憲章（マグナ=カルタ）

【語群D】: 空欄（オ）・（カ）に入れる語

（オ） 35 ・ （カ） 36

① ジェンナー　② ハーヴェー
③ ボイル　④ ラヴォワジェ
⑤ ラプラース　⑥ リンネ

【語群E】: 空欄（キ）に入れる語

（キ） 37

① ジェームズ1世　② ジェームズ2世
③ チャールズ1世　④ チャールズ2世

【語群F】: 空欄（ク）・（コ）に入れる語

（ク） 38 ・ （コ） 39

① 純粋理性批判　② 哲学書簡（イギリス便り）
③ プリンキピア　④ パンセ（瞑想録）
⑤ 方法序（叙）説　⑥ リヴァイアサン

【語群G】: 空欄（ケ）に入れる語

（ケ） 40

① スピノザ　② フランシス=ベーコン
③ ライプニッツ　④ ヒューム

5　アメリカ合衆国の歴史上における宣言やドクトリンについて述べた次の文章A～Cを読み，下の問い（問1～10）に答えよ。（配点 20）

A　ア 宣言は，1823年に ア 大統領が教書の中で発表した基本的外交原則である。当時，アラスカから北アメリカ大陸を南下するロシアの動きが見られたことや，(1)ラテンアメリカの独立運動に干渉しようとするヨーロッパ諸国の動きに対し，これらを排除する目的で出された。ヨーロッパ諸国との相互不干渉を原則としたアメリカ合衆国のこのような孤立外交の考えは，(2)1846年に始まったアメリカ=イ 戦争において，ヨーロッパ諸国の干渉を排除する根拠となった。

問1　文章中の空欄 ア ・ イ にあてはまる語句の組合せとして正しいものを，次の①～④のうちから一つ選べ。 41

① ア　ジャクソン　　イ　イギリス
② ア　ジャクソン　　イ　メキシコ
③ ア　モンロー　　イ　イギリス
④ ア　モンロー　　イ　メキシコ

問2　下線部(1)について述べた文として正しいものを，次の①～④のうちから一つ選べ。 42

① 独立運動はインディオを中心に展開された。
② シモン=ボリバルは，ボリビアの独立を指導し，達成した。
③ イギリスは，ラテンアメリカ諸国の独立に反対した。
④ ハイチはスペインから独立した。

問3　下線部(2)より前にアメリカ合衆国が併合した地域として正しいものを，次の①～④のうちから一つ選べ。 43

①　テキサス　　②　ハワイ　　③　ケベック　　④　アラスカ

B　(3)1870年代のヨーロッパ列強は帝国主義政策を進め，世界各地へと進出しようとしていた。19世紀終わりになると，(4)列強の中国進出が激しくなった。アメリカ合衆国国務長官ジョン=ヘイは，1899年に門戸開放と機会均等を伝え，中国市場参入の意思表示を行うと，1900年の(5)義和団事件をきっかけに領土保全の考えを示し，列強による中国分割と政治的な支配に対しての反対の立場を表明した。他方で，アメリカ合衆国はカリブ海・中南米地域へ積極的に介入し，アメリカ=スペイン（米西）戦争以後は(6)「棍棒外交」と呼ばれる軍事力を背景とした介入を行った。

問4　下線部(3)について1870年代のヨーロッパ諸国の状況を述べた文として正しいものを，次の①～④のうちから一つ選べ。 44

① イギリスでは労働党内閣が成立した。
② ドイツではブルシェンシャフトの運動が起こった。
③ イタリアではムッソリーニが「ローマ進軍」を行った。
④ フランスでは第三共和政が成立した。

問5　下線部(4)について述べた次の文章中の空欄 ウ ・ エ にあてはまる語句の組合せとして正しいものを，下の①～④のうちから一つ選べ。 45

日本が日清戦争に勝利し下関条約で ウ を獲得すると，ロシアは他国を誘い日本に圧力を加え ウ を清に返還させた。また，ドイツは宣教師殺害事件を口実として1898年， エ の租借を清に認めさせた。

① ウ 遼東半島　エ 膠州湾
② ウ 遼東半島　エ 広州湾
③ ウ 台湾　エ 膠州湾
④ ウ 台湾　エ 広州湾

問6　下線部(5)において日本も出兵した。アジアにおける日本の進出について述べた次の文a～cが，年代の古いものから順に配列されているものを，下の①～⑥のうちから一つ選べ。 46

a　中国への進出を図り３度にわたる山東出兵を行った。
b　シンガポールを占領した。
c　甲午農民戦争（東学の乱）が起きた朝鮮半島に出兵した。

① a → b → c　② a → c → b
③ b → a → c　④ b → c → a
⑤ c → a → b　⑥ c → b → a

問7　下線部(6)を行ったアメリカ合衆国大統領として正しいものを，次の①～④のうちから一つ選べ。 47

① リンカン ② セオドア=ローズヴェルト
③ ハーディング ④ フランクリン=ローズヴェルト

C トルーマン=ドクトリンとは，(7)第二次世界大戦終結後の 1947 年にアメリカ合衆国大統領トルーマンが演説の中で表明した外交方針のことをいう。ギリシアとトルコの共産主義化を阻止するために，この方針に基づき(8)「封じ込め政策」と呼ばれる反共政策を展開していった。これは，今まで距離を置いていたヨーロッパにも積極的に介入していくことを表明したものである。この翌年には(9)ドイツをめぐる東西両陣営の対立が激化した。

問8 下線部(7)について，第二次世界大戦の始まりとなったドイツに関係する出来事として正しいものを，次の①～④のうちから一つ選べ。 48

① サライェヴォ事件 ② 真珠湾（パールハーバー）攻撃
③ オーストリア併合 ④ ポーランド侵攻

問9 下線部(8)の開始後に資本主義陣営がとった政策を述べた次の文aとbの正誤の組合せとして正しいものを，下の①～④のうちから一つ選べ。 49

a アメリカ合衆国はマーシャル=プラン（ヨーロッパ経済復興援助計画）を発表した。
b 北大西洋条約機構（NATO）を結成したが，冷戦終結により解散した。

① a－正 b－正 ② a－正 b－誤
③ a－誤 b－正 ④ a－誤 b－誤

問10 下線部(9)について述べた次の文章中の空欄 オ ・ カ にあてはまる語句の組合せとして正しいものを，下の①～④のうちから一つ選べ。 50

1948 年6月ドイツの オ 占領地区での通貨改革が行われると，これに対抗してソ連は カ を行った。

① オ 東側 カ ベルリン封鎖
② オ 東側 カ ベルリンの壁の建設
③ オ 西側 カ ベルリン封鎖
④ オ 西側 カ ベルリンの壁の建設

数学

（60分）

解答は、解答用紙の解答欄に**マーク**しなさい。例えば、 ア と表示のある問いに対して**3**と解答する場合は、次の（例）のように ア の**解答欄**の ⊏3⊐ に**マーク**しなさい。

（例）

解答番号	解　答　欄
ア	⊏±⊐ ⊏−⊐ ⊏0⊐ ⊏1⊐ ⊏2⊐ ▬ ⊏4⊐ ⊏5⊐ ⊏6⊐ ⊏7⊐ ⊏8⊐ ⊏9⊐

分数形で解答する場合は、既約分数（それ以上約分できない分数）で答えなさい。符号は分子につけ、分母につけてはいけません。

根号を含む形で解答する場合は、根号の中に現れる自然数が最小となる形で答えなさい。

1　次の空欄に最も適する答えを選択肢から選び，その記号を解答用紙の所定の欄にマークせよ。

(1)　$x = \frac{\sqrt{5}+1}{2}$，$y = \frac{\sqrt{5}-1}{2}$ のとき，$(2x+y)(x+2y) =$ ア である。

①　$4\sqrt{5}+1$　　②　10　　③　11
④　$2\sqrt{5}+5$　　⑤　14

(2)　整式 $(x+1)(x+3)(x+5)(x+7)(x+9)$ を展開して整理すると，x^4 の係数は イ である。

①　25　　②　230　　③　945
④　950　　⑤　1689

(3)　不等式 $5(x-3)<7-2(x-4)$ を満たす最大の整数 x の値は，$x=$ ［ウ］である。

① 1　　② 2　　③ 3
④ 4　　⑤ 5

(4)　連立不等式 $(x-2)^2-5<x+5<(x+1)^2-2$ の解は［エ］である。

① $-3<x<2$　　② $-1<x<6$　　③ $1<x<2$
④ $1<x<6$　　⑤ $2<x<6$

(5)　$0°<\theta<90°$ とする。$\cos\theta=\dfrac{\sqrt{6}}{3}$ のとき，$\cos(90°-\theta)=$ ［オ］である。

① $-\dfrac{\sqrt{6}}{3}$　　② $-\dfrac{\sqrt{2}}{3}$　　③ $\dfrac{\sqrt{3}}{3}$
④ $\dfrac{\sqrt{3}}{2}$　　⑤ $\dfrac{\sqrt{6}}{3}$

(6)　1から200までの200個の自然数の集合を全体集合 U とし，U の部分集合 A，B を

$A=\{n \mid n$ は3の倍数$\}$，$B=\{n \mid n$ は4の倍数$\}$

とする。このとき，集合 $\overline{A}\cap B$ の要素の個数は［カ］個である。ただし，$\overline{A}$ は集合 A の補集合を表す。

① 16　　② 34　　③ 50
④ 66　　⑤ 100

$\boxed{2}$　a を定数とする。x の 2 次関数

$$f(x)=x^2-2ax-a^2+6a$$

について，$y=f(x)$ のグラフを C とする。

次の空欄にあてはまる数字または符号を，解答用紙の所定の欄にマークせよ。

(1)　C が x 軸と異なる 2 つの共有点をもつような a の値の範囲は

$$a<\boxed{\text{ア}},\quad \boxed{\text{イ}}<a$$

である。また，その 2 つの共有点の x 座標の符号について，1 つが正，1 つが負となるような a の値の範囲は

$$a<\boxed{\text{ウ}},\quad \boxed{\text{エ}}<a$$

である。

(2)　$\boxed{\text{イ}}<a$ とする。C が x 軸から切り取る線分の長さが $3\sqrt{6}$ となるような a の値は

$$a=\frac{\boxed{\text{オ}}}{\boxed{\text{カ}}}$$

である。このとき，C と x 軸の交点の x 座標は

$$x=\frac{\boxed{\text{キ}}\pm\boxed{\text{ク}}\sqrt{\boxed{\text{ケ}}}}{\boxed{\text{コ}}}$$

である。

(3)　$-1\leqq x\leqq 1$ における $f(x)$ の最大値が 16 のときの a の値は

$$a=\boxed{\text{サ}}\quad \text{または}\quad a=\boxed{\text{シ}}\qquad (\text{ただし，}\boxed{\text{サ}}<\boxed{\text{シ}})$$

である。

3　鋭角三角形ABCにおいて，AB＝5，BC＝6，$\sin\angle ABC=\dfrac{\sqrt{7}}{4}$とする。

次の空欄にあてはまる数字または符号を，解答用紙の所定の欄にマークせよ。

(1)　$\cos\angle ABC$の値と辺CAの長さは

$$\cos\angle ABC=\frac{\boxed{\text{ア}}}{\boxed{\text{イ}}},\quad CA=\boxed{\text{ウ}}$$

である。

(2)　三角形ABCの面積をSとすると

$$S=\frac{\boxed{\text{エオ}}\sqrt{\boxed{\text{カ}}}}{\boxed{\text{キ}}}$$

であり，三角形ABCの外接円の半径をRとすると

$$R=\frac{\boxed{\text{ク}}\sqrt{\boxed{\text{ケ}}}}{\boxed{\text{コ}}}$$

である。

(3)　辺AB上に点Dを，半直線BC上に点Eを，AD＝3，BE＝9となるようにとり，辺ACと線分DEとの交点をFとする。三角形ADFの面積をS_1，三角形CEFの面積をS_2とすると，S_1とS_2の比の値は

$$\frac{S_1}{S_2}=\frac{\boxed{\text{サシ}}}{\boxed{\text{ス}}}$$

である。

$\boxed{4}$ 赤球1個，白球2個を袋に入れる。この袋の中から球を1個取り出し，色を確認してから袋に戻すという試行を繰り返す。

次の空欄にあてはまる数字または符号を，解答用紙の所定の欄にマークせよ。

(1) 試行を2回行う。

赤球を2回取り出す確率は $\dfrac{\boxed{\text{ア}}}{\boxed{\text{イ}}}$，赤球と白球を1回ずつ取り出す確率は $\dfrac{\boxed{\text{ウ}}}{\boxed{\text{エ}}}$ である。

(2) 試行を4回行う。

赤球と白球を交互に取り出す確率は $\dfrac{\boxed{\text{オ}}}{\boxed{\text{カキ}}}$，赤球と白球を 2回ずつ取り出す確率は $\dfrac{\boxed{\text{ク}}}{\boxed{\text{ケコ}}}$，少なくとも1回赤球を取り出す確率は $\dfrac{\boxed{\text{サシ}}}{\boxed{\text{スセ}}}$ である。

(3) 試行を6回行う。

赤球をちょうど3回取り出し，かつ，赤球と白球の少なくともどちらかは3回連続して取り出す確率は $\dfrac{\boxed{\text{ソタ}}}{\boxed{\text{チツテ}}}$ である。

化学

（60分）

必要ならば，原子量，数値は次の値を用いなさい。

H＝1.0　He＝4.0　C＝12　N＝14　O＝16　K＝39

標準状態で気体1molの占める体積＝22.4L＝22400mL

アボガドロ定数　6.0×10^{23}/mol

1　次の各問い（問1～8）に答えなさい。

問1　次の①～⑤の物質のうち，単体であるものを一つ選びなさい。

解答番号は 1

①　石油　②　ドライアイス　③　水銀　④　水晶　⑤　酢酸

問2　次の①～⑤のうち，単原子分子であるものを一つ選びなさい。

解答番号は 2

①　ネオン　②　水　③　二酸化炭素　④　水素　⑤　アンモニア

問3　次の①～⑤のうち，陽子の数と中性子の数が等しい原子を一つ選びなさい。

解答番号は 3

①　^{39}K　②　^{18}O　③　^{29}Si　④　^{42}Ca　⑤　^{20}Ne

問4　次の①～⑤のうち，**有機化合物ではないもの**を一つ選びなさい。

解答番号は 4

①　エチレン　②　メタン　③　エタノール

④　酢酸　⑤　二酸化炭素

問5　次の①～⑤のうち，非共有電子対の数が最大のものを一つ選びなさい。

解答番号は 5

①　Cl_2　②　HCl　③　H_2O_2　④　CO_2　⑤　CH_4

問6　酸素原子1個の質量〔g〕として最も適当な数値を，次の①～⑤の中から一つ選びなさい。解答番号は 6

①　2.2×10^{-23}　②　2.7×10^{-23}　③　5.3×10^{-23}

④　9.6×10^{-23}　⑤　3.8×10^{-22}

問7　身のまわりの金属や合金とその利用例について**誤りを含むもの**を，次の①～⑤の中から一つ選びなさい。解答番号は 7

	物質名	利用例
①	銀	食器
②	青銅（ブロンズ）	鉛筆のしん
③	黄銅（真《しん》ちゅう）	五円硬貨
④	ステンレス鋼	鉄道の車両
⑤	アルミニウム	飲料用の缶

問8　イオンや原子の大きさに関する記述として**誤りを含むもの**を，次の①～④の中から一つ選びなさい。解答番号は 8

①　カルシウムイオンの半径は，カルシウム原子の半径よりも大きい。

②　フッ化物イオンの半径は，フッ素原子の半径よりも大きい。

③　カリウムイオンの半径は，カルシウムイオンの半径よりも大きい。

④　カリウム原子の半径は，リチウム原子の半径よりも大きい。

2 次の問い（A・B）に答えなさい。

A 原子の電子配置を示した次のa～eについて，下の各問い（問1～4）に答えなさい。

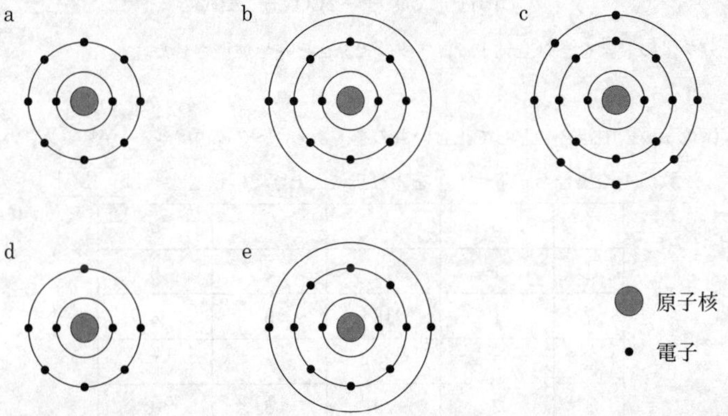

問1 硫黄と同族の元素の原子であるものを，次の①～⑤の中から一つ選びなさい。
解答番号は 9

① a ② b ③ c ④ d ⑤ e

問2 第一イオン化エネルギーが最も小さいものを，次の①～⑤の中から一つ選びなさい。
解答番号は 10

① a ② b ③ c ④ d ⑤ e

問3 cの原子がイオンとなったときの電子配置と，同じ電子配置をとる２価の陽イオンを，次の①～⑤の中から一つ選びなさい。解答番号は 11

① S^{2-} ② Be^{2+} ③ Ca^{2+} ④ Al^{3+} ⑤ Ba^{2+}

問4 金属元素の原子であるものの組合せとして最も適当なものを，次の①～⑥の中から一つ選びなさい。解答番号は 12

① a・b ② a・c ③ b・d ④ b・e ⑤ c・d ⑥ c・e

B　次の文章を読み，下の各問い（問５～８）に答えなさい。

ブタン C_4H_{10} が完全燃焼すると，二酸化炭素と水が生じる。この反応は次の化学反応式で表される。

$$a\mathrm{C_4H_{10}} + b\mathrm{O_2} \longrightarrow c\mathrm{CO_2} + d\mathrm{H_2O}$$

十分な量の酸素を含む空気中で，ブタン 2.9 g を完全燃焼させた。

問５　係数 a～d の組合せとして正しいものを，次の①～⑤の中から一つ選びなさい。ただし，係数が 1 の場合も省略せず 1 を入れることとする。解答番号は 13

	a	b	c	d
①	1	13	4	5
②	1	13	5	4
③	2	3	4	5
④	2	13	8	10
⑤	2	13	10	8

問６　この完全燃焼で生じた二酸化炭素の標準状態における体積〔L〕として最も適当な数値を，次の①～⑤の中から一つ選びなさい。解答番号は 14

①　1.1　　②　4.5　　③　5.6　　④　7.3　　⑤　9.0

問７　この完全燃焼で生じた水の質量〔g〕として最も適当な数値を，次の①～⑤の中から一つ選びなさい。解答番号は 15

①　0.90　　②　1.8　　③　3.6　　④　4.5　　⑤　5.9

問８　ブタン 2.9 g を完全燃焼させるのに必要な空気の標準状態における体積〔L〕として最も適当な数値を，次の①～⑤の中から一つ選びなさい。ただし，空気は体積比で窒素：酸素が 4 : 1 の混合気体であるとする。解答番号は 16

①　1.5　　②　6.7　　③　7.3　　④　29　　⑤　36

3 次の問い（A・B）に答えなさい。

A 酸と塩基に関する次の各問い（問1～4）に答えなさい。

問1 次の**a**～**d**の反応式について，H_2O がブレンステッド・ローリーの定義における塩基としてはたらいているものの組合せとして最も適当なものを，下の①～⑥の中から一つ選びなさい。解答番号は 17

a $HCl + H_2O \longrightarrow H_3O^+ + Cl^-$

b $NH_3 + H_2O \longrightarrow NH_4^+ + OH^-$

c $HCO_3^- + H_2O \longrightarrow H_2CO_3 + OH^-$

d $CH_3COOH + H_2O \longrightarrow H_3O^+ + CH_3COO^-$

① **a・b** ② **a・c** ③ **a・d** ④ **b・c** ⑤ **b・d** ⑥ **c・d**

問2 3価の酸であるものを，次の①～⑤の中から一つ選びなさい。解答番号は 18

① 二酸化炭素 ② 硫化水素 ③ シュウ酸 ④ 硫酸 ⑤ リン酸

問3 pH の大小に関する記述として**誤りを含むもの**を，次の①～④の中から一つ選びなさい。解答番号は 19

① 1.0×10^{-2} mol/L の塩酸（電離度 1.0）の pH は，1.0×10^{-2} mol/L の硫酸（電離度 1.0）の pH より大きい。

② 1.0×10^{-2} mol/L の酢酸水溶液（電離度 0.05）の pH は，1.0×10^{-2} mol/L の塩酸（電離度 1.0）の pH より大きい。

③ ヒトの胃液の pH は，ヒトの血液の pH より大きい。

④ セッケン水の pH は，食塩水の pH より大きい。

問4 1.0 mol/L の硫酸 30 mL と 3.0 mol/L の塩酸 30 mL の混合溶液と過不足なく中和する水酸化カリウムの質量〔g〕として最も適当な数値を，次の①～⑤の中から一つ選びなさい。解答番号は 20

① 3.4 ② 4.2 ③ 6.7 ④ 8.4 ⑤ 12

B　次の文章を読み，下の各問い（問５～７）に答えなさい。

５種類の物質**ア**～**オ**は，塩化ナトリウム，ヨウ素，黒鉛，銅，二酸化ケイ素のいずれかであることがわかっている。次の(a)～(c)の文章は，物質**ア**～**オ**の特徴を述べたものである。

(a)　固体の状態で電気を通すかどうか調べると，物質**ア**，**エ**は電気を通したが，物質**イ**，**ウ**，**オ**は電気を通さなかった。

(b)　水に溶けるかどうか調べると，物質**イ**のみが水によく溶けた。また，物質**イ**の水溶液は電気を通した。

(c)　物質**ア**は赤色の固体でたたくとうすく広がった。物質**ウ**は加熱すると固体から直接気体に変化した。物質**オ**は非常に硬かった。

問５　５種類の物質**ア**～**オ**のうち，分子結晶であるものを，次の①～⑤の中から一つ選びなさい。解答番号は[21]

①　塩化ナトリウム　　②　ヨウ素　　③　黒鉛

④　銅　　⑤　二酸化ケイ素

問６　５種類の物質**ア**～**オ**のうち，非金属元素のみからなる物質は何種類あるか。次の①～⑤の中から一つ選びなさい。解答番号は[22]

①　１種類　　②　２種類　　③　３種類　　④　４種類　　⑤　５種類

問７　**イ**と**オ**の物質は何か。最も適当なものを，下の①～⑤の中から一つずつ選びなさい。

・物質**イ**　　解答番号は[23]

・物質**オ**　　解答番号は[24]

①　塩化ナトリウム　　②　ヨウ素　　③　黒鉛

④　銅　　⑤　二酸化ケイ素

4　次の問い（A・B）に答えなさい。

A　物質の変化に関する次の各問い（問1～4）に答えなさい。

問1　一酸化窒素とヘリウムの混合気体の平均分子量は14.4であった。混合気体中の一酸化窒素の体積の割合〔%〕として最も適当な数値を，次の①～⑤の中から一つ選びなさい。解答番号は 25

①　30　②　40　③　50　④　60　⑤　70

問2　ある金属X 0.27 gを完全に酸化すると，組成式X_2O_3で表される物質が0.51 g得られた。金属Xの原子量として最も適当な数値を，次の①～⑤の中から一つ選びなさい。解答番号は 26

①　12　②　13　③　24　④　27　⑤　65

問3　質量パーセント濃度が60.0%の濃硝酸を水でうすめ，6.00 mol/Lの希硝酸を250 mLつくるために必要な濃硝酸の体積〔mL〕として最も適当な数値を，次の①～⑤の中から一つ選びなさい。ただし，HNO_3の分子量は63.0，濃硝酸の密度は1.38 g/cm^3，希硝酸の密度は1.19 g/cm^{3}とする。解答番号は 27

①　34.0　②　68.0　③　114
④　132　⑤　136

問4　80℃の水100 gに硝酸ナトリウムを120 g溶かした。この水溶液を10℃に冷却するとき，析出する硝酸ナトリウムの質量〔g〕として最も適当な数値を，次の①～⑤の中から一つ選びなさい。ただし，硝酸ナトリウムの水100 gに対する溶解度は，80℃で150 g，10℃で80 gとする。解答番号は 28

①　20　②　30　③　40　④　50　⑤　70

B　次の文章を読み，下の各問い（問5～8）に答えなさい。

酸性条件下で過酸化水素水に過マンガン酸カリウム水溶液を加えると，過マンガン酸カリウムは①式のように酸化剤として，過酸化水素は②式のように還元剤としてはたらく。

$$MnO_4^- + 8H^+ + 5e^- \longrightarrow Mn^{2+} + 4H_2O \quad \cdots ①$$

$$H_2O_2 \longrightarrow O_2 + 2H^+ + 2e^- \cdots ②$$

酸化還元反応を利用し，以下の実験を行った。

〔実験〕濃度不明の過酸化水素水に水を加えて20倍に希釈した溶液から，正確に15 mLをはかりとって[ア]を加えた。そこへ0.015 mol/Lの過マンガン酸カリウム水溶液を滴下したところ，20 mL加えたときに溶液がうすい赤紫色になった。

問5　〔実験〕において起こる酸化還元反応を，化学反応式で表すと次のようになる。

$$aMnO_4^- + bH_2O_2 + cH^+ \longrightarrow aMn^{2+} + bO_2 + dH_2O$$

係数 a～d の組合せとして正しいものを，次の①～⑤の中から一つ選びなさい。ただし，係数は最も簡単な整数比で表し，1の場合も省略せず1を入れることとする。

解答番号は[29]

	a	b	c	d
①	1	1	6	4
②	1	1	10	4
③	2	5	6	4
④	2	5	6	8
⑤	2	5	16	8

問6　文章中の空欄[ア]に適する溶液として最も適当なものを，次の①～④の中から一つ選びなさい。解答番号は[30]

①　希硝酸　②　希硫酸　③　希塩酸　④　水酸化ナトリウム水溶液

問7　下線部に関して，うすい赤紫色は何によるものか。最も適当なものを，次の①～⑤の中から一つ選びなさい。解答番号は[31]

①　MnO_4^-　②　H_2O_2　③　H^+　④　Mn^{2+}　⑤　O_2

問8　〔実験〕において，水で希釈する前の過酸化水素水の質量パーセント濃度〔%〕として最も適当な数値を，次の①～⑤の中から一つ選びなさい。ただし，過酸化水素水の密度は1.0 g/cm^{3}とする。解答番号は[32]

①　0.17　②　0.34　③　1.0　④　1.7　⑤　3.4

生物

（60分）

1　次の各問い（問1～7）に答えなさい。

問1　ウイルスに関する次のa～dの記述のうち，正しいものの組合せとして最も適当なものを，下の①～⑥の中から一つ選びなさい。解答番号は 1

a．すべてのウイルスは細胞膜をもっている。

b．すべてのウイルスは遺伝情報を伝える分子をもっている。

c．すべてのウイルスはDNAをもっている。

d．すべてのウイルスはタンパク質をもっている。

① a，b　② a，c　③ a，d

④ b，c　⑤ b，d　⑥ c，d

問2　ヒトのゲノムに関する記述として**誤っているもの**を，次の①～④の中から一つ選びなさい。解答番号は 2

① 1人のヒトの皮膚の細胞と神経細胞は，同じゲノムをもっている。

② ヒトのゲノムに含まれる遺伝子の数は，10万より少ない。

③ ヒトのゲノムの塩基配列の解読は，完了している。

④ ヒトのゲノムの塩基配列は，すべてタンパク質に翻訳される。

問3　次の文章中の ア ・ イ に当てはまる数値として最も適当なものを，下の①～⑧の中からそれぞれ一つずつ選びなさい。

解答番号は ア が 3 ・ イ が 4

生物のタンパク質を構成するアミノ酸は20種類あり，mRNAの連続した三つの塩基配列が，特定のアミノ酸を指定する暗号としてはたらく。あるmRNAが，30個の塩基をもつとき，塩基配列は理論上 ア 通りでき，それが10個のアミノ酸を指定するとき，アミノ酸配列は理論上 イ 通りできる。

①　20　②　30　③　300　④　800

⑤　4^{20}　⑥　4^{30}　⑦　20^{10}　⑧　20^{30}

問4　硬骨魚類の体液の塩類濃度は，淡水魚も海水魚もほぼ等しい。淡水魚の尿と海水魚の尿の塩類濃度の関係を示す式として最も適当なものを，次の①～⑤の中から一つ選びなさい。解答番号は [5]

①　淡水魚の尿の塩類濃度＝海水魚の尿の塩類濃度＝海水の塩類濃度

②　淡水魚の尿の塩類濃度＝海水魚の尿の塩類濃度＜海水の塩類濃度

③　淡水魚の尿の塩類濃度＜海水魚の尿の塩類濃度＜海水の塩類濃度

④　淡水魚の尿の塩類濃度＜海水の塩類濃度＜海水魚の尿の塩類濃度

⑤　海水の塩類濃度＜淡水魚の尿の塩類濃度＜海水魚の尿の塩類濃度

問5　ヒトの物理的・化学的防御に関する記述として最も適当なものを，次の①～④の中から一つ選びなさい。解答番号は [6]

①　皮膚の表面は，角質層とよばれる一層の細胞層で覆われている。

②　皮膚の表面は，分泌物によって弱アルカリ性に保たれ，細菌の増殖を抑制している。

③　消化管や気管の内壁の表面は，異物が体内に侵入するのを防ぐ粘液で覆われている。

④　胃からはリゾチームやディフェンシンが分泌され，胃に入った細菌を破壊する。

問6　ヒトのリンパ球のB細胞とT細胞に関する記述として最も適当なものを，次の①～⑤の中から一つ選びなさい。解答番号は [7]

①　T細胞は，樹状細胞から抗原提示を受ける。

②　一つのB細胞は，多種類の抗体を大量につくり血液中に放出する。

③　B細胞とT細胞は，どちらも胸腺でつくられる。

④　B細胞の一部は記憶細胞として体内に保存されるが，T細胞は記憶細胞として体内に保存されない。

⑤　B細胞には免疫寛容が成立するが，T細胞には成立しない。

問7　生態系での窒素の移動に関与する生物に関する次のa～cの記述のうち，正しいものをすべて含むものを，下の①～⑦の中から一つ選びなさい。解答番号は [8]

a．アゾトバクターは，窒素固定をおこなう細菌である。

b．硝化菌は，空気中の窒素分子から硝酸イオンをつくる。

c．無機窒素化合物を窒素分子に変える細菌も存在する。

①　a　　②　b　　③　c
④　a，b　　⑤　a，c　　⑥　b，c
⑦　a，b，c

2　**生物と遺伝子に関する次の文章Ａ～Ｃを読み，各問い（問１～６）に答えなさい。**

Ａ　単一の細胞からなる単細胞生物から，膨大な数の細胞からなる動物や植物まで，すべての生物のからだは，細胞が基本単位となっている。動物や植物では，一つの細胞はそれぞれ特定の機能を能率的に果たせるよう［ア］しており，同じ機能をもつ細胞がまとまって組織を構成し，さらに複数の組織が器官を構成し，多数の器官が組み合わさって個体が構成されるという［イ］性がみられる。これに対し，単細胞生物では，一つの細胞が生存や増殖に必要な機能のすべてを備えており，(a)動物や植物の細胞にはみられない特別な構造をもつ単細胞生物もいる。

問１　文章中の［ア］・［イ］に当てはまる語として最も適当なものを，次の①～⑧の中からそれぞれ一つずつ選びなさい。解答番号は［ア］が［9］・［イ］が［10］

①　階層　　②　形質　　③　系統　　④　作用
⑤　進化　　⑥　相補　　⑦　発現　　⑧　分化

問２　下線部（a）に関連して，次のa～dの構造のうち，ゾウリムシの細胞にはみられるが，ヒトのからだの細胞にはみられない構造の組合せとして最も適当なものを，下の①～⑥の中から一つ選びなさい。解答番号は［11］

a．細胞口
b．収縮胞
c．葉緑体
d．繊毛

①　a，b　　②　a，c　　③　a，d
④　b，c　　⑤　b，d　　⑥　c，d

B　動物や植物などの多細胞生物のからだは，体細胞分裂をくり返しながら増えた細胞によって形成される。種子植物では，根端および茎の先端にある分裂組織とよばれる部位で体細胞分裂がくり返されている。分裂組織で生み出された細胞は，細胞周期から外れて(b)成長するとともに特定の役割だけを担う細胞になっていく。したがって，根端に存在する細胞も，多くは分裂しない細胞である。(c)光学顕微鏡を用いた体細胞分裂の観察材料には，タマネギなどの根端を用いることが多い。

問3　下線部（b）に関して，植物の分裂組織で生じた細胞が成長する過程で著しく大きくなる構造として最も適当なものを，次の①～⑤の中から一つ選びなさい。解答番号は 12

①　液胞　　②　核　　③　染色体
④　ミトコンドリア　　⑤　葉緑体

問4　下線部（c）のタマネギの根端を用いた体細胞分裂の顕微鏡観察に関して，次の(1)・(2)に答えなさい。

(1)　タマネギの根端を用いて体細胞分裂を顕微鏡で観察する際に，試料に施す**必要のない処理**として最も適当なものを，次の①～⑤の中から一つ選びなさい。解答番号は 13

①　押しつぶし　　②　解離　　③　固定
④　煮沸　　⑤　染色

(2)　タマネギの根端を適切に処理し，光学顕微鏡によって多数の細胞を観察した結果から求めることができると考えられるものとして最も適当なものを，次の①～④の中から一つ選びなさい。解答番号は 14

①　細胞周期1周に要する時間
②　細胞周期の中でS期に要する時間の割合
③　分裂期の前期に要する時間
④　分裂期の中で中期に要する時間の割合

C　細胞は，外から取り込んだ物質から化学反応によって生命維持に必要な物質を合成し，また，エネルギーを取り出している。生体内での化学反応は代謝と総称される。代謝の反応の多くは，エネルギーの出入りを伴う。 ウ と総称される反応ではエネルギーが取り出され， エ と総称される反応ではエネルギーが蓄えられる。

[ウ] の代表的な反応としては(d)呼吸が挙げられ，[エ] の代表的な反応としては光合成が挙げられる。細胞では，エネルギーを取り出す反応とエネルギーを蓄える反応が並行して進められており，ATPとよばれる物質がエネルギーの仲立ちとしてはたらいている。1分子のATPには，高エネルギーリン酸結合が [オ] あり，高エネルギーリン酸結合が切断されるときに大きなエネルギーが放出される。ATPがエネルギーの受け渡しにはたらくことで，円滑な生命活動が可能になっている。

問5　文章中の [ウ] ～ [オ] に当てはまる語の組合せとして最も適当なものを，次の①～⑥の中から一つ選びなさい。解答番号は [15]

	ウ	エ	オ
①	異化	同化	1箇所
②	異化	同化	2箇所
③	異化	同化	3箇所
④	同化	異化	1箇所
⑤	同化	異化	2箇所
⑥	同化	異化	3箇所

問6　下線部（d）に関して，呼吸は有機物の燃焼と類似した点もあるが，異なる点もある。呼吸と有機物の燃焼の異なる点に関する次のａ～ｃの記述のうち，正しいものをすべて含むものを，下の①～⑦の中から一つ選びなさい。解答番号は [16]

ａ．呼吸では，有機物の燃焼と同じような激しい光と熱が発生する。

ｂ．有機物の燃焼の反応を進めるにはタンパク質は不要だが，呼吸の反応を進めるには何種類ものタンパク質が必要である。

ｃ．呼吸では二酸化炭素と水が発生するが，有機物の燃焼では二酸化炭素は発生するが水は発生しない。

①　ａ　　②　ｂ　　③　ｃ

④　ａ，ｂ　　⑤　ａ，ｃ　　⑥　ｂ，ｃ

⑦　ａ，ｂ，ｃ

3 体内環境の維持に関する次の文章A，Bを読み，各問い（問１～８）に答えなさい。

A 動物のからだを構成している細胞は，周囲を取り巻く(a)<u>体液</u>との間でさまざまな物質をやり取りすることで生命を維持している。ヒトでは，体液の量や成分を安定に維持するうえで，肝臓と腎臓はどちらも不可欠なはたらきをしている。

ヒトの肝臓は，重量1.2～2.0kgにもなる大きな内臓で，さまざまな物質の(b)<u>合成</u>や(c)<u>分解</u>を担っており，生体内の化学工場として体内環境の維持にはたらいている。肝臓へは，心臓からは肝動脈を通じて，また消化管や［ア］からは肝門脈（門脈）を通じて血液が送り込まれる。肝臓は多数の肝小葉が集まってできており，肝小葉の中心部には［イ］が通っている。

問１ 下線部（a）に関して，ヒトの体液に関する記述として**誤っているもの**を，次の①～⑤の中から一つ選びなさい。解答番号は［17］

① 血液中の有形成分は，骨髄でつくられる。
② 血液の成分のうち，血しょうは二酸化炭素の運搬にはたらいている。
③ リンパ液は，静脈を流れる血液に合流する。
④ 毛細血管からしみ出た液体は，組織液になる。
⑤ リンパ液中や組織液中には，細胞は存在しない。

問２ 下線部（b）に関して，次のa～dのうち，ヒトのからだにおいておもに肝臓で合成される物質の組合せとして最も適当なものを，下の①～⑥の中から一つ選びなさい。解答番号は［18］

a．アルブミン
b．グルカゴン
c．尿素
d．バソプレシン

① a，b　② a，c　③ a，d
④ b，c　⑤ b，d　⑥ c，d

問３ 下線部（c）に関して，ヒトの肝臓で分解される物質として**誤っているもの**を，次の①～⑤の中から一つ選びなさい。解答番号は［19］

① アミノ酸　② 胆汁　③ アルコール
④ グリコーゲン　⑤ ヘモグロビン

問4 文章中の ア ・ イ に当てはまる語の組合せとして最も適当なものを，次の①〜⑥の中から一つ選びなさい。解答番号は 20

	ア	イ
①	ひ臓	静脈
②	ひ臓	動脈
③	ひ臓	胆管
④	副腎	静脈
⑤	副腎	動脈
⑥	副腎	胆管

B　ヒトの腎臓は体液に含まれる老廃物を尿として体外へ排出するとともに，体液の量や無機塩類の濃度を一定の範囲内に保つはたらきをしている。尿のもととなる原尿は，腎臓に流入した血液から(d)腎小体のはたらきによってつくられる。健康なヒトの場合，原尿は1時間に約7.5Lつくられ，原尿から有用な成分が再吸収され，残った液体が尿として体外に排出されることになる。たとえば，水は約99%が原尿中から再吸収され，(e)グルコースはすべてが原尿中から再吸収される。また，さまざまな無機塩類も原尿から再吸収される。そのため，腎臓は，体液中の ウ 濃度の調節にはたらく鉱質コルチコイドや， エ 濃度を上昇させる(f)パラトルモン，水分の再吸収を促進させるバソプレシンなど，複数のホルモンの標的器官となっている。

問5 下線部（d）に関する記述として**誤っているもの**を，次の①〜⑤の中から一つ選びなさい。解答番号は 21

① 腎小体と細尿管（腎細管）を合わせて，ネフロン（腎単位）とよぶ。
② ヒトの腎臓一つには，約100万個のネフロン（腎単位）がある。
③ 腎小体は，おもに腎臓の髄質の部分に存在する。
④ 腎小体は，糸球体とボーマンのうからなる。
⑤ 腎小体では，血圧によってろ過が起こる。

問6 下線部（e）に関して，通常の食生活を営んでいる健康なヒトの場合，1日に原尿から再吸収されるグルコースは，約何gと考えられるか。最も適当なものを，次の①〜⑧の中から一つ選びなさい。解答番号は 22

① 20g　② 75g　③ 120g　④ 180g
⑤ 600g　⑥ 1200g　⑦ 1500g　⑧ 2000g

問7　文章中の ウ ・ エ に当てはまる語の組合せとして最も適当なものを，次の①～⑥の中から一つ選びなさい。解答番号は 23

	ウ	エ
①	カルシウムイオン	ナトリウムイオン
②	カルシウムイオン	マグネシウムイオン
③	ナトリウムイオン	カルシウムイオン
④	ナトリウムイオン	マグネシウムイオン
⑤	マグネシウムイオン	カルシウムイオン
⑥	マグネシウムイオン	ナトリウムイオン

問8　図1は，ヒトのからだを模式的に示したものである。下線部（f）に関して，ヒトのからだにおいてパラトルモンを分泌する器官が存在する位置として最も適当なものを，図1中の①～⑥の中から一つ選びなさい。解答番号は 24

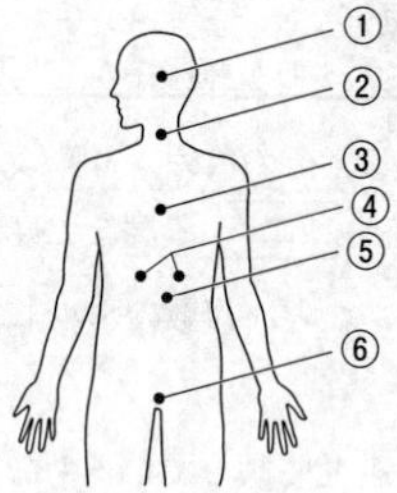

図1

4 気候とバイオーム，生態系内の炭素の移動に関する次の文章A，Bを読み，各問い（問1～7）に答えなさい。

A　森林は，現存量（一定面積内に存在する生物体の量）が大きな植生である。森林が成立するには，適度な気温と十分な降水量が必要で，不足する場所では(a)草原や荒原となる。森林が成立する最少の年降水量は，温暖な地域ほど［ア］し，熱帯・亜熱帯の地域では約［イ］mmである。森林では，気候条件の違いによってさまざまな樹種が優占する。日本では，(b)高山帯などを除けば全国的に森林が成立するが，地域によって気温条件が異なるため，さまざまなバイオームがみられる。

問1　下線部（a）に関する記述として最も適当なものを，次の①～⑤の中から一つ選びなさい。解答番号は［25］

① サバンナでは，マングローブ林がみられることもある。
② ステップは，北極圏にも分布している。
③ ステップは，サバンナにくらべて樹木が多くみられる。
④ サバンナとステップでは，いずれもイネのなかまの草本が多くみられる。
⑤ サバンナでは多種類の哺乳類がみられるが，ステップでは哺乳類はまったくみられない。

問2　文章中の［ア］・［イ］に当てはまる語と数値の組合せとして最も適当なものを，次の①～⑧の中から一つ選びなさい。解答番号は［26］

	ア	イ
①	上昇	500
②	上昇	1000
③	上昇	2000
④	上昇	3000
⑤	低下	500
⑥	低下	1000
⑦	低下	2000
⑧	低下	3000

問3　下線部（b）に関して，日本の本州中部の高山帯に関する記述として最も適当なものを，次の①～④の中から一つ選びなさい。解答番号は［27］

① 高山帯の年平均気温は，同緯度の標高 0m の地点より 10℃以上低い。

② アコウとヘゴは，高山帯に生育する代表的な植物である。

③ 高山帯には木本類は生育できず，草本類しかみられない。

④ 高山帯の気温以外の非生物的環境は，標高の低い場所と変わらない。

問4　次のa～dのうち，自然状態では日本に**存在しないバイオーム**の組合せとして最も適当なものを，下の①～⑧の中から一つ選びなさい。解答番号は 28

a．雨緑樹林

b．夏緑樹林

c．硬葉樹林

d．照葉樹林

① a，b	② a，c	③ a，d
④ b，c	⑤ b，d	⑥ c，d
⑦ a，b，c	⑧ b，c，d	

B　生態系内では，エネルギーやさまざまな物質が移動している。図1は，生態系内での炭素の移動を模式的に示したものであり，矢印の方向に炭素が移動することを示している。

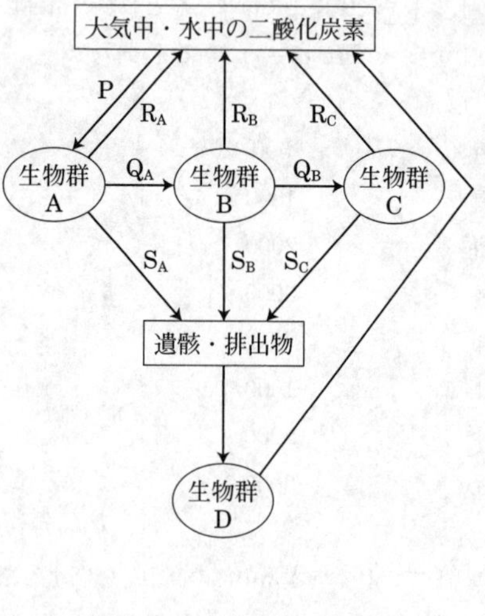

図1

問5 図1中の生物群A～Dに関する記述として**誤っているもの**を，次の①～④の中から一つ選びなさい。解答番号は 29

① 生物群Aには，原核生物と真核生物がともに含まれる。

② 生物群Bは，生物群Aよりも栄養段階が高い。

③ 生物群Cは，分解者ともよばれる。

④ 生物群Dには，菌類が含まれる。

問6 図1中の11本の矢印のうち，有機物としての移動を示す矢印の本数として最も適当なものを，次の①～⑥の中から一つ選びなさい。解答番号は 30

① 3本 ② 4本 ③ 5本

④ 6本 ⑤ 7本 ⑥ 8本

問7 生態系における有機物の収支と図1に関して，次の(1)・(2)に答えなさい。

(1) 図1中の生物群Aの純生産量（総生産量から呼吸によって消費される量を差し引いたもの）を求める式として最も適当なものを，次の①～⑨の中から一つ選びなさい。解答番号は 31

① P ② $P-R_A$

③ $P-(R_A+S_A)$ ④ $P-(Q_A+R_A+S_A)$

⑤ Q_A-R_B ⑥ $Q_A-(R_B+S_B)$

⑦ $Q_A-(Q_B+R_B)$ ⑧ $Q_A-(Q_B+S_B)$

⑨ $Q_A-(Q_B+R_B+S_B)$

(2) 図1中の生物群Bの現存量の増加量を求める式として最も適当なものを，次の①～⑨の中から一つ選びなさい。解答番号は 32

① P ② $P-R_A$

③ $P-(R_A+S_A)$ ④ $P-(Q_A+R_A+S_A)$

⑤ Q_A-R_B ⑥ $Q_A-(R_B+S_B)$

⑦ $Q_A-(Q_B+R_B)$ ⑧ $Q_A-(Q_B+S_B)$

⑨ $Q_A-(Q_B+R_B+S_B)$

④　人間が環境に適応するために創意工夫して得た経験知が積み重ねられ、人間と世界の相互作用を明らかにする体系となっているという側面。

問8　筆者の主張として最も適当なものを、次の①～④のうちから一つ選びなさい。解答番号は 32 。

①　ＡＩは科学研究を大幅に効率化することができるが、現状のＡＩの導入はまだまだ不十分であり、様々な社会問題に対処するためにも、社会の多様な人々がＡＩという新技術に親しんでいく必要がある。

②　ＡＩによる科学研究には、人間的バイアスをもたないという長所がある一方で、人間的な創造性には及ばない部分があり、長所を生かして短所の影響を減らすために、多様な人々が協力して工夫していくことが求められている。

③　ＡＩの科学研究への導入が拡大することによって、科学者の雇用が激減し、科学者が非人道的な労働環境の中で創造性を失っていく懸念があるため、そのような負の側面を排除するためのしくみが求められている。

④　ＡＩの科学研究への導入が拡大しても、科学者の役割はなくならないと考えられるが、科学の重要な部分である人間的な創造性が損なわれる懸念があり、ＡＩベースの科学と旧来の科学との共生を図る必要がある。

解答番号は 30 。

① 科学の自動化によって、人間の創造性が損なわれていくことや、科学が担っている人間の精神文化としての価値が危機にさらされることがありうる。

② 科学者の多くは、科学の自動化が非創造的な仕事から科学者を解放するとポジティブに考えているが、ＡＩの導入は科学者の失業すら招く可能性がある。

③ 単純労働を機械で代替する試みの結果を踏まえて考えると、科学の自動化が進んだとしても、科学研究に伴う魅力的でない仕事が残る可能性は高い。

④ 科学の自動化が人間の地位を脅かすという恐れは取り越し苦労であり、自動化が難しい仕事ほど、ＡＩがもたらす大規模な失業を免れる可能性が高い。

問７　傍線部Ｄ「科学がもつこうした側面」とあるが、どういう側面か。その説明として最も適当なものを、次の①～④のうちから一つ選びなさい。解答番号は 31 。

① 人間が知的な創造性を発揮するための触媒となることによって、人間の精神や文化の水準を高めて価値を生み出していくという側面。

② 人間が世界を理解したいという欲求につき動かされて、主体的に新しいものを生み出していく活動の過程となっているという側面。

③ 人間を取りまく世界の本質的な理解につながる橋渡しの役割を担っており、人間の精神的な文化を代表するものとなっているという側面。

④　AIの査読を通った論文を社会が受け入れることによって、よりAIに都合のよい社会構造に変化していくことは恐るべきことだと考えている。

問4　空欄 2 に入れるべき言葉として最も適当なものを、次の①〜④のうちから一つ選びなさい。解答番号は 28 。

①　精霊　②　精髄　③　精彩　④　精力

問5　傍線部B「諸科学の発展の中で人間を特別視する見方は支持を失ってきた」とあるが、それはなぜか。その理由の説明として最も適当なものを、次の①〜④のうちから一つ選びなさい。解答番号は 29 。

①　科学の発展とともに、世界を捉える際の旧来のものの見方を否定する事実が次々と明らかになり、人間を特権的な存在だと考えることが難しくなってきたため。

②　科学の発展とともに、地球以外の惑星や人間以外の知的存在などの多様な視点を取り入れて世界を捉えるべきだという考えが勢力を拡大してきたため。

③　科学の発展とともに、伝統的な世界観が見直され、人間を特権的とする視点ではなく地球全体の視点で世界を捉えるべきだという見方が主流になってきたため。

④　科学の発展とともに、複数の学問分野の間で矛盾しない価値観を再構成する必要が生じるようになり、人間を特権的に扱う心のゆとりがなくなってきたため。

問6　傍線部C「科学の自動化」についての筆者の考えとして適当でないものを、次の①〜④のうちから一つ選びなさい。

（イ）かくも　[24]

① こんなにも。
② どこまでも。
③ いくらでも。
④ いずれにしても。

問2　空欄 [1] ・ [3] に入れるべき言葉として最も適当なものを、次の①〜⑥のうちからそれぞれ一つずつ選びなさい。ただし、同じ番号を二度使わないこと。解答番号は1が [25] 、3が [26] 。

① だからこそ　② なぜなら　③ 言い換えれば
④ その一方で　⑤ また　⑥ まるで

問3　傍線部Ａ「仮にＡＩが査読をできるようになったとして、そのことは歓迎するべきだろうか」とあるが、この問いについての筆者の考えとして最も適当なものを、次の①〜④のうちから一つ選びなさい。解答番号は [27] 。

① ＡＩに査読をゆだねることで人間の思考力が衰えてしまう可能性を指摘し、ＡＩが人間文化の基礎を揺るがす危険性を警戒すべきことだと考えている。
② ＡＩが人間文化を理解したうえで査読を行うことには困難があるため、ＡＩで査読を効率化できる度合いはそれほど大きくならないと考えている。
③ ＡＩによる査読に対応して論文の執筆もＡＩが主体となり得、その結果、科学研究や科学コミュニティが変質してしまうので、慎重であるべきだと考えている。

（注3）コペルニクス＝（一四七三〜一五四三）ポーランドの天文学者。

（注4）ダーウィン＝（一八〇九〜一八八二）イギリスの博物学者。

（注5）キング＝イギリスのロボット科学者。

（注6）ダイソン＝（一九二三〜二〇二〇）イギリス出身のアメリカの物理学者。

（注7）「巨大科学」という用語を考案したワインバーグ・A＝（一九一五〜二〇〇六）アメリカの物理学者。宇宙開発などのように莫大《ばくだい》な研究費や多くの研究者を必要とする科学の分野を「巨大科学」と表現した。

問1　傍線部（ア）「踏襲する」・（イ）「かくも」は、本文中ではどのような意味か。最も適当なものを、下の各群の①〜④のうちからそれぞれ一つずつ選びなさい。解答番号は 23 ・ 24 。

（ア）踏襲する　23

① 推し進める。
② 和らげる。
③ 受け継ぐ。
④ 出し抜く。

巨大科学と共生できるようになることだ。巨大科学を繁栄させるに当たり、同時にそれが小科学を踏み潰してしまわないようにしなければならない」

これをもじって、われわれは次のように言うべきである。すなわち、「われわれがなさねばならないのは、ＡＩベース科学と共生できるようになることだ。ＡＩベース科学を繁栄させるに当たり、同時にそれが人類科学を踏み潰してしまわないようにしなければならない」、と。

ここで重要になる課題のうち、科学政策に関わるものとしては、ＡＩベース科学と旧来の科学の間でリソースをどう配分するか、そして、科学者の雇用を確保するためにどんな対策を講じるか、といったものがある。他に、大学のような教育機関で科学者の卵である学生に何を教えるべきなのか、といった科学教育に関わる課題などもある。これらの問いに答えるうえでは、研究者から、科学政策や科学教育、科学コミュニケーションの実践者、そしてより幅広い市民層まで、多様なステークホルダーの意見を取り入れていくことが重要だろう。

（呉羽真・久木田水生「ＡＩと科学研究」〔『人工知能と人間・社会』〕による）

※問題作成の都合により、一部省略した箇所がある。

（注1）剽窃＝他の人の文章や論説などを盗み、自分のものであるとして発表すること。

（注2）第Ⅲ節では当面のところＡＩによる創造的発見の実現には困難が大きいことを述べた＝本文の前の第Ⅲ節では、人間による創造的発見のプロセス自体まだ解明されておらず、そのプロセスをＡＩにより自動化する方法も判明していないことが述べられている。

技能労働者の代わりに保守担当者が必要になるなどのデメリットを挙げている。ここで述べられた一般的教訓を科学研究に適用するならば、科学の自動化が進展しても、結局のところ科学研究に魅力的でない仕事がついて回ることになる可能性は十分にあるだろう。

繰り返し述べてきたように、科学研究は人間の精神文化としての価値を備えており、ＡＩの導入によってそれが脅かされる危険性がある。それにどう対処するかを考えるには、これまで新技術が科学研究に導入された際に提起された議論を参照することが有益である。

大型装置を用いた巨大科学が登場したときに行われた議論を見てみよう。ダイソン[注6]は、人間的な創造性を科学の価値の核心と見なす観点から、大型の科学機器は創造的な科学研究にとって重要ではない、と主張した。［3］、「巨大科学」という用語を考案したワインバーグ・Ａ[注7]は、巨大科学の登場によって科学が損なわれることを懸念していた。その一つの理由は、科学者が頭を使う代わりに金を使うことで済ませるようになることへの危惧であり、ワインバーグによればこれは科学を破滅に導きかねない動向である。これらの言説から伺われるのは、科学は、好奇心に駆り立てられて創造性を発揮しながら世界を理解しようと試みる人間を主人公としたドラマ、という側面をもつ、ということだ。そして、ＡＩによる自動化は、D科学がもつこうした側面を損ないかねないのである。

そこで今後ＡＩを科学研究に導入していくに当たっては、それがもたらしうる影響を前もって特定し、負の潜在的影響に対しては何らかの対策を講じておくことが要求される。その際の基本的な指針として、巨大科学の登場時にワインバーグの述べた以下の言葉を参考にするのがよいだろう。

「巨大科学は科学の発展における不可避の一段階であり、善かれ悪かれ今ここにある。われわれがなさねばならないのは、の登場もこうした人間を特別視する見方の崩壊に向かう一連の過程の延長上に位置するものにすぎず、それを殊更に恐れることは合理的ではないだろう。

ＡＩと職業に関しては現在、人々の間に大きな不安と期待がある。すなわち、ＡＩが大規模な失業をもたらすかもしれないという不安と、ＡＩが単調で苦痛の大きい労働から人間を解放するだろうという期待である。科学研究を職業としてみたとき、こうした不安と期待は当てはまるだろうか。キング（注5）らの言葉にあるように、C科学の自動化を提唱する論者たちの多くは、科学者の仕事は創造性を要求するがゆえにＡＩに奪われることはなく、それどころか科学の自動化は非創造的な仕事から科学者を解放する、という楽観的見解を抱いている。ＡＩによる失業の予測を示した報告書『雇用の未来』でも、科学者のような創造性を要する職種は自動化困難だと言われている。

しかし自動化困難であることはその仕事がＡＩに脅かされないということを意味しない。例えば一般に接客という仕事も自動化が困難である。しかしＩＴは店舗全体の機械化、あるいは実店舗からネットショップへの移行によって、接客というタスクそのものを不要にしている。同じように科学研究の創造的な部分が自動化困難だとしても、科学研究全体において創造性を要求される部分が縮小するかもしれない。また、現代社会における科学はイノベーションや社会的課題解決の重要な手段と位置付けられ、巨大な公的リソースを投入されている。もし人間の科学者がＡＩに生産性の点で劣ることが判明すれば、人間の行う科学にリソースが投入されなくなり、ゆくゆくは科学者の失業が起こるかもしれない。

さらに、自動化が研究者を解放するという点についても、疑問の余地がある。単純労働を機械によって代替する試みは、人間を単純労働から解放せず、むしろ機械的・非人間的な労働に従事する階級を生み出した、ということはしばしば指摘される。認知工学者のノーマンは、自動化一般に伴う変化として、「うまくいった自動化でさえも、一連の作業に取って代わる過程で必ず新たな問題を引き起こすので、かならず何らかの対価を支払うことになる」と指摘し、保守の必要性が生じ、研究も高く評価されなくなってしまうのではないだろうか。これはもはや科学コミュニティ内部の問題ではなく、より広い社会にとっての問題と言える。そこでＡＩの導入が広い社会に対してどのような影響を及ぼしうるかを考えよう。科学はこの世界に起こる様々な現象を予測し制御する強力な手段を人間に与え、人間が(イ)かくも繁栄することを可能にした。科学はさらに世界についての深い理解をもたらしてきた。それゆえに人間の行《おこ》なう様々な活動の中でも科学が特に重要なものの一つに数えられ、そして優れた科学者が社会から特別な敬意を払われるのも自然である。さらに科学こそが人間を他の存在者から隔てるものだと考える人もいるかもしれない。その科学がＡＩによって担われるということはどのような含意をもつだろうか。

　想定される影響の一つは人間の地位に関わるものである。つまり、科学という人間文化の［ 2 ］と見なされてきた営みがＡＩという人間以外の存在者によって担われるようになることで、人間の占めてきた特別な地位が脅かされる、と考える人がいるかもしれない、ということである。

　だが、この点はさほど懸念するに及ばないと思われる。いずれは人間に取って代わるＡＩが出現し、強いＡＩベース科学が実現するとしても、科学の歴史を振り返るならば、それを人間の地位を脅かすものとして懸念することは的外れであるように思われる。というのも、ＡＩベース科学の登場を待たずとも、Ｂ諸科学の発展の中で人間を特別視する見方は支持を失ってきたからだ。コペルニクス(注3)以降の天文学は人間の住む地球が宇宙の中心でないことを教えた。ダーウィン(注4)以降の生物学は、人間が同じ祖先から偶然の積み重ねと自然選択のメカニズムによって分かれ生じた多数の地球上の生命の一つにすぎないことを明らかにした。また知能の領域でも、比較心理学が人間以外の様々な動物の驚くべき知的行動の数々を明らかにしている。確かにこれらはそれ以前の伝統的な世界観や人間観との間に激しい衝突を引き起こしてきたが、しかし最終的には広く受け入れられてきた。結果としてわれわれはもはや人間をそれほど特権的な存在とは捉えていない。ＡＩベース科学うなると研究者の主な仕事は研究して論文を書くことではなく、論文を査読することという羽目になってしまいかねない。

現在、大手の学術出版社では査読のプロセスを支援するソフトウェアが使われている。それは主に剽窃《ひょうせつ》（注1）のチェック、査読者の選定、編集者と査読者と投稿者のやり取りの管理のためのものである。さらに論文の内容にまで踏み込んで、データや事実のチェックをするようなソフトウェアも開発されている。[1] 研究の新規性や学術的意義のようなものをＡＩに判断させるのは難しいだろう。またＡＩが人間のようなバイアスを持たないかどうかも疑わしい。実際、ＡＩはしばしば設計者のもつバイアスや、学習のもとになったデータのもつバイアスを踏襲（ア）するものである。さらに常に同じＡＩが査読を行うのであるとすると、投稿者は皆、そのＡＩに受け入れられやすい論文を書くようになるだろう。こういった問題を考えると、やはり研究者が査読の負担から逃れられる日は当分来そうにない。Ａしかし仮にＡＩが査読をできるようになったとして、そのことは歓迎するべきだろうか。環境政策学者のハッキネンは、ＡＩが論文を査読するようになったとき、もはや人間がわざわざ論文を書くことはなくなり、論文を執筆するのも主にＡＩになるだろう、と予測する。そしてこれは、人間のそれとは異なる新しい知識の基準を生み出し、人間文化の基礎を揺るがしかねない、と警告する。以上のように、ＡＩによる査読は、科学研究全体に大きな影響を及ぼし、科学コミュニティのあり方すらも変化させうる。このため、ＡＩを査読の過程に導入するに当たっては、効率性だけでなく様々な影響を考慮した慎重な検討が必要になるだろう。

また、研究の評価に関連する別の問題として、ＡＩベース科学が研究／論文の良し悪しの基準について影響を与える可能性が考えられる。例えば、機械的な探索によって得られるような研究成果は、人間的な創造性を要求しないという理由で、現在そうである以上に高く評価されなくなっていくだろう。しかし、だとすれば、ＡＩによって創造的な研究が自動的に行われうるようになった場合に、何が起こるだろうか。第Ⅲ節では当面のところＡＩによる創造的発見の実現には困難が大きいことを述べた（注2）が、将来的にそれが実現しえないと考える理由もまたないのだ。それが起きたとき、もはやいかなる種類の

②　人間は他者への共感によって死の自覚を持ち、その自覚を通じて、未来のことを企図したり豊かな情緒的世界を育んだりして、人生を豊かなものにできる。

③　人間の共感能力の基盤は、自分が死すべき存在であるという自覚であり、その自覚によって、人間は豊かな情緒的世界を育み、孤独な生を耐えることができる。

④　人間は他者の死を通じて間接的にしか死をイメージできないが、その仮想を現実のように感じられるからこそ、永遠という時間概念を持つことができている。

三　次の文章を読んで、後の問い（問1〜8）に答えなさい。

　ある知識が科学的知識と認められるためには、科学コミュニティの合意が必要である。その意味で、科学的知識は公共的である。こうした科学的知識の公共性を保証するのが、研究成果の発表手段である論文を同じ研究分野の専門家が審査する「ピアレビュー」のシステムである。通常、学術ジャーナルに論文が投稿されると、編集委員によって何人かの専門家が査読者として選ばれ、査読者はその論文の学術的価値を査定する。このプロセスを経ることで発表される論文の質が保証されるとともに、研究者の科学コミュニティにおける評価が形作られる。

　このように科学コミュニティにおいて重要な役割を担うピアレビュー制度には、問題もある。第一に、査読者の個人的な好みや利害などによって査読の結果が左右される可能性は排除できない。第二に、査読する側にとっては、査読の労力は大きな負担である。ＡＩとロボットによって科学研究がブーストされれば、さらに論文の数は爆発的に増えるかもしれず、そ

③　絶対的な個別性の超克の動機

④　相対的な個別性の超克の動機

問9　傍線部C「死の不安や恐怖にさいなまれる局面や、病み衰えて死が目前に迫った局面のみにおいて死の問題を捉えるべきではない」とあるが、それはなぜか。その理由の説明として最も適当なものを、次の①～④のうちから一つ選びなさい。解答番号は 21 。

①　死や病が差し迫った状況で、自分が死すべき存在であると自覚して生きることは、相当の精神力がないと我慢することができないため。

②　死や病を身近に感じていなくても、自分が死すべき存在であると自覚することによって、人間らしく充実した生き方ができるため。

③　死や病の脅威にさらされてから自分が死すべき存在であることを思い出しても、生に積極的に向かい合うには遅すぎるため。

④　死の不安や恐怖に悩まされないようにするには、日頃から自分の死に対する心の準備をして精神を安定させておくとよいため。

問10　本文の主旨について最も適当なものを、次の①～④のうちから一つ選びなさい。解答番号は 22 。

①　人間と他の動物との特徴的な違いは、個の寿命を超えた未来を想像し、将来に向けて何事かを企てられることであるが、それは人間に共同体感覚があるからである。

問6　傍線部B「情緒とは、一般に、人間の心身が、ある共通の仕方でこの共同世界に開かれてある最も基本的なありようを指している」とあるが、それはどういうことか。その説明として最も適当なものを、次の①～④のうちから一つ選びなさい。解答番号は［18］。

①　情緒が示しているのは、自己と他者の心身の様態に通じ合う点があることを確認したり表現したりすることで、他者との交流が可能になるということ。

②　情緒が示しているのは、個体に固有の内面世界を表現することで、個体どうしの相互の交流を意義あるものにすることができるようになるということ。

③　情緒が示しているのは、人間が他の動物と異なる部分の境界を明確にすることによって、自分が高次の存在だと主張できるようになるということ。

④　情緒が示しているのは、自己と他者が別々の存在であることが意識できるようになり、自己中心的な欲望を抑えることができるようになるということ。

問7　空欄［5］に入れるべき言葉として最も適当なものを、次の①～④のうちから一つ選びなさい。解答番号は［19］。

①　発達　　②　進化　　③　意味　　④　懐疑

問8　空欄［6］に入れるべき言葉として最も適当なものを、次の①～④のうちから一つ選びなさい。解答番号は［20］。

①　世代的な葛藤の超克の動機

②　逆説的な葛藤の超克の動機

④　では　⑤　もはや　⑥　それでも

問3　空欄 3 に入れるべき言葉として最も適当なものを、次の①～④のうちから一つ選びなさい。解答番号は 15 。

①　忘却　②　認識　③　悲観　④　克服

問4　空欄 4 に入れるべき言葉として最も適当なものを、次の①～④のうちから一つ選びなさい。解答番号は 16 。

①　孤独である　②　疑問である　③　孤独ではない　④　疑問ではない

問5　傍線部Ａ「なぜ人は、あることを企てることができるのだろうか」とあるが、この問いについての筆者の考えとして最も適当なものを、次の①～④のうちから一つ選びなさい。解答番号は 17 。

①　人はイメージを通じて他者と価値観をすり合わせることができ、将来の具体的イメージを描くことは周囲の共感を得る手段になるから。

②　人は自分の未来がわからないからこそ、不確実な将来に希望を抱くことができ、見通しを立てて努力する強い動機を持つから。

③　人は内面にある豊かな情緒的世界を通じて、他者と信頼関係を築きながら、共同体の維持を目的とする具体的な行動をとれるから。

④　人は自分が死すべき存在であることを知っており、時間的な区切りのある目標を定めて行動する意義を見い出すことができるから。

（注5）ハイデガー＝（一八八九～一九七六）ドイツの哲学者。

問1　傍線部（ア）「のっぺらぼうに」・（イ）「パラレルな」は、本文中ではどのような意味か。最も適当なものを、下の各群の①～④のうちからそれぞれ一つずつ選びなさい。解答番号は［11］・［12］。

（ア）のっぺらぼうに　［11］
① 陳腐で面白くなく。
② 単調でとらえどころがなく。
③ 責任の所在がわかりにくく。
④ 穏やかで争いがなく。

（イ）パラレルな　［12］
① 暗示的な。
② 対照的な。
③ 酷似した。
④ 相対した。

問2　空欄［1］・［2］に入れるべき言葉として最も適当なものを、次の①～⑥のうちからそれぞれ一つずつ選びなさい。ただし、同じ番号を二度使わないこと。解答番号は1が［13］、2が［14］。

①　すなわち　②　ところが　③　さもなくば

な接触の関係が、心的な接触の関係に徐々に置き換えられていくのである。

一般に、情緒を介して人が互いにつながり合おうとする心的・精神的な志向のうちには、人間が個体としては個別ばらばらに死んでいくほかない事実に対する補償の意味合いが繰り込まれている。人間は身体の絶対的な個別性を強く意識する存在としての特性を与えられているが、情緒とは、その個別性を超克しようと試みる人間精神の最も基礎的な営みである。悲しみや苦しみや怒りなどのネガティヴな感情さえも、それらが自己と他者に向かっての一定の表現であるという意味で、[6]、すなわち他者との関係付けの動機を含んでいる。そして、それは、人間に特有の、死の自覚に支えられているのである。

以上のように、「死すべき存在としての人間」というハイデガー(注5)の規定は、彼が考えていた以上に、普通の人々の生そのものの積極的な条件となっている。私たちは、C死の不安や恐怖にさいなまれる局面や、病み衰えて死が目前に迫った局面のみにおいて死の問題を捉えるべきではない。神や魂の永遠を信じられなくなった今日においても、死の自覚によってこそ生を豊かなものにするという物語は可能なのである。

（小浜逸郎「死は生を肯定する条件である」『死の準備』による）

※問題作成の都合により、一部省略した箇所がある。

（注１）言表＝言い表すこと。
（注２）フッサール＝（一八五九～一九三八）ドイツの哲学者。
（注３）ベルクソン＝（一八五九～一九四一）フランスの哲学者。
（注４）アドラー＝（一八七〇～一九三七）オーストリアの精神科医・心理学者。

喜び、苦しみ、幸福感、平穏な気分、寂しさなど、情緒の世界は、さしあたり人間個体の内面に固有で、他者と直接には交換しにくい現象としてあらわれるために、一見単なる個体の心理現象として独自に扱うべきもののように思われる。しかし、大方の心理学者はあまり注目してこなかったが、じつは、B情緒とは、一般に、人間の心身が、ある共通の仕方でこの共同世界に開かれてある最も基本的なありようを指している。アドラー(注4)はこの事実に、「共同体感覚」という名を与えた。

ある個体が情緒性を保有しているということは、単にその個体の、外界から自立した内閉的な状態を指すのではなく、彼が自分の同類に対して互いを同類として認め、相互に交流を可能にするような心身の構えを常に具備していること、個体がこの人間の共同世界のただなかに存在していること自体を生き生きと感じ取り、かつそれを他者に対していつでも表現しうる潜在的な能力を持っていることを意味しているのだ。

ところで、このことはどこからやってくるのだろうか。私の考えでは、これもまた、人間が個体としては死すべき存在であることを強く自覚するところに由来している。

[5]論的に見ると、生まれて間もない乳児は、母子未分化の自己中心的な欲望の世界に生きているが、やがて自分を常に慈しんでくれる母親を特別の存在として識別するようになる。しかしその母親も、いつも必ず自分の欲望を満たしてくれるわけではなく、母親には母親個人の世界があるということを納得するようになる。個体が別々の空間と時間を生きているということがしだいにわかってくるのだ。そのプロセスは同時に、人間が個別の身体にそれぞれ閉じこめられていながら、そのこと自体を強く問題視しつつ、他者と情緒を介してつながろうとする志向を強く持つ存在である事実を指し示す証拠ともなっている。私はそこに、人がそれぞれ個別に死すべき存在であることを知っていくこととの(イ)パラレルな関係を見いだすのである。幼児はおよそ三、四歳くらいから六歳くらいまでの間に、人間がいつかは死ぬものであるという自覚をはっきりと持つようになるが、このころから、子どもの情緒的な表現、つまり心的な世界は急速に豊かなものになっていく。身体的

うか。Aなぜ人は、あることを企てることができるのだろうか。

この問いは、人間の意識の時間的な仕組みを問うことと等しい。人間は、自分の現在を互いに断絶した単なるいくつもの瞬間として生きているのではなく、フッサール(注2)が「過去把持」「未来把持」という概念で語ろうとしたように、またベルクソン(注3)が「過去と未来の相互浸透としての現在」という表現で語ろうとしたように、これまでの来歴とこれからの可能性とをたえず現在において出会わせながら生きている。私たちの意識はそのためにいつもある不安状態にさらされているが、その不安を一定の意志や決断の形に落ち着かせることができるのは、過去的な諸条件を統合して未来に広がったどこかの時点に集約させることができる限りにおいてである。この統合と集約が可能となるために、私たちは、自分にとっての未来の時間がどこまで、どのような形で残されているのかを見通すことができなくてはならない。

たとえば私は、明日の何時までにこの仕事を仕上げようとか、来週の火曜日に誰かとどこかで待ち合わせようとか、来年の春には海外旅行をしようなどといった構想を立てることができるが、そういうことが可能なのは、私の未来が終末もなくただ永遠に(ア)のっぺらぼうに広がっているからではなく、かえって自分の一生のイメージを具体的に持っていればこそである。私がもしかならず永遠に生きるという認識を持っているとしたら、私はある構想が成就するための時間的な分節の尺度といったものを持ち得ないだろうし、そもそもある時期までにあることをするという動機や決意に対して何の意味も感じないに違いない。

つまり私たちは、自分の生涯が有限であり、現在から見通せるある射程を持ったものであるという確信のもとでのみ、さまざまな「企て」をなすことができるのだ。このように、私たちが自ら死すべき存在であることを知っていることは、生活行動の深いところで私たちの意志や決断の意義を支えているのである。

私たちはまた、動物には不完全にしか見られない、豊かな情緒世界を抱えている。このことの由来は何だろうか。

知を通して以外にはあり得ない。だが他者が死において何を経験しているか、その内部をのぞき見ることはだれにもできない。それにもかかわらず、私たちは、自分の同類に起きていること、[2]肉体の解体とこの世からの意識の脱落が、やがて自分の身にもいつか必ず起きるだろうことを確信して疑わない。なぜそのような確信が成立するかという問いには、じつは明確に答えることができない。望みうる最良の答えは、人間というものはもともとそのように、他人のことをわがこととして感じ取る共感能力を与えられて存在しているのだということだけである。

他者の死を通じて自分のあるべき死の姿を[3]することは、人間が、他者の実存を我が実存として共感的に生きる存在でしかあり得ないことを、もっとも極限的な地点において指し示す事実である。この共感存在、共同存在としてのありようを持たなければ、私たちは、そもそも死について思い悩んだり考えたり互いに語ったりする資格が得られないのだ。たとえば私たちは、「死は、一人ひとりに全く孤独な形で訪れる」などと言表(注1)する。しかし言表とはそもそも、経験を他者と共有する可能性についての確認の問いかけでなくて何であろうか。この言表に聞き手の一人でも賛同するならば、それは「死が孤独なものである」という事実が共感を持って承認されたのであるし、またそういう事実が互いに異なる他者同士で共有されていることが確認されたのである。私たちはたしかに孤独な死を死ぬ（生きる）のだが、しかし孤独な死を死ぬ（生きる）ことそのものにおいて[4]のだ。

最後に、死が私たちの生を本質的に規定している事実が、人間の共同的な生の営みの具体的な局面にどのように入り込んでいるかについて、二つの問題に絞って例証しておこう。

人間が他の動物から際だっている点はいろいろあるが、そのなかに「何事かを企てる」ということと、「豊かな情緒世界を抱えている」ということとがある。これらはいずれも、他の動物が不完全にしか持っていない特性である。

人が未来の一定時点を目指して何事かを企てるとき、その意志や行為を成立させる基盤となっているのはどんな構造だろ

(9)　試合の展開にコウフンする。　[9]

①　煮干しをフンマツにする。
②　スプレーをフンシャする。
③　フンキして勉学に励む。
④　強いギフンに駆られる。

(10)　キビンに対応する。　[10]

①　気圧の変化にビンカンになる。
②　流行にビンジョウする。
③　落語にビンボウ神が登場する。
④　カビンに花を生ける。

二　次の文章を読んで、後の問い（問1〜10）に答えなさい。

私たちは、本当に自分の死について知らないだろうか。知るとか経験するとかいうことが、もともと意識の持続の内部においてしか成り立たない現象である以上、私たち人間は、死についても、それ以上は望めない形で、ある知や経験を確実に保有していると見なすべきではないか。なぜなら私たちは、現に死という言葉を持ち、それを主題として語り、それに関わるときにそれにふさわしい仕方でさまざまな行為や表現をなしているからである。

[1]、どうして私たちは、自分の死について、ある確実なイメージを持っているのだろうか。それは、他者の死の認

(6) エンダンから語りかける。 6

① 会社のエンカクをまとめる。
② エンエキ法で結論を導く。
③ 政治家のエンコ主義を批判する。
④ ヨウエンなほほ笑みを浮かべる。

(7) シュウイツな句を選ぶ。 7

① シュウサイとして名を高める。
② シュウトク物を届ける。
③ 大学の課程をシュウリョウする。
④ 疑念をイッシュウする。

(8) 時間にコウソクされず働く。 8

① ホウソク性に気づく。
② 自給ジソクの暮らしをする。
③ 経済発展をソクシンする。
④ 旧友とのヤクソクを果たす。

(3) 社会の発展にコウケンする。 3

① 世界をセッケンする。
② 住宅をケンチクする。
③ 社会学のブンケンを調べる。
④ ホッキョクケンに至る。

(4) ガリョウテンセイを欠く。 4

① 組織のガカイを防ぐ。
② チュウショウガを鑑賞する。
③ 朝顔の種がハツガする。
④ フウガな眺めを楽しむ。

(5) 運動前に膝をクッシンする。 5

① シンラツな表現を避ける。
② 患者をシンサツする。
③ シンラ万象に思いを巡らす。
④ 布地がシンシュクする。

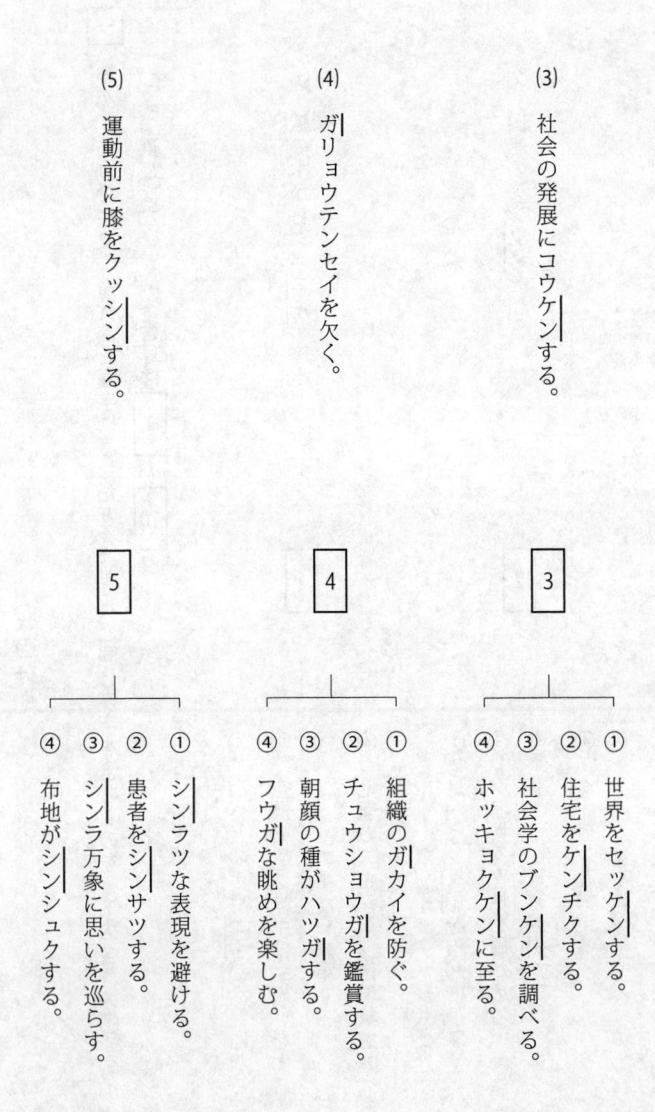

国語

（六〇分）

一

次の⑴～⑽の各文の傍線部を漢字に直したとき、それと同じ漢字を含むものを、下の各群の①～④のうちからそれぞれ一つずつ選びなさい。解答番号は 1 ～ 10 。

⑴　楓《かえで》の木からジュエキを採る。　1

① 海外とのボウエキが活発になる。
② 空港でケンエキの手続きをする。
③ シハツエキから乗車する。
④ 地盤のエキジョウ化現象を調べる。

⑵　国家のアンタイを願う。　2

① 鳥がヘンタイを組んで飛ぶ。
② タイキュウ性を確かめる。
③ 速やかにテッタイする。
④ タイゼンと構える。

解答編

英語

1 解答　問1．③　問2．①　問3．②　問4．④　問5．③
問6．②　問7．③　問8．②　問9．①　問10．①
問11．④　問12．②　問13．②　問14．③　問15．②

2 解答　A．問1．②　問2．③　問3．③　問4．④
B．問1．②　問2．①　問3．④　問4．②

3 解答　問1．24—③　25—①　問2．26—②　27—①
問3．28—①　29—④

4 解答　≪版築について≫
問1．②　問2．①　問3．④　問4．③　問5．④　問6．③
問7．②　問8．①

5 解答　A．≪自動運転車の影響≫
問1．①　問2．④
B．≪摂食障害の真実≫
問3．①　問4．②
C．≪自然現象と伝説≫
問5．④　問6．②

日本史

1　解答　≪女性の歴史≫

問1．②　問2．⑥　問3．③　問4．④　問5．②　問6．①
問7．③　問8．④　問9．②　問10．①

2　解答　≪原始・古代の外交≫

問1．④　問2．③　問3．①　問4．②　問5．①　問6．④
問7．③　問8．②　問9．③　問10．②

3　解答　≪中世の政治≫

問1．③　問2．④　問3．①　問4．②　問5．④　問6．⑤
問7．②　問8．①　問9．②　問10．③

4　解答　≪近世の三都≫

問1．②　問2．③　問3．①　問4．④　問5．④　問6．①
問7．③　問8．⑤　問9．②　問10．①

5　解答　≪近現代の外交・政治≫

問1．②　問2．③　問3．⑤　問4．②　問5．①　問6．②
問7．④　問8．③　問9．④　問10．④

世界史

1　解答　≪中国・朝鮮関連史≫

問1．③　問2．④　問3．④　問4．②　問5．③　問6．④
問7．②　問8．①　問9．②　問10．①

2　解答　≪インド古代宗教関連史≫

問1．②　問2．③　問3．①　問4．②　問5．③　問6．③
問7．④　問8．③　問9．③　問10．①

3　解答　≪レコンキスタ≫

問1．②　問2．④　問3．③　問4．②　問5．④　問6．①
問7．③　問8．④　問9．①　問10．①

4　解答　≪近世ヨーロッパの科学・技術史≫

(ア)―④　(イ)―②　(ウ)―①　(エ)―②　(オ)―②　(カ)―③　(キ)―④　(ク)―③
(コ)―⑤　(ケ)―②

5　解答　≪アメリカ合衆国の歴史上の宣言≫

問1．④　問2．②　問3．①　問4．④　問5．①　問6．⑤
問7．②　問8．④　問9．②　問10．③

数学

1　解答　≪小問6問≫

(1)ア―③　(2)イ―①　(3)ウ―④　(4)エ―⑤　(5)オ―③　(6)カ―②

2　解答　≪2次関数≫

(1)ア．0　イ．3　ウ．0　エ．6

(2)オ．9　カ．2　キ．9　ク．3　ケ．6　コ．2

(3)サ．3　シ．5

3　解答　≪図形と計量≫

(1)ア．3　イ．4　ウ．4

(2)エオ．15　カ．7　キ．4　ク．8　ケ．7　コ．7

(3)サシ．27　ス．5

4　解答　≪確　率≫

(1)ア．1　イ．9　ウ．4　エ．9

(2)オ．8　カキ．81　ク．8　ケコ．27　サシ．65　スセ．81

(3)ソタ．16　チツテ．243

化学

1 解答 ≪小問8問≫

問1．③ 問2．① 問3．⑤ 問4．⑤ 問5．① 問6．②
問7．② 問8．①

2 解答 ≪原子の構造，反応の量的関係≫

問1．④ 問2．② 問3．③ 問4．④ 問5．④ 問6．②
問7．④ 問8．⑤

3 解答 ≪酸と塩基，結晶の性質と分類≫

問1．③ 問2．⑤ 問3．③ 問4．④ 問5．② 問6．③
問7．物質イ：① 物質オ：⑤

4 解答 ≪原子量・分子量・溶液，酸化還元滴定≫

問1．② 問2．④ 問3．③ 問4．③ 問5．④ 問6．②
問7．① 問8．⑤

生物

1 解答 ≪小問7問≫

問1．⑤　問2．④　問3．ア―⑥　イ―⑦　問4．③　問5．③
問6．①　問7．⑤

2 解答 ≪階層性，ゾウリムシ，細胞の構造，体細胞分裂，異化と同化，呼吸と燃焼≫

問1．ア―⑧　イ―①　問2．①　問3．①　問4．(1)―④　(2)―④
問5．②　問6．②

3 解答 ≪体液，肝臓，腎臓，内分泌系≫

問1．⑤　問2．②　問3．②　問4．①　問5．③　問6．④
問7．③　問8．②

4 解答 ≪バイオーム，垂直分布，炭素循環，有機物の収支≫

問1．④　問2．②　問3．①　問4．②　問5．③　問6．④
問7．(1)―②　(2)―⑨

三

出典　呉羽真・久木田水生「ＡＩと科学研究」（稲葉振一郎・大屋雄裕・久木田水生・成原慧・福田雅樹・渡辺智暁編『人工知能と人間・社会』〈第２編　ＡＩの見る夢〉勁草書房）

解答

問１　（ア）―③　（イ）―①

問２　１―④　３―⑤

問３　③

問４　②

問５　①

問６　④

問７　②

問８　④

国語

一

解答

(1)—④　(2)—④　(3)—③　(4)—②　(5)—④　(6)—②　(7)—①　(8)—④　(9)—③　(10)—①

二

出典

小浜逸郎「死は生を肯定する条件である」（近藤誠・日垣隆・山田太一・吉本隆明他『死の準備』〈Ⅲ　死を知るとはどういうことか〉新書y）

解答

問1　(ア)—②　(イ)—④

問2　1—④　2—①

問3　②

問4　③

問5　④

問6　①

問7　①

問8　③

問9　②

問10　②

■一般選抜A：2月3日実施分

問題編

▶試験科目・配点

【総合福祉・コミュニティ政策・教育・地域創生学部】

教　科	科　　　目	配　点
外国語	コミュニケーション英語Ⅰ・Ⅱ	100点
国　語	国語総合(古文・漢文を除く)	100点

【看護栄養学部】

教　科	科　　　目	配　点
外国語 ・国語	「コミュニケーション英語Ⅰ・Ⅱ」,「国語総合(古文・漢文を除く)」から1科目選択	100点
数学・ 理　科	「数学Ⅰ・A」,「化学基礎」,「生物基礎」から1科目選択	100点

【経営・人文学部】

教　科	科　　　目	配　点
選　択	「コミュニケーション英語Ⅰ・Ⅱ」,「日本史Bまたは世界史B」, 「国語総合(古文・漢文を除く)」から2教科選択	各100点 (計200点)

▶備　考

- 受験日自由選択制（両日受験可）。
- 上記の他，書類審査（調査書）が10点配点されている。
- 看護栄養学部看護学科は上記の他に，面接（グループ面接，50点）が課される。
- 数学Aについては,「場合の数と確率」「図形の性質」を出題範囲とする。

英語

（60分）

第1問　次の問い（問1～15）の［1］～［15］に入れるのに最も適当なものを，①～④のうちから一つ選びなさい。解答は［1］～［15］の該当欄にマークしなさい。

問1　You should ［1］ the emergency right now!

① deal　② deal with　③ deal of　④ deal out

問2　Never ［2］ such a beautiful flower.

① I have seen　② have I seen

③ have seen I　④ I saw

問3　Don't let the same thing ［3］ to your family.

① happen　② happens　③ to happen　④ happening

問4　I wish Peter ［4］ here when Yukari called him.

① is　② were　③ had been　④ has been

問5　They must start the meeting ［5］ Sam comes to work or not.

① even　② when　③ whether　④ although

問6　There is no reason to ［6］ your idea.

① oppose　② oppose to

③ oppose against　④ oppose for

問7 There is [7] furniture in my grandmother's house.

① many ② few ③ a few ④ little

問8 "Mr. Parker didn't come to work yesterday." "Oh, [8] ?"

① did he ② didn't he ③ was he ④ wasn't he

問9 Make [9] to lock the door when you go out.

① apt ② likely ③ sure ④ free

問10 The party will be over by the time he [10] here.

① come ② comes ③ came ④ coming

問11 This is [11] wonderful movie that I have ever watched.

① more ② the more ③ most ④ the most

問12 "[12] can you return the book?" "In a week or so."

① How ② How far ③ How much ④ How soon

問13 Ms. Arthur has published a lot of novels, most [13] are written in French.

① that ② which ③ of that ④ of which

問14 Steven drove us to the party [14] his car.

① by ② in ③ at ④ of

問15 You had [15] buy a guitar at that expensive shop.

① better not ② not better ③ better not to ④ not better to

第2問　次の問い（A・B）に答えなさい。

A　次の問い（問 1〜4）の下線部の意味に最も近いものを，①〜④のうちから一つ選びなさい。解答は 16 〜 19 の該当欄にマークしなさい。

問 1　I <u>came across</u> some old books in my grandfather's house. 16

①　spoiled　　②　found　　③　overcame　　④　withdrew

問 2　The car <u>pulled up</u> in front of my house. 17

①　turned　　②　drove　　③　stopped　　④　left

問 3　It's important for us to <u>face up to</u> our responsibilities. 18

①　confirm　　②　confront　　③　confess　　④　conduct

問 4　I <u>look up to</u> my teacher. 19

①　respect　　②　trust　　③　like　　④　pray

B　次の問い（問 1〜4）の 20 〜 23 に入れるのに最も適当なものを，①〜④のうちから一つ選びなさい。解答は 20 〜 23 の該当欄にマークしなさい。

問 1　A 20 is one or more ideas that are intended to explain why something happens.

①　fact　　②　belief　　③　theory　　④　certainty

問 2　21 products are designed to reduce harm to the environment.

①　White　　②　Green　　③　Dirty　　④　Artificial

問 3 To [22] something means to have a bad effect on something in a way that makes it worse or less attractive.

① spoil ② clean ③ decline ④ decrease

問 4 When you make something [23], you arrange and organize it neatly and properly.

① mean ② tidy ③ confusing ④ messy

第3問 次の問い（問 1～3）の日本文の意味に合うように，①～⑤の各語をそれぞれ最も適当な順に並べかえて英文を完成させなさい。完成文の [24]～[29] に配置される語の番号を答えなさい。解答は [24]～[29] の該当欄にマークしなさい。

問 1 あなたはその要請を断るべきではありません。

You (   )([24])(   )([25])(   ) the request.

① turn ② not ③ ought

④ down ⑤ to

問 2 もし彼がまた失敗したら，どうしますか。

What would you (   )([26])(   )([27])(   ) fail again?

① do ② were ③ he

④ to ⑤ if

問 3 可能ならこのコンピュータを明日までに直してほしい。

I (   )([28])(   )([29])(   ) tomorrow if possible.

① repaired ② this ③ computer

④ want ⑤ by

第4問　次の「世界的な大木の危機について」の英文を読み，あとの問い（問1～8）に答えなさい。[1]～[7]は段落の番号です。解答は 30 ～ 37 の該当欄にマークしなさい。

著作権の都合上，省略。

著作権の都合上，省略。

著作権の都合上，省略。

注）*fern シダ　*orchid ラン　*bromeliad アナナス　*canopy 林冠
*bask 暖かい日差しを受ける　*foliage（1本または多くの木全体の）葉
*boreal 亜寒帯の　*seedling 実生の苗木　*disrupt ～を混乱させる
*shrub 低木　*catastrophic 破滅的な　*photosynthesis 光合成
*metabolic 代謝の　*destabilisation 不安定化　*conifer 針葉樹
*snap ～をポキンと折る　*fungus 菌類　*Dutch elm disease ニレ立枯病

Pauline Cullen, Amanda French, and Vanessa Jakeman, *The Official Cambridge Guide to IELTS*, 2014

問1　第[1]段落で述べられている大木の特徴として正しいものを，次の①～④のうちから一つ選びなさい。解答は30の該当欄にマークしなさい。
① 光合成を活発に行い，多くの酸素を放出している。
② 根元が薄暗くなるので，コケが生えやすい。
③ 林冠が高く，太陽光から多くのエネルギーを得られる。
④ ほかの枯れた木々を栄養素として大きく育つ。

問2　第[2]段落の下線部(1)に<u>含まれていない</u>ものを，次の①～④のうちから一つ選びなさい。解答は[31]の該当欄にマークしなさい。

① 成木が長期間枯れずに残ること。

② 生育条件に合った環境であること。

③ 苗が根付くための場所があること。

④ 熱帯原産の種であること。

問3　第[3]段落から読み取れる *Lantana camara* と gamba grass の共通点として正しいものを，次の①～④のうちから一つ選びなさい。解答は[32]の該当欄にマークしなさい。

① 山火事を起こしやすい植物。

② 在来種の生育を妨げる外来種。

③ 4m以上に成長する背の高い植物。

④ 大木のそばに生える植物。

問4　第[4]段落の下線部(2)とその前後からわかることを，次の①～④のうちから一つ選びなさい。解答は[33]の該当欄にマークしなさい。

① 気温上昇に伴うエネルギー消費の増加割合は，木と爬虫類で同じくらいである。

② 気温が高いときの爬虫類の行動は，木の生育に影響を与える。

③ 爬虫類と木の代謝は，気温が上がった際にどちらも活発になる。

④ 気温が上がると，木と違って爬虫類の代謝は活発になる。

問5　第[5]段落の下線部(3)が表す内容として正しいものを，次の①～④のうちから一つ選びなさい。解答は[34]の該当欄にマークしなさい。

① ますます地球が温暖化し，森林が縮小し，炭素を放出すること。

② 古い木が枯れ，その種子からまた新しい木が育つこと。

③ 木の実や葉をエサとする動物から始まる食物連鎖のこと。

④ 木の光合成による気体の排出と，呼吸による気体の吸収のこと。

問 6　第[6]段落の下線部(4)について，率が高くなる理由として正しいものを，次の①～④のうちから一つ選びなさい。解答は 35 の該当欄にマークしなさい。

① 大木は吹き付けてくる風の衝撃をやわらげ，低木が折れるのを防いでくれるため。

② 乾燥した熱い牧草地に囲まれると，水をためこみ，結果的に根が腐ってしまうため。

③ 周囲からの風を防ぐものが何もなく，低木よりも直接強風の影響を受けてしまうため。

④ 乾燥した牧草地に住む人たちによって，熱帯雨林の水源が枯渇するまで利用されるため。

問 7　第[6]段落の内容に一致するものを，次の①～④のうちから一つ選びなさい。解答は 36 の該当欄にマークしなさい。

① 古い木々は使い道がなく，伐採されずに放置されていることが多い。

② 北米西部では，大きな成木が成長の早い種の木に置き換えられている。

③ シベリアでは，大きく古い木が優先的に伐採されている。

④ 熱帯地域における無差別な森林伐採が問題になっている。

問 8　第[7]段落の内容に一致するものを，次の①～④のうちから一つ選びなさい。解答は 37 の該当欄にマークしなさい。

① 冬の気温低下により，木に穴を掘る害虫が大量発生する。

② 害虫が若い木々の芽を枯らすことで，森林全体がだめになる。

③ 菌類を病原とする木の病気により，森林や都市の美しさが保たれている。

④ 害虫や病気による大木の死は，人間の活動で拡大している。

第5問　次の英文（A～C）を読み，あとの問い（問1～6）に答えなさい。
解答は[38]～[43]の該当欄にマークしなさい。

A.　Human beings love to laugh.　It's such an obvious fact that it's easy to overlook.　Laughter, like music and language, is a fundamental human *trait.　Common sense tells us that laughter is associated with happiness. However, there is also a body of scientific evidence proving that laughter is good for us.　Studies show that laughter strengthens relationships in both personal and professional life.　It has also been established that laughter improves *cardiovascular function, boosts the immune system and releases beneficial *hormones into the bloodstream.　However, according to psychologist Dr Peter Shrimpton, humans might all laugh, but they often don't remember doing it.　'All the studies show that we laugh more frequently than we realise,' says Dr Shrimpton.　'Perhaps because it is such a basic part of human nature, we tend not to notice when we are laughing.'

注）*trait 特性　*cardiovascular 心臓血管の　*hormone ホルモン

IELTS Trainer 2 Academic, 2019

問1　本文の要旨として最も適するものを，次の①～④のうちから一つ選びなさい。解答は[38]の該当欄にマークしなさい。

① 笑うことは人間の基本的な特性であり，人間はみな笑うことが好きだ。
② 笑うことは公私ともに人の関係性を強くする効果がある。
③ 笑うことが体にいいということは科学的に証明されている。
④ 笑いには様々な効果があるが，人は自分が笑っていることには気づきにくい。

問2　本文につける題名として最も適するものを，次の①～④のうちから一つ選びなさい。解答は[39]の該当欄にマークしなさい。

① Happiness and Laughter
② An Unconscious Behavior
③ Laughter and Its Benefits
④ Laugh for Health

B. Miles, feet, and inches are units of measurement in the *imperial system. It is called “imperial” because it was used in the former British Empire. This system is centuries old.　An inch was originally defined as the width of a thumb.　A foot was the length of a man’s foot.　A mile was 1,000 steps. Similar units were used in other countries, but their exact lengths differed from place to place.　This caused a lot of confusion.

In the 1790s, a team of French scientists decided to develop a common system of measurement.　The result was the *metric system.　The meter is the basic unit.　One meter is one ten-millionth (1/10,000,000) of the distance between the equator and the North Pole.　One hundred centimeters make up one meter.　One thousand meters equals one kilometer.　At first, the people of France did not accept the metric system. However, they were required to use it officially in 1840.

注） *imperial system 帝国単位　*metric system メートル法

Nancy Furstinger, Susan Ludwig, Kelli Ripatti and Tamara Wilburn, *READING FUTURE CREATE 1*, 2019

問3　本文の要旨として最も適するものを，次の①～④のうちから一つ選びなさい。解答は[40]の該当欄にマークしなさい。

① イギリス帝国で作られた長さの単位は，他の国でも使われていた。
② 先に確立された長さの単位は不確定だったため，新たに共通の単位が開発された。
③ メートル法は1790年代にフランスで作られたが，当初人々には受け入れられなかった。
④ 帝国単位における長さは場所によって異なり，混乱を生んだ。

問4　本文につける題名として最も適するものを，次の①～④のうちから一つ選びなさい。解答は[41]の該当欄にマークしなさい。

① The Origin of Measurement Systems
② The Measurement System in France
③ What Is the Length of a Mile?
④ The History of the Imperial System

C. In one study, adults who learned to write a new alphabet with paper and pencil were better able to recognize and remember letters than their counterparts, who only studied the printed letters but did not try to form them. In addition, children develop fine *motor skills and control when learning to write by hand. They must pay attention to the shape of the letters, for example, in order to produce a "d" that is distinct from a "b." Likewise, they must judge how much pressure to apply so as to avoid *poking holes in the paper or accidentally tearing it. They must learn to move their hands and not *smudge their work while writing. Also, they need to keep the words in a straight line and pay attention to how the letters are placed with respect to one another, For example, the *stem of a "b" rises, while the stem of a "p" falls.

注）*motor 運動筋肉〔神経〕　*poke （穴）をあける　*smudge ～を汚す
*stem（活字の）太縦線

Debra Daise and Charl Norloff, *Q:Skills for Success 4*, 2015

問5　本文の要旨として最も適するものを，次の①～④のうちから一つ選びなさい。解答は[42]の該当欄にマークしなさい。

① 新たな文字を学ぶ際，印刷された文字を見ているだけでは定着しにくい。
② 文字を書くときは，文字の形や位置，筆圧など多くのことに気を配る必要がある。
③ 文字を書くことで子どもは注意しながら手を動かすことを身につけ，大人は文字を覚えやすくなる。
④ 子どもは字を書くうちに，書いている途中で紙を汚さないような手の動かし方を学ぶ。

問6　本文につける題名として最も適するものを，次の①～④のうちから一つ選びなさい。解答は[43]の該当欄にマークしなさい。

① How to Improve Your Writing
② Should We Use Paper and Pencils?
③ Writing Skills of Adults and Children
④ Alphabet Letters Similar in Shape

日本史

（60分）

1　次の文章A～Cは，「民衆の歴史」をテーマに調べ学習をしようとしている高校生の有紀と小百合の会話である。この会話文を読み，下の問い（問1～10）に答えよ。　（配点　20）

A

有　紀：「民衆」というと，農業を営んでいる「農民」のイメージが強いけれど，農民以外の人はいなかったのかな。

小百合：ヤマト政権の時に，大王家に対して魚介類や海藻などの特産物を納める「贄《にえ》」という制度があったみたいだから，そうした魚介類などを採る人々はいたようだね。

有　紀：ということは，「贄」は，律令体制下の税制で言うと「　A　」にあたるのかな。

小百合：確かに，特産物を納める税だから，そうかもしれないね。

有　紀：そういえば，前に見た史料の中に漁業を営む人の話が出てきたのを思い出したよ。確か，ⓐ平安時代に景戒があらわした説話集だった気がする。

小百合：古典の授業で『　B　』を勉強した時，主人公の光の君が明石に流された際に，現地の漁民たちの話が出てきたよね。

有　紀：そうだった。農民以外の人々の話って，けっこうあるんだね。

小百合：荘園についても米を納めるイメージが強いけれど，確か，塩を納める荘園もあったよね。

有　紀：ⓑ地頭と荘園領主が土地を分割した史料だね。伊予国にある弓削島荘だったかな。この荘園は塩の荘園で有名だったね。

小百合：そうだね。塩をつくって生計を立てている人々もいたんだね。

問1 空欄 A B に入る語句の組合せとして正しいものを，次の①～④のうちから一つ選び，記号で答えよ。 1

① A 庸 B 枕草子
② A 庸 B 源氏物語
③ A 調 B 枕草子
④ A 調 B 源氏物語

問2 下線部ⓐについて，この説話集として正しいものを，次の①～④のうちから一つ選び，記号で答えよ。 2

① 『性霊集』 ② 『日本霊異記』
③ 『往生要集』 ④ 『懐風藻』

問3 下線部ⓑに関連して，このような土地の紛争に対する解決方法について述べた次の文X・Yの正誤の組合せとして正しいものを，下の①～④のうちから一つ選び，記号で答えよ。 3

X 荘園領主には御成敗式目だけを適用して争論が行われた。
Y この解決方法を下地中分といい，土地の権益を分割した。

① X 正 Y 正 ② X 正 Y 誤
③ X 誤 Y 正 ④ X 誤 Y 誤

B

有 紀：民衆が生産して朝廷や荘園領主に納めていた品々は，納品されたあと，どのように扱われていたのかな。

小百合：はじめは，年貢として納められた品々は荘園領主のいる都へ直接運ばれていたよね。だけど，銭納が進むと，年貢として納められた品々は各地の市場で売買されて，年貢は荘園領主に貨幣で納められるようになったよね。

有　紀：ということは，ⓒその市場で売買された品々は，その後，商品として流通したということかな。

小百合：そして，この過程でⓓ民衆もだんだんと貨幣経済に巻き込まれていくことになるのね。

有　紀：そういえば，ⓔ座に商品の販売や流通の独占を認めていた本所って，寺社などの荘園領主が多かったよね。つまり，座による流通独占と荘園制にはつながりがあるということだね。

小百合：座による流通独占は荘園制の崩壊とともに弱体化したけれど，江戸幕府は，仲間をつくらせることで幕府による管理を実現したんだね。

有　紀：ⓕ江戸時代には，各地の特産物が大坂や江戸へ集められる体制が整っていたよね。その流通を支えていた村も，農業以外にも，漁業や林業，鉱山業など様々な職種があったよね。

小百合：民衆について考える時には，それぞれの職種に応じてその違いや共通点などを学習することが必要になるね。

問4　下線部ⓒに関連して，中世における市場と商品流通について述べた次の文X・Yの正誤の組合せとして正しいものを，下の①～④のうちから一つ選び，記号で答えよ。[4]

X　三斎市では月に3回，六斎市では月に6回，市が開かれた。
Y　商品の運送では馬借が，行商では連雀商人などが活躍した。

① X 正 Y 正　　② X 正 Y 誤
③ X 誤 Y 正　　④ X 誤 Y 誤

問5　下線部ⓓに関連して，中世において貨幣経済に巻き込まれた民衆に関して述べた次の文a～dについて，正しいものの組合せを，下の①～④のうちから一つ選び，記号で答えよ。[5]

a　年貢の銭納には，永楽通宝などの宋銭が用いられた。

b　支払いが厳しくなると，借上からお金を借りる民衆がいた。

c　借金の帳消しを求めて，民衆が一揆を結ぶことがあった。

d　幕府は相対済し令を出して，金銭貸借についての争いを当事者間で解決させた。

①　a・c　　②　a・d　　③　b・c　　④　b・d

問6　下線部ⓔに関連して，大山崎の油座の本所の所在地として正しいものを，次の地図中の①～④のうちから一つ選び，記号で答えよ。［　6　］

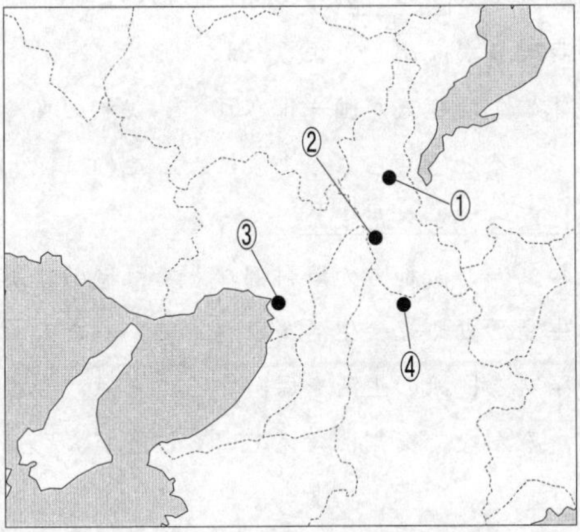

問7　下線部ⓕに関連して，江戸時代の大坂や江戸を中心とした流通について述べた文として正しいものを，次の①～④のうちから一つ選び，記号で答えよ。［　7　］

①　東廻り海運により，太平洋沿岸から大坂へ商品が集められた。

②　大坂には十組問屋が，江戸には二十四組問屋がつくられた。

③　北前船により，蝦夷地から直接江戸へ商品が届けられた。

④　大坂から江戸へは，菱垣廻船や樽廻船が運航していた。

C

有　紀：近代に入ると，民衆の生活はどのように変化したのかな。

小百合：明治初期には，政府によって西洋文明の導入が進められたけれど，ⓖ民衆の生活は，都市と地方でかなり違いがあったみたい。

有　紀：大正時代には大衆文化が誕生したけれど，実際には都市部と農村部などの経済格差が二重構造とよばれて，社会問題となっていたんだね。

小百合：それと，大正時代には小作争議を指導した[C]が結成されているから，農村部の中でも格差があったんだね。

有　紀：昭和になってからも，不況の影響を強く受けたのは地方の農村部に住む民衆で，[D]の中で起こった農業恐慌では，欠食児童や女子の身売りが続出したようだね。

小百合：民衆全体の生活様式が画一化されて，民衆の多くが社会の中層に位置していると感じられるようになったのは，ⓗ戦後の高度経済成長期になってからだよね。

有　紀：そうだね。一方，地方の農村部などでは過疎化が進行して，地域社会の生産活動や社会生活が衰退していったんだね。

小百合：経済の発展と民衆の生活を保護することは，今後も続く社会問題だから，みんなで真剣に考えていくことが大切だね。

問８　空欄[C][D]に入る語句の組合せとして正しいものを，次の①～④のうちから一つ選び，記号で答えよ。[8]

① C　日本農民組合　　　D　昭和恐慌
② C　日本農民組合　　　D　戦後恐慌
③ C　日本労働総同盟　　D　昭和恐慌
④ C　日本労働総同盟　　D　戦後恐慌

問９　下線部ⓖに関連して，明治時代における都市と地方の状況について述べた次の文Ｘ・Ｙの正誤の組合せとして正しいものを，下の①～④の

うちから一つ選び，記号で答えよ。 9

X　都市では地下鉄が開通し，ターミナルデパートが出現した。

Y　地方の農村では，農作業などの関係で旧暦を使う所も多かった。

① X 正　Y 正　　② X 正　Y 誤

③ X 誤　Y 正　　④ X 誤　Y 誤

問10　下線部ⓗに関連して，高度経済成長に関して述べた次の文甲・乙と，それに該当する語句a～dとの組合せとして正しいものを，下の①～④のうちから一つ選び，記号で答えよ。 10

甲　白黒テレビ，電気洗濯機，電気冷蔵庫は，当時こうよばれた。

乙　東海道新幹線は，この国際的イベントにあわせて開通した。

a　三種の神器　　b　3C

c　日本万国博覧会　　d　オリンピック東京大会

① 甲 a　乙 c　　② 甲 a　乙 d

③ 甲 b　乙 c　　④ 甲 b　乙 d

2 古代の天皇家と藤原氏に関する次の略系図A・Bをみて，下の問い（問1～10）に答えよ。 （配点 18）

A 以下は，天智天皇から桓武天皇までの略系図である。

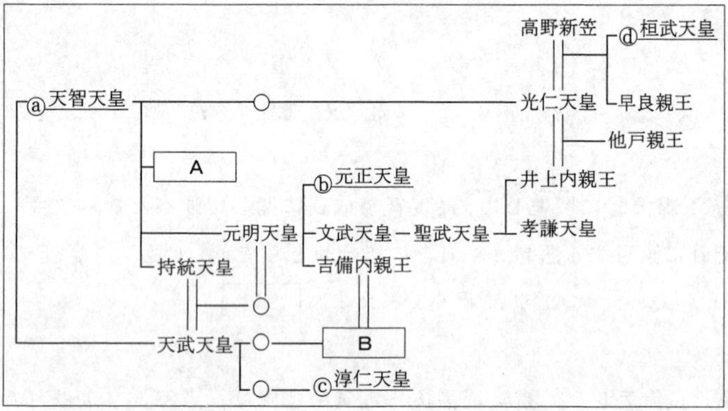

問1 空欄 A B に関連して，各人物について述べた次の文甲・乙と，それに該当する人物名a～dとの組合せとして正しいものを，下の①～④のうちから一つ選び，記号で答えよ。 11

甲 この人物は，壬申の乱の際に近江朝廷側で戦った。
乙 この人物の死後，藤原光明子が立后した。

a 大友皇子　　b 大海人皇子
c 橘諸兄　　d 長屋王

① 甲 a 乙 c　　② 甲 a 乙 d
③ 甲 b 乙 c　　④ 甲 b 乙 d

問2 下線部ⓐに関連して，天智天皇（中大兄皇子）が関わった出来事について述べた次の文Ⅰ～Ⅲを，古いものから年代順に正しく配列したものを，下の①～⑥のうちから一つ選び，記号で答えよ。 12

Ⅰ　倭は，中大兄皇子が称制を行っている時に白村江の戦いで大敗した。

Ⅱ　孝徳天皇の時に，蘇我倉山田石川麻呂が滅ぼされた。

Ⅲ　皇極天皇の時に，蘇我蝦夷・入鹿父子が滅ぼされた。

①　Ⅰ－Ⅱ－Ⅲ　　②　Ⅰ－Ⅲ－Ⅱ　　③　Ⅱ－Ⅰ－Ⅲ
④　Ⅱ－Ⅲ－Ⅰ　　⑤　Ⅲ－Ⅰ－Ⅱ　　⑥　Ⅲ－Ⅱ－Ⅰ

問３　下線部ⓑに関連して，元正天皇に関して述べた次の文ａ～ｄについて，正しいものの組合せを，下の①～④のうちから一つ選び，記号で答えよ。［13］

ａ　元明天皇の譲位を受けて，元正天皇は即位した。

ｂ　元正天皇が譲位した後，文武天皇が即位した。

ｃ　この天皇の時に，三世一身法が定められた。

ｄ　この天皇の時に，富本銭がはじめてつくられた。

①　ａ・ｃ　　②　ａ・ｄ　　③　ｂ・ｃ　　④　ｂ・ｄ

問４　下線部ⓒに関連して，淳仁天皇に関して述べた次の文Ｘ・Ｙの正誤の組合せとして正しいものを，下の①～④のうちから一つ選び，記号で答えよ。［14］

Ｘ　淳仁天皇は，藤原仲麻呂に恵美押勝の名を授けた。

Ｙ　淳仁天皇は，橘奈良麻呂の変により退位させられた。

①　Ｘ　正　　Ｙ　正　　②　Ｘ　正　　Ｙ　誤
③　Ｘ　誤　　Ｙ　正　　④　Ｘ　誤　　Ｙ　誤

問５　下線部ⓓに関連して，略系図の内容も参考にして，桓武天皇に関係する人物や桓武天皇の政策について述べた文として正しいものを，次

の①～④のうちから一つ選び，記号で答えよ。 15

① 母親の高野新笠は渡来人系氏族の血を引いていた。

② 光仁天皇の死後，皇太子である他戸親王が天皇として即位した。

③ 桓武天皇は即位した後，都を長岡京から平城京へ移した。

④ 平城太上天皇の変を機に，早良親王は失脚させられた。

B 以下は，藤原冬嗣から藤原頼通までの略系図である。

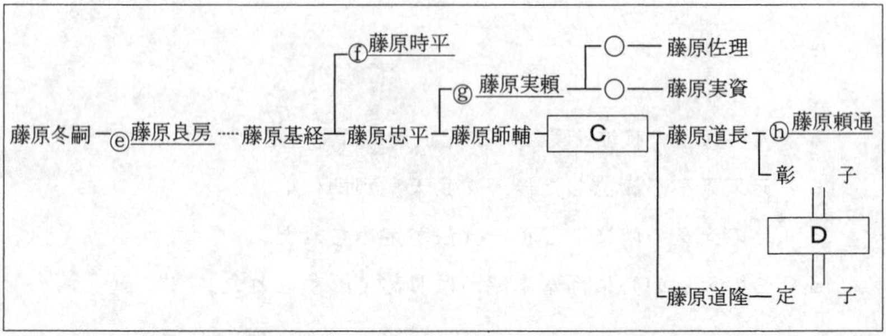

問6 空欄 C ・ D に入る語句の組合せとして正しいものを，次の①～④のうちから一つ選び，記号で答えよ。 16

① C 藤原隆家　　D 後一条天皇

② C 藤原隆家　　D 一条天皇

③ C 藤原兼家　　D 後一条天皇

④ C 藤原兼家　　D 一条天皇

問7 下線部ⓔに関連して，藤原良房の動向に関して述べた次の文Ⅰ～Ⅲを，古いものから年代順に正しく配列したものを，下の①～⑥のうちから一つ選び，記号で答えよ。 17

Ⅰ 清和天皇を即位させて，実質的に摂政となった。

Ⅱ 承和の変により，橘逸勢らを失脚させた。

Ⅲ　応天門の変により，伴善男らを失脚させた。

①　Ⅰ—Ⅱ—Ⅲ　　②　Ⅰ—Ⅲ—Ⅱ　　③　Ⅱ—Ⅰ—Ⅲ
④　Ⅱ—Ⅲ—Ⅰ　　⑤　Ⅲ—Ⅰ—Ⅱ　　⑥　Ⅲ—Ⅱ—Ⅰ

問8　下線部ⓕに関連して，藤原時平が実権を握っていた宇多天皇・醍醐天皇の時期の出来事について述べた文として**誤っているもの**を，次の①～④のうちから一つ選び，記号で答えよ。［18］

①　菅原道真の建議により，遣唐使の派遣が中止された。
②　策謀により，菅原道真が失脚させられた。
③　醍醐天皇によって，天暦の治とよばれる親政が行われた。
④　醍醐天皇の命により，『古今和歌集』が編纂された。

問9　下線部ⓖに関連して，藤原実頼の孫に関して述べた次の文X・Yの正誤の組合せとして正しいものを，下の①～④のうちから一つ選び，記号で答えよ。［19］

X　藤原佐理は三跡（蹟）の一人で，『離洛帖』を書き記した。
Y　藤原実資の日記には，藤原道長の「望月の歌」が記されている。

①　X　正　Y　正　　②　X　正　Y　誤
③　X　誤　Y　正　　④　X　誤　Y　誤

問10　下線部ⓗに関連して，藤原頼通に関して述べた次の文甲・乙と，それに該当する語句a～dとの組合せとして正しいものを，下の①～④のうちから一つ選び，記号で答えよ。［20］

甲　藤原頼通が実権を握っている時に，この戦乱が起こった。
乙　藤原頼通は，宇治の別荘を寺に改め，この寺院を設立した。

a　前九年合戦　b　後三年合戦

c　法成寺　d　平等院

① 甲 a 乙 c　② 甲 a 乙 d

③ 甲 b 乙 c　④ 甲 b 乙 d

3　中世の社会・経済に関連する下の問い（問1～10）に答えよ。（史料は，一部省略したり，書き改めたりしたところもある。）　（配点　20）

問1　後三条天皇による荘園整理について述べた次の文X・Yの正誤の組合せとして正しいものを，下の①～④のうちから一つ選び，記号で答えよ。［21］

X　後三条天皇は，大江広元ら学識にすぐれた人材を登用した。

Y　記録荘園券契所を各国ごとに設置して，国司に券契の審査をさせた。

① X 正 Y 正　② X 正 Y 誤

③ X 誤 Y 正　④ X 誤 Y 誤

問2　荘園公領制において，地方の有力者で，国衙で実務を担当した人々の名称として正しいものを，次の①～④のうちから一つ選び，記号で答えよ。［22］

① 在庁官人　② 保司　③ 領家　④ 預所

問3　院政期の税負担に関して述べた次の文甲・乙と，それに該当する語句a～dとの組合せとして正しいものを，下の①～④のうちから一つ選び，記号で答えよ。［23］

甲　荘園領主などに対して，おもに米や絹布を納めていた税。

乙　税負担について，免除の許可を与えていた中央官庁。

a　年貢　　b　夫役

c　式部省　　d　民部省

①　甲　a　乙　c　　②　甲　a　乙　d

③　甲　b　乙　c　　④　甲　b　乙　d

問4　知行国の制度について述べた文として**誤っているもの**を，次の①～④のうちから一つ選び，記号で答えよ。 24

①　知行国主には，一国の支配権とその国からの収益が与えられた。

②　知行国主は子弟や近親者を国守に任じて，現地には目代を派遣した。

③　上皇は多くの荘園を所有していたため，知行国主になれなかった。

④　源頼朝が所有していた知行国は，関東御分国とよばれた。

問5　次の史料について述べた文として正しいものを，下の①～④のうちから一つ選び，記号で答えよ。 25

一　質券売買地の事　　永仁五年(1297年)三月六日

右，地頭御家人買得の地に於いては，本条を守り，廿《二十》箇年を過ぐるは，本主取り返すに及ばず。非御家人幷《なら》びに凡下《ぼんげ》の輩《ともがら》買得の地に至りては，年紀の遠近を謂はず，本主これを取り返すべし。

(『東寺百合文書』)

①　この法令が出された時期の執権は，北条貞時である。

②　御家人が買ってから20年を過ぎた土地についても，持ち主は必ず取り返すことができる。

③　非御家人が買った土地については，何年経過していても，持ち主は

取り返すことができない。

④　この史料中にある「凡下の輩」とは，金銭の貸借なども取り扱っていた馬借のことである。

問6　鎌倉時代における女性の活躍について述べた次の文X・Yの正誤の組合せとして正しいものを，下の①～④のうちから一つ選び，記号で答えよ。 26

X　連雀を背負って行商する大原女が，全国で活躍した。
Y　分割相続の際に，女性にも相続する権利が与えられた。

①　X　正　Y　正　　②　X　正　Y　誤
③　X　誤　Y　正　　④　X　誤　Y　誤

問7　室町時代の税負担について述べた文として正しいものを，次の①～④のうちから一つ選び，記号で答えよ。 27

①　幕府の直轄地である天領からの年貢収入が幕府の財政基盤であった。
②　高利貸を営む両替商へは，土倉役や酒屋役が課せられた。
③　徳政令発布の際に幕府に入る収入が，抽分銭であった。
④　内裏の造営などの際に，守護を通じて全国的に段銭が賦課された。

問8　座に関して述べた次の文甲・乙と，それに該当する語句a～dとの組合せとして正しいものを，下の①～④のうちから一つ選び，記号で答えよ。 28

甲　京都で綿（真綿）を独占的に扱ったこの座の神人は，御霊会で知られるこの神社を本所とした。
乙　この税は，座に所属する人々は免除されることがあった。

a　祇園社　　b　春日神社

c　棟別銭　　d　関銭

①　甲　a　乙　c　　②　甲　a　乙　d

③　甲　b　乙　c　　④　甲　b　乙　d

問9　貨幣や遠隔地取引について述べた次の文X・Yの正誤の組合せとして正しいものを，下の①～④のうちから一つ選び，記号で答えよ。
29

X　幕府は撰銭令を出して，幕府が発行した銭貨以外の使用を禁じた。

Y　遠隔地取引において，為替手形の一種である割符が用いられた。

①　X　正　Y　正　　②　X　正　Y　誤

③　X　誤　Y　正　　④　X　誤　Y　誤

問10　戦国大名の経済政策について述べた文として**誤っているもの**を，次の①～④のうちから一つ選び，記号で答えよ。30

①　座による営業独占を保障するため，楽市を設けた戦国大名もいた。

②　鉱山の開発や治水事業などを行った戦国大名もいた。

③　武士や寺社，村に田畑の明細を報告させる指出検地を行った戦国大名もいた。

④　年貢量を銭に換算して，税負担の基準とした戦国大名もいた。

［4］ 近世の外交や政治について述べた次の文章Ａ～Ｃを読み，下の問い（問１～10）に答えよ。　（配点　20）

Ａ　近世に入り，南蛮人が日本へ来航するようになると，長崎は貿易とキリスト教の布教によって栄えた。特に領主であった［A］はキリシタンとなり，イエズス会へ長崎の一部を寄進するなどキリスト教との結びつきを強めていた。こうした中，ⓐ九州平定の最中に長崎の現状を知った豊臣秀吉は，長崎に対する統制を強め，キリスト教に対する態度も一時硬化させた。

　江戸時代になると，幕府は貿易奨励もありキリスト教を黙認していたが，しだいに禁教と貿易への統制を強め，ⓑ長崎をオランダ船が唯一入港できる都市とした。また，中国人については長崎の町での雑居を認めていたが，長崎郊外に［B］が設けられ，そこへの集住が指示された。ⓒ以後も何度かオランダ・中国以外の船が長崎に来航したが，入港が正式に認められたのは幕末の開国以後のことであった。

問１　空欄［A］［B］に入る語句の組合せとして正しいものを，次の①～④のうちから一つ選び，記号で答えよ。［31］

①　A　大友義鎮　　B　唐人屋敷
②　A　大友義鎮　　B　倭館
③　A　大村純忠　　B　唐人屋敷
④　A　大村純忠　　B　倭館

問２　下線部ⓐに関連して，秀吉が長崎に関して行ったことについて述べた次の文Ｘ・Ｙの正誤の組合せとして正しいものを，下の①～④のうちから一つ選び，記号で答えよ。［32］

X　秀吉はサン=フェリペ号事件を機に，26 人の宣教師や信者を長崎で処刑した。

Y　秀吉はバテレン追放令を出して，一般女性を含むすべてのキリスト教徒を国外へ追放した。

① X 正 Y 正　② X 正 Y 誤
③ X 誤 Y 正　④ X 誤 Y 誤

問3　下線部ⓑに関連して，オランダ船に関して述べた次の文甲・乙と，それに該当する語句a～dとの組合せとして正しいものを，下の①～④のうちから一つ選び，記号で答えよ。 33

甲　この商品には，オランダ船が日本へもたらしたものも含まれていた。
乙　この法令により，入港できるオランダ船の隻数が制限された。

a　俵物　　b　生糸
c　寛永十六年禁令　　d　海舶互市新例

① 甲 a 乙 c　② 甲 a 乙 d
③ 甲 b 乙 c　④ 甲 b 乙 d

問4　下線部ⓒに関連して，長崎に来航した外国船について述べた次の文Ⅰ～Ⅲを，古いものから年代順に正しく配列したものを，下の①～⑥のうちから一つ選び，記号で答えよ。 34

Ⅰ　イギリスのフェートン号が，長崎湾内に侵入した。
Ⅱ　ロシアのプチャーチンが，長崎に来航して開国を要求した。
Ⅲ　ロシアのレザノフが，長崎に来航して通商を要求した。

① Ⅰ―Ⅱ―Ⅲ　② Ⅰ―Ⅲ―Ⅱ　③ Ⅱ―Ⅰ―Ⅲ
④ Ⅱ―Ⅲ―Ⅰ　⑤ Ⅲ―Ⅰ―Ⅱ　⑥ Ⅲ―Ⅱ―Ⅰ

B　ⓓ豊臣秀吉による朝鮮侵略により日朝間は緊張したが，江戸時代になると朝鮮との国交が回復し，その後は将軍就任の祝賀などのために朝鮮から江戸へ使節が派遣された。しかしⓔ18世紀初めに使節が派遣された際には，その使節への対応に変化がみられた。

同じように江戸へ使節を送っていた国として琉球王国があった。しかし，ⓕ琉球王国と朝鮮では国家としておかれている立場が異なっており，江戸への使節派遣も朝鮮の場合とは内容が少し異なっていた。

問5　下線部ⓓに関連して，秀吉による朝鮮侵略に関して述べた次の文a～dについて，正しいものの組合せを，下の①～④のうちから一つ選び，記号で答えよ。［35］

a　文禄の役では，李成桂率いる朝鮮水軍に苦戦した。
b　慶長の役では，秀吉の死を契機に日本軍は撤兵した。
c　朝鮮侵略の際に，木製の活字による活字印刷術が伝えられた。
d　朝鮮侵略の際に，油絵や銅版画の技法が伝えられた。

①　a・c　　②　a・d　　③　b・c　　④　b・d

問6　下線部ⓔに関連して，朝鮮からの使節への対応の変化に関して述べた次の文甲・乙と，それに該当する語句a～dとの組合せとして正しいものを，下の①～④のうちから一つ選び，記号で答えよ。［36］

甲　この将軍の就任に際して来日していた使節への対応が変化した。
乙　日本宛の国書に記されてきた文言を，この表現に改めさせた。

a　徳川家宣　　b　徳川家綱
c　日本国王　　d　日本国大君殿下

①　甲　a　乙　c　　②　甲　a　乙　d
③　甲　b　乙　c　　④　甲　b　乙　d

問7　下線部ⓕに関連して，琉球王国と朝鮮との立場の違いについて述べた次の文X・Yの正誤の組合せとして正しいものを，下の①～④のうちから一つ選び，記号で答えよ。 37

X　琉球王国は朝鮮とは異なり，薩摩藩の支配下に入った。

Y　琉球王国は朝鮮とは異なり，国王就任の際にも江戸幕府へ使節を派遣した。

① X 正 Y 正　② X 正 Y 誤
③ X 誤 Y 正　④ X 誤 Y 誤

C　江戸時代における「四つの窓口」を通して交流のあった地域のうち，ⓖ他の地域と大きく異なっていたのが，松前藩が支配していた蝦夷地であった。江戸時代になっても蝦夷地については把握できていない地域が残っており，ⓗ江戸中期以降，何度も調査が行われた。

一方，ロシアの進出により蝦夷地は外交上極めて重要な場所となり，ⓘ松前藩による蝦夷地支配は幕府によってたびたび変更が加えられた。明治時代になると蝦夷地は北海道と改称され，新たな行政区に組み込まれた。

問8　下線部ⓖに関連して，江戸時代初期における松前藩の蝦夷地支配について述べた次の文X・Yの正誤の組合せとして正しいものを，下の①～④のうちから一つ選び，記号で答えよ。 38

X　松前藩は，アイヌとの交易権を知行として家臣に与えた。

Y　松前藩の支配に対してコシャマインに率いられたアイヌが蜂起したが，敗北した。

① X 正 Y 正　② X 正 Y 誤
③ X 誤 Y 正　④ X 誤 Y 誤

問9　下線部ⓗに関して，間宮林蔵が島であることを確認した場所として正しいものを，次の①～④のうちから一つ選び，記号で答えよ。 39

①　得撫島　②　択捉島　③　国後島　④　樺太

問10　下線部ⓘに関連して，松前藩や幕府による蝦夷地支配の変遷について述べた次の文Ⅰ～Ⅲを，古いものから年代順に正しく配列したものを，下の①～⑥のうちから一つ選び，記号で答えよ。 40

Ⅰ　幕府の直轄地であった蝦夷地が，松前藩へ還付された。
Ⅱ　蝦夷地すべてが幕府の直轄となり，松前奉行がおかれた。
Ⅲ　東蝦夷地を幕府の直轄とし，居住のアイヌを和人とした。

①　Ⅰ―Ⅱ―Ⅲ　②　Ⅰ―Ⅲ―Ⅱ　③　Ⅱ―Ⅰ―Ⅲ
④　Ⅱ―Ⅲ―Ⅰ　⑤　Ⅲ―Ⅰ―Ⅱ　⑥　Ⅲ―Ⅱ―Ⅰ

5　近現代に活躍した人物の年表A～Cをみて，下の問い（問1～10）に答えよ。（史料は，一部省略したり，書き改めたりしたところもある。）
（配点　22）

A　これは，山県有朋の生涯を年表に示したものである。

年	出来事
1838	長州藩で生まれる
1858	松下村塾に入塾する
1871	ⓐ兵部大輔に昇進し，兵部省のトップに就く
1885	第1次伊藤博文内閣においてⓑ内務大臣に就任する
1890	第1回帝国議会でⓒ首相演説を行う
1898	ⓓ2度目の内閣総理大臣に就任する
1909	枢密院議長に就任する（亡くなるまで在任）
1922	死去

問1　下線部ⓐに関連して，このころに山県有朋が行った軍制改革について述べた次の文X・Yの正誤の組合せとして正しいものを，下の①～④のうちから一つ選び，記号で答えよ。 41

X　各地に鎮台を設置して，反乱や一揆に備えた。

Y　兵部省を，陸軍省と海軍省に分離した。

① X 正 Y 正　　② X 正 Y 誤

③ X 誤 Y 正　　④ X 誤 Y 誤

問2　下線部ⓑに関連して，山県有朋が内務大臣として制定に関わった市制･町村制や府県制・郡制に関して述べた次の文甲・乙と，それに該当する語句a～dとの組合せとして正しいものを，下の①～④のうちから一つ選び，記号で答えよ。 42

甲　この時の地方制度改革は，この国の制度を参考にした。

乙　この役職にある人物によって，市長は任命された。

a　アメリカ　　b　ドイツ

c　内務大臣　　d　府知事

① 甲 a 乙 c　　② 甲 a 乙 d

③ 甲 b 乙 c　　④ 甲 b 乙 d

問3　下線部ⓒに関連して，次の史料に関して述べた下の文a～dについて，正しいものの組合せを，下の①～④のうちから一つ選び，記号で答えよ。 43

> 国家独立自衛ノ道ニ二途アリ。第一ニ主権線ヲ守禦《しゅぎょ》スルコト，第二ニハ利益線ヲ保護スルコトデアル。其ノ主権線トハ国ノ疆域《きょういき》ヲ謂ヒ，利益線トハ其ノ主権線ノ安危ニ，密着ノ関係アル区域ヲ申シタノデアル。

a　ここでいう主権線とは，日本の国境のことを示していた。

b　ここでいう主権線の中には，台湾が含まれていた。

c　ここでいう利益線とは，日本の貿易相手国を示していた。

d　ここでいう利益線は，朝鮮半島のことを想定していた。

①　a・c　　②　a・d　　③　b・c　　④　b・d

問4　下線部ⓓに関連して，第２次山県有朋内閣が行った政策について述べた文として正しいものを，次の①～④のうちから一つ選び，記号で答えよ。［44］

①　治安警察法の改正により，女性の政治集会への参加を認めた。

②　衆議院議員総選挙の選挙権の納税資格を，直接国税３円以上に引き下げた。

③　反対一揆が起こったため，地租の税率を３％から 2.5％に引き下げた。

④　文官任用令を改正するとともに，軍部大臣現役武官制を定めた。

B　これは，西園寺公望の生涯を年表に示したものである。

年	出来事
1849	京都で生まれる
1871	フランスに留学する
1906	ⓔ第１次西園寺公望内閣を組織する
1913	桂内閣が退陣すると，西園寺公望の推薦により［ A ］が首相に選任される
1916	山県有朋の奏上もあり，正式に元老となる
1919	［ B ］に首席全権として参加する
1924	松方正義の死去により，ⓕただ一人の元老となる
1940	死去

問５　空欄［ A ］［ B ］に入る語句の組合せとして正しいものを，次の①～④のうちから一つ選び，記号で答えよ。［45］

①　A　山本権兵衛　　B　ワシントン会議
②　A　山本権兵衛　　B　パリ講和会議
③　A　寺内正毅　　B　ワシントン会議
④　A　寺内正毅　　B　パリ講和会議

問６　下線部ⓔに関連して，第１次西園寺公望内閣の時の政策や出来事に関して述べた次の文a～dについて，正しいものの組合せを，下の①～④のうちから一つ選び，記号で答えよ。［46］

a　日米新通商航海条約に調印して，関税自主権を回復した。
b　鉄道国有法を制定して，民営鉄道を買収した。
c　鉄道や鉱山などの経営を行う，南満州鉄道株式会社が設立された。
d　帝国在郷軍人会を設立して，町村ごとの在郷軍人会を分会とした。

①　a・c　　②　a・d　　③　b・c　　④　b・d

問7 下線部ⓕに関連して，元老の最大の任務は後継首相を推薦することであったが，ただ一人の元老となった後の西園寺公望の動向について述べた次の文X・Yの正誤の組合せとして正しいものを，下の①～④のうちから一つ選び，記号で答えよ。 47

X 第二次護憲運動のなかで行われた総選挙の結果を受けて，立憲政友会の高橋是清を首相に推薦した。

Y 二・二六事件の後，穏健派の海軍軍人であった斎藤実を首相に推薦した。

① X 正 Y 正 ② X 正 Y 誤
③ X 誤 Y 正 ④ X 誤 Y 誤

C これは，石橋湛山の生涯を年表に示したものである。

年	出来事
1884	東京で生まれる
1911	東洋経済新報社に入社する
1929	ⓖ金輸出解禁に関して，蔵相井上準之助と論争する
1947	ⓗ日本国憲法施行直前に行われた衆議院議員総選挙で当選するが，公職追放を受ける
1956～57	内閣総理大臣に就任したが病気によって辞任する。在任期間は65日で，当時としてはⓘ東久邇宮稔彦内閣・第3次桂太郎内閣に並ぶ短さであった
1973	死去

問8 下線部ⓖに関連して，石橋湛山の主張と，蔵相井上準之助の主張について述べた文として正しいものを，次の①～④のうちから一つ選び，記号で答えよ。 48

① 石橋湛山は旧平価による実質的な円の切上げを主張し，蔵相井上準

之助は実質的に円安となる新平価での金解禁を主張した。

② 石橋湛山は為替相場の実勢に合わせた新平価での金解禁を主張し，蔵相井上準之助は実質的に円の切上げとなる旧平価での金解禁を主張した。

③ 石橋湛山は旧平価による実質的な円の切下げを主張し，蔵相井上準之助は実質的に円高となる新平価での金解禁を主張した。

④ 石橋湛山は実質的に円高となる新平価での金解禁を主張し，蔵相井上準之助は旧平価による実質的な円の切下げを主張した。

問9　下線部ⓗに関連して，この総選挙に関して述べた次の文a～dについて，正しいものの組合せを，下の①～④のうちから一つ選び，記号で答えよ。 49

a　この総選挙が行われたのは，吉田茂内閣の時であった。

b　この総選挙が行われたのは，幣原喜重郎内閣の時であった。

c　この総選挙では，選挙権を与えられた女性も投票した。

d　この総選挙では女性に選挙権がなく，女性は投票できなかった。

① a・c　② a・d　③ b・c　④ b・d

問10　下線部ⓘに関連して，東久邇宮稔彦内閣・第3次桂太郎内閣について述べた次の文X・Yの正誤の組合せとして正しいものを，下の①～④のうちから一つ選び，記号で答えよ。 50

X　東久邇宮稔彦内閣はポツダム宣言受諾直後に成立し，この内閣の時に降伏文書への調印が行われた。

Y　第3次桂太郎内閣は，第二次護憲運動によって退陣した。

① X 正　Y 正　② X 正　Y 誤
③ X 誤　Y 正　④ X 誤　Y 誤

世界史

（60分）

[1] 歴史上の軍事や軍制に関する次の問い（問1～10）に答えよ。（配点　20）

問1　戦車や騎兵隊などを使用して前7世紀前半に全オリエントを征服した国家として正しいものを，次の①～④のうちから一つ選べ。[1]

① アケメネス（アカイメネス）朝
② アッシリア王国
③ バビロン第1王朝
④ ミタンニ王国

問2　ギリシアのポリスにおいて重装歩兵部隊が組んだ密集隊形の呼称として正しいものを，次の①～④のうちから一つ選べ。[2]

① アゴラ　　② オストラコン
③ デーモス　　④ ファランクス

問3　騎馬遊牧民は，その機動力などを生かして強力な軍団を形成することがあった。騎馬遊牧民のうち，拓跋氏が出て北魏を建国した遊牧民として正しいものを，次の①～④のうちから一つ選べ。[3]

① ウイグル（回紇）　② 鮮卑　③ 突厥　④ 柔然

問4　百年戦争において，長弓兵を用いたイギリスがフランスの騎士軍を破った戦いとして正しいものを，次の①～④のうちから一つ選べ。[4]

① クレシーの戦い　　② トゥール・ポワティエ間の戦い
③ ヘースティングズの戦い　　④ ワールシュタットの戦い

問5　明朝や清朝の軍制について述べた次の文aとbの正誤の組合せとして正しいものを，下の①～④のうちから一つ選べ。[5]

a　明朝は，軍戸を基礎に置く衛所制を定めた。
b　清朝は，満州人によって組織された緑営を置いた。

①　a－正　　b－正　　②　a－正　　b－誤
③　a－誤　　b－正　　④　a－誤　　b－誤

問6　オスマン帝国のスルタンの軍隊について，騎士軍団に与えられた徴税権の呼称と，キリスト教徒の子弟を組織した歩兵軍団の呼称の組合せとして正しいものを，次の①～④のうちから一つ選べ。 6

①　ティマール　－　イェニチェリ
②　ティマール　－　ミッレト
③　ワクフ　　　－　イェニチェリ
④　ワクフ　　　－　ミッレト

問7　常備軍を大幅に増強したフランス国王ルイ 14 世についての記述として正しいものを，次の①～④のうちから一つ選べ。 7

①　ボシュエに重商主義政策を実行させた。
②　バロック様式のヴェルサイユ宮殿を建造した。
③　孫がカルロス１世としてスペイン王位についた。
④　七年戦争などの侵略戦争を起こした。

問8　ヨーロッパの商人が持ち込んだ武器と交換に奴隷を輸出した西アフリカの黒人国家として正しいものを，次の①～④のうちから一つ選べ。 8

①　アクスム王国　　　②　クシュ王国
③　ダホメ王国　　　④　バンテン王国

問9　第一次世界大戦において西部戦線は膠着《こうちゃく》状態となり，新兵器の戦車などが投入された。西部戦線の戦地として**誤っているもの**を，次の①～④のうちから一つ選べ。 9

①　ヴェルダン　　②　ソンム　　③　タンネンベルク　　④　マルヌ

問10　核軍縮をめぐる動きについて述べた次の文章中の空欄 ア ・ イ にあてはまる語句の組合せとして正しいものを，下の①～④のうちから一つ選べ。
10

1968年，国連において［ア］が調印された。同条約は1995年に無期限延長され，翌年には包括的核実験禁止条約（ＣＴＢＴ）が締結された。しかし，こうした取り組みにもかかわらず核保有国は増加し続けており，こうした状況を背景に，2009年，アメリカ合衆国の［イ］は，チェコのプラハでの演説において核兵器の廃絶を訴えた。

①　ア　核拡散防止条約（ＮＰＴ）　　イ　オバマ
②　ア　核拡散防止条約（ＮＰＴ）　　イ　クリントン
③　ア　中距離核戦力（ＩＮＦ）全廃条約　　イ　オバマ
④　ア　中距離核戦力（ＩＮＦ）全廃条約　　イ　クリントン

［2］　古代中国の思想について述べた次の文章Ａ～Ｃを読み，下の問い（**問１～10**）に答えよ。（配点　20）

Ａ　分裂の時代であった(1)春秋・戦国時代だが，一方で(2)異なる文化を持っていた長江流域の国々が華北の漢字文化を受け入れて「中華」の意識を共有するなど，「中華」という一体感が生まれた時代でもあった。しかし同時に，風俗や言語の異なる周辺地域の人々のことは「夷狄」と呼び，文明の劣ったものとして区別する意識も形成されるようになった。

問１　下線部(1)について述べた次の文ａとｂの正誤の組合せとして正しいものを，下の①～④のうちから一つ選べ。［11］

ａ　春秋時代には，鉄製農具が使用されるようになった。
ｂ　戦国時代には，有力な諸侯は覇者と呼ばれるようになった。

①　ａ－正　ｂ－正　　②　ａ－正　ｂ－誤
③　ａ－誤　ｂ－正　　④　ａ－誤　ｂ－誤

問２　下線部(2)について，春秋・戦国時代に長江流域を支配した国として正しいものを，次の①～④のうちから一つ選べ。［12］

①　楚　　②　燕　　③　趙　　④　魏

Ｂ　春秋・戦国時代には，政治や社会のあり方をめぐって多様な思想が生まれた。後世に最も大きな影響を与えたのは，孔子を祖とする儒家の思想である。家族道徳を基本にして礼による社会秩序の実現を説いた孔子の言行は,『 ア 』としてまとめられた。一方，家族道徳より君主の権力を社会秩序の根幹とすべきと説いたのは法家であり，その思想は(3)秦によって採用された。また，家族といった血縁にとらわれず，無差別の愛を説いたのは イ である。その他，(4)道家や農家などによって，様々な分野で思想や学問の基礎が築かれた。

問3　文章中の空欄 ア ・ イ にあてはまる語句の組合せとして正しいものを，次の①～④のうちから一つ選べ。 13

①　ア　文選　　イ　縦横家　　②　ア　文選　　イ　墨家
③　ア　論語　　イ　縦横家　　④　ア　論語　　イ　墨家

問4　下線部(3)について，秦王政が登用した法家の学者と，その言論統制策の組合せとして正しいものを，次の①～④のうちから一つ選べ。 14

①　商鞅　－　党錮の禁　　②　商鞅　－　焚書・坑儒
③　李斯　－　党錮の禁　　④　李斯　－　焚書・坑儒

問5　下線部(4)について述べた次の文aとbの正誤の組合せとして正しいものを，下の①～④のうちから一つ選べ。 15

a　道家は，人為的なものを排除するべきと説いた。
b　道家の思想家として，老子や荘子などがいる。

①　a－正　b－正　　②　a－正　b－誤
③　a－誤　b－正　　④　a－誤　b－誤

C　周王は,宇宙の支配者である天の命を受けた天子が地上世界を統治するとして，(5)殷を倒して政権を奪った自らの行いを正当化した。戦国時代になると，天子の実効支配が及んだ地域を「天下」とする概念が生まれた。秦の(6)始皇帝が皇帝という称号を採用したのちは，一人しかいない皇帝が「天下」すべてを支配するというのが建前となった。そのため，(7)漢王朝は，自らの支配の及ばない地域の首長に世襲的統治を認める際，これを名目的に臣下として任命した。このような方法は ウ と呼ばれ，周辺諸国の中には皇帝に従っていることを意味する(8)印が授与された国もあった。

問6　下線部(5)について述べた次の文aとbの正誤の組合せとして正しいものを，下の①～④のうちから一つ選べ。 16

a　青銅器は主に農具として用いられた。
b　商を中心に成立した邑の連合組織であった。

①　a－正　b－正　　②　a－正　b－誤
③　a－誤　b－正　　④　a－誤　b－誤

問7　下線部(6)に関連して，始皇帝が修築した万里の長城は，北方で強大化した匈奴の侵入に対抗するものであった。匈奴について述べた文として正しいものを，次の①～④のうちから一つ選べ。 17

①　南ロシアの草原地帯に国家を形成した。
②　完顔阿骨打の時代に全盛期を迎えた。
③　前2世紀には東西交易の利を得て繁栄した。
④　アケメネス（アカイメネス）朝の遠征軍を撃退した。

問8　下線部(7)について述べた次の文a～cが，年代の古いものから順に配列されているものを，下の①～⑥のうちから一つ選べ。 18

a　張騫が西域に派遣された。
b　呉楚七国の乱が起こった。
c　党錮の禁が起こった。

①　a → b → c　　②　a → c → b
③　b → a → c　　④　b → c → a
⑤　c → a → b　　⑥　c → b → a

問9　文章中の空欄 ウ にあてはまる語句として正しいものを，次の①～④のうちから一つ選べ。 19

①　朝貢　　②　禅譲　　③　統監　　④　冊封

問10　下線部(8)について，倭の奴国に金印を与えた皇帝として正しいものを，次の①～④のうちから一つ選べ。 20

①　高祖　　②　武帝　　③　文帝　　④　光武帝

3　ローマ教皇と神聖ローマ皇帝の関係について述べた次の文章A～Cを読み，下の問い（**問1～10**）に答えよ。（配点　20）

A　東フランク王国の(1)オットー1世は，レヒフェルトの戦いで［ア］を撃退し，962年に教皇によりローマ皇帝として戴冠された。これが神聖ローマ帝国の起源であり，以後，ドイツ王が戴冠することとなった。一方，10世紀以降，クリュニー修道院では，ベネディクト戒律の遵守を求める精神的な改革運動が起こり，その後(2)カトリック世界全体に及ぶ教会改革運動へと発展した。

問1　下線部(1)に関連して，オットー1世が即位した10世紀のフランスとイギリスの状況を述べた次の文aとbの正誤の組合せとして正しいものを，下の①～④のうちから一つ選べ。［21］

a　フランスでは，ユーグ=カペーがカペー朝を開いた。
b　イギリスでは，神学者のアルクインが活躍した。

①　a－正　　b－正　　②　a－正　　b－誤
③　a－誤　　b－正　　④　a－誤　　b－誤

問2　文中の空欄［ア］にあてはまる語句として正しいものを，次の①～④から一つ選べ。［22］

①　ケルト人　　②　ザクセン人
③　アヴァール人　　④　マジャール人

問3　下線部(2)に関連して，東ヨーロッパに広がったスラヴ人のうち，カトリックを受容した民族として**誤っているもの**を，次の①～④から一つ選べ。［23］

①　ポーランド人　　②　セルビア人
③　チェック人　　④　クロアティア人

B　11世紀後半，クリュニー改革の影響を受けた教皇［イ］は，聖職者の妻帯や聖職売買を禁止するなどの改革を行った。さらに世俗権力による聖職者の叙任が腐敗の原因であるとしてこれを禁止したため，神聖ローマ皇帝ハインリヒ4世の反発を招いた。叙任権をめぐるこの対立は，1077年皇帝が［ウ］に滞在していた教皇のもとに出向いて謝罪し，その後，1122年のヴォルムス協約で教皇と皇帝の間に妥協が成立した。教皇権は(3)インノケンティウス3世の時代に絶頂期を迎え，インノケンティウスは(4)イギリスやフランス，ドイツの国内問題にも積極的に介入した。

問4　文章中の空欄［イ］・［ウ］にあてはまる語句の組合せとして正しいものを，次の①～④のうちから一つ選べ。［24］

① イ　ボニファティウス8世　　ウ　モンテ=カシノ
② イ　ボニファティウス8世　　ウ　カノッサ
③ イ　グレゴリウス7世　　ウ　モンテ=カシノ
④ イ　グレゴリウス7世　　ウ　カノッサ

問5　下線部(3)について述べた次の文aとbの正誤の組合せとして正しいものを，下の①～④のうちから一つ選べ。［25］

a　ルブルックをモンゴルへ派遣した。
b　在任中に第4回十字軍がおこされた。

① a－正　b－正　② a－正　b－誤
③ a－誤　b－正　④ a－誤　b－誤

問6　下線部(4)について，12～13世紀のイギリスについて述べた次の文a～cが，年代の古いものから順に配列されているものを，下の①～⑥のうちから一つ選べ。［26］

a　模範議会が開かれた。
b　大憲章（マグナ=カルタ）が制定された。
c　ヘンリ2世が即位した。

① a → b → c　② a → c → b
③ b → a → c　④ b → c → a
⑤ c → a → b　⑥ c → b → a

C　神聖ローマ帝国では大諸侯の力が強く，また歴代の皇帝は(5)イタリア政策を重視して(6)ドイツにいないことも多かったため，(7)皇帝権は弱体のままであった。一方，中世末期に王権を強化したフランス王(8)フィリップ4世は，アナーニ事件を引き起こし，その後，教皇庁をアヴィニョンに移転した。

問7　下線部(5)に関連して，イタリア諸都市でも教皇支持派と皇帝支持派に分かれて争った。イタリアの自治都市の呼称と教皇支持派の呼称の組合せとして正しいものを，次の①～④のうちから一つ選べ。 27

① コムーネ　－　ギベリン　　② コムーネ　－　ゲルフ
③ ツンフト　－　ギベリン　　④ ツンフト　－　ゲルフ

問8　下線部(6)について，中世のドイツを代表する騎士道文学として正しいものを，次の①～④のうちから一つ選べ。 28

① 『ニーベルンゲンの歌』　　② 『ローランの歌』
③ 『アーサー王物語』　　④ 『カンタベリ物語』

問9　下線部(7)について述べた次の文aとbの正誤の組合せとして正しいものを，下の①～④のうちから一つ選べ。 29

a　シュタウフェン朝の断絶後，「大空位時代」が生じた。
b　「金印勅書」に基づき，七選帝侯が交替で皇帝となった。

① a－正　b－正　　② a－正　b－誤
③ a－誤　b－正　　④ a－誤　b－誤

問10　下線部(8)についての記述として正しいものを，次の①～④のうちから一つ選べ。 30

① 南フランスのカタリ派（アルビジョワ派）を征服した。
② イギリスと戦い，フランス国内のイギリス領の大半を奪った。
③ 身分制議会である三部会を初めて開いた。
④ 第7回十字軍を主導して名声を高めた。

4　ムガル帝国建国以降の南アジア世界の歴史について述べた次の文章Ａ～Ｃを読み，下の問い（問１～10）に答えよ。（配点　20）

A　ムガル帝国は，ティムールの子孫バーブルが，デリー=スルタン朝最後のロディー朝をパーニーパットの戦いで破り，デリーに建国した。帝国は第３代皇帝(1)アクバルの時に諸制度が整えられ，中央集権的な体制ができていった。イスラーム勢力の進出以降，南アジアではスーフィーの活動によりイスラーム教の信者が増えただけではなく，イスラーム教とヒンドゥー教の融合を図る動きも生まれていた。(2)シク教はその例である。アクバルもこのような動きに寛容で，イスラーム教徒とヒンドゥー教徒の融合を図り，支配の基礎を固めようとした。文化の融合は宗教だけではなく，(3)美術や建築，言語の分野でも見られた。

問１　下線部(1)について述べた次の文ａとｂの正誤の組合せとして正しいものを，下の①～④のうちから一つ選べ。[31]

a　マンサブダール制と呼ばれる官僚制度を定めた。
b　非イスラーム教徒への人頭税（ジズヤ）を復活した。

①　a－正　b－正　　②　a－正　b－誤
③　a－誤　b－正　　④　a－誤　b－誤

問２　下線部(2)について，この宗教を創始した人物として正しいものを，次の①～④のうちから一つ選べ。[32]

①　アフガーニー　　②　マフムード
③　ナーナク　　④　ムハンマド=アフマド

問３　下線部(3)について述べた次の文章の空欄[ア]・[イ]にあてはまる語句の組合せとして正しいものを，下の①～④のうちから一つ選べ。[33]

言語では公用語のペルシア語がインドの地方語と融合した[ア]語が誕生した。建築物ではインド=イスラーム建築の最高傑作とされる[イ]などの建築物が建設された。

①　**ア**　スワヒリ　　**イ**　タージ=マハル
②　**ア**　スワヒリ　　**イ**　イマームのモスク
③　**ア**　ウルドゥー　　**イ**　タージ=マハル
④　**ア**　ウルドゥー　　**イ**　イマームのモスク

B　ムガル帝国は第６代皇帝のアウラングゼーブの時に，支配する領土も最大となった。彼は厳格なイスラーム教徒であったため，ヒンドゥー教寺院の破壊を命令した。このような情勢の中，各地では農民反乱が発生し，地方勢力が(4)ヒンドゥー国家を建設し，独立する動きをみせた。またシク教徒の反乱も起き，ムガル帝国の支配は弱体化していった。この時期に南アジアに進出していたイギリスとフランスは，東インド会社を通じて貿易を行っていた。イギリスとフランスは，各勢力の抗争に巻き込まれることもあり，18世紀にはヨーロッパ各国の対立も絡み，両国間の抗争は徐々に激しくなった。(5)この抗争に勝利したイギリスは，フランスの勢力を南アジアから排除し，(6)南アジアにおける各勢力の対立を利用して植民地支配をより本格化させていった。

問４　下線部(4)について，17世紀後半におこり18世紀にかけて成長したヒンドゥー国家の初期の領域を示した地図中のａまたはｂと，この国家の名称の組合せとして正しいものを，下の①～④のうちから一つ選べ。 34

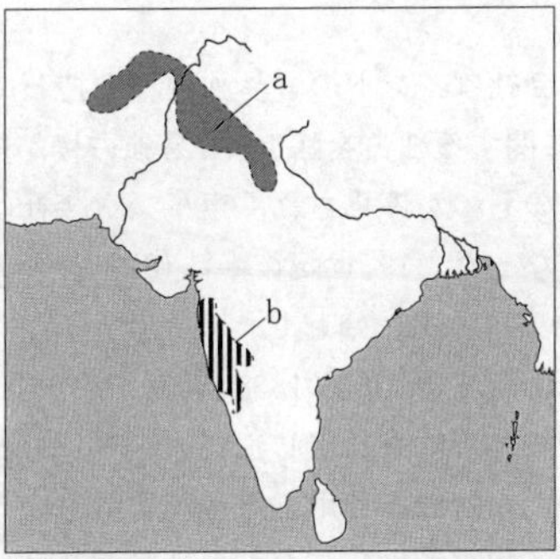

①　ａ－マラーター王国　　②　ａ－マタラム王国
③　ｂ－マラーター王国　　④　ｂ－マタラム王国

問５　下線部(5)について述べた次の文章の空欄 ウ ・ エ にあてはまる語句の組合せとして正しいものを，下の①～④のうちから一つ選べ。 35

イギリスは1757年に ウ でフランスに勝利し，東部の エ 地方の徴税権を手に入れ，実質的な支配権を手に入れた。

① ウ　アンカラ（アンゴラ）の戦い　エ　カシミール
② ウ　アンカラ（アンゴラ）の戦い　エ　ベンガル
③ ウ　プラッシーの戦い　エ　カシミール
④ ウ　プラッシーの戦い　エ　ベンガル

問6　下線部(6)について，南アジアにおけるイギリスの進出に関係する出来事について述べた次の文a～cが，年代の古いものから順に配列されているものを，下の①～⑥のうちから一つ選べ。 36

a　シク戦争を終結させ，パンジャーブ地方を併合した。
b　ウィーン会議の結果，スリランカを獲得した。
c　マイソール王国とマイソール戦争を起こした。

① a → b → c　② a → c → b
③ b → a → c　④ b → c → a
⑤ c → a → b　⑥ c → b → a

C　イギリスの東インド会社はインドの貿易独占権を持っていたが，1813年には茶の貿易と(7)中国貿易に関する独占を除き，貿易独占権が廃止された。さらに1833年になると商業活動そのものが停止され，東インド会社はインドの統治機関としての役割を担うようになった。19世紀後半に(8)インド人傭兵による反乱が発生すると，インド各地に広まった。蜂起した反乱勢力はムガル皇帝を擁立したが，イギリス軍により反乱は鎮圧された。1858年東インド会社が解散させられると，イギリスはインドの直接統治に乗り出し，1877年に(9)インド帝国が成立した。イギリスはインド人の間の対立を利用した分割統治という巧妙な政策により，インドを支配した。当初インド人エリートたちはイギリスに協力的であったが，のちに(10)インド国民会議を中心に民族運動は高まっていった。

問7　下線部(7)について，19世紀前半のイギリスの中国貿易について述べた文として正しいものを，次の①～④のうちから一つ選べ。 37

① イギリスは貿易関係改善のためラクスマンを清に派遣した。
② 清の乾隆帝は欧米船の入港を天津に限定した。
③ 清との三角貿易により中国から銀が流出するようになった。
④ アヘン密貿易を取り締まるために李鴻章が派遣された。

問8　下線部(8)について，この名称として正しいものを，次の①～④のうちから一つ選べ。 38

① キジルバシュ　② シパーヒー
③ アーヤーン　④ ザミンダール

問9　下線部(9)について述べた次の文aとbの正誤の組合せとして正しいものを，下の①～④のうちから一つ選べ。 39

a　イギリスとの戦争に敗れたビルマ（ミャンマー）は，インド帝国に併合された。
b　インド帝国成立時，インド皇帝にアン女王が即位した。

① a－正　b－正　② a－正　b－誤
③ a－誤　b－正　④ a－誤　b－誤

問10　下線部(10)について述べた文として正しいものを，次の①～④のうちから一つ選べ。 40

① インド国民会議はベンガル分割令を撤回させた。
② カルカッタ大会ではプールナ=スワラージが採択された。
③ 全インド=ムスリム連盟の指導者にはガンディーが就任した。
④ ティラクは非暴力・不服従（サティヤーグラハ）運動を展開した。

5　ロシアあるいはソ連の対外政策に関する次の年表A・Bを見て，下の問い（問1～10）に答えよ。（配点　20）

A

1798年	イギリス・オーストリアなどと第2回対仏大同盟を結成（～99）
1805年	(1)イギリス・オーストリアと第3回対仏大同盟を結成
1815年	イギリス・オーストリア・ ア と四国同盟を結成
1848年	(2)ハンガリーの民族運動を弾圧
1853年	オスマン帝国との(3)クリミア戦争を開始（～56）
1858年	清とアイグン条約を締結
1860年	(4)清と北京条約を締結
1873年	ドイツ・オーストリアと三帝同盟を結成
1875年	日本と樺太・千島交換条約を締結
1877年	ロシア=トルコ（露土）戦争を開始（～78）
1881年	清とイリ条約を締結
1887年	ドイツと再保障条約を締結
1894年	イ との同盟が正式に調印
1895年	ドイツ・ イ とともに日本に三国干渉
1900年	(5)義和団事件（～01）において，日本などとともに北京への共同出兵
1904年	日露戦争が勃発（～05）
1907年	日露協約を締結
1914年	第一次世界大戦（～18）が勃発，セルビアに軍事支援

問1　年表中の下線部(1)と同年にイギリスがフランス軍に勝利した戦いとして正しいものを，次の①～④のうちから一つ選べ。 41

①　アウステルリッツの戦い（三帝会戦）
②　トラファルガーの海戦
③　ライプツィヒの戦い（諸国民戦争）
④　ワーテルローの戦い

問2　年表中の空欄 ア ・ イ にあてはまる語句の組合せとして正しいものを，次の①～④のうちから一つ選べ。 42

①　**ア**　プロイセン　　**イ**　イタリア
②　**ア**　プロイセン　　**イ**　フランス
③　**ア**　ポーランド　　**イ**　イタリア
④　**ア**　ポーランド　　**イ**　フランス

問３　年表中の下線部(2)の運動の中心人物として正しいものを，次の①～④のうちから一つ選べ。 43

①　オコンネル　　② コシュート
③　マッツィーニ　　④ ルイ=ブラン

問４　年表中の下線部(3)についての記述として正しいものを，次の①～④のうちから一つ選べ。 44

①　開戦当時の皇帝はニコライ２世であった。
②　オスマン帝国内のカトリックの保護を開戦の理由とした。
③　クリミア半島のセヴァストーポリ要塞が激戦地となった。
④　戦後の講和条約によりロシアは黒海を支配下におさめた。

問５　年表中の下線部(4)の条約について述べた次の文章の空欄 ウ ・ エ にあてはまる語句の組合せとして正しいものを，下の①～④のうちから一つ選べ。
45

ロシアは，同年に終結した ウ の調停を担ったことへの代償として，清から エ を獲得した。

①　ウ　清仏戦争　　エ　イリ地方
②　ウ　清仏戦争　　エ　沿海州
③　ウ　アロー戦争　　エ　イリ地方
④　ウ　アロー戦争　　エ　沿海州

問６　年表中の下線部(5)に関連して，満州・朝鮮をめぐって日本と対立していたロシアは，義和団事件後も満州を占領したまま撤兵しなかった。19 世紀末から 20 世紀初頭にかけての朝鮮について述べた次の文ａとｂの正誤の組合せとして正しいものを，下の①～④のうちから一つ選べ。 46

a　日清戦争後，国号を大韓帝国と改めた。
b　安重根が，伊藤博文を暗殺した。

①　ａ－正　　ｂ－正　　②　ａ－正　　ｂ－誤
③　ａ－誤　　ｂ－正　　④　ａ－誤　　ｂ－誤

B

1918年	ソヴィエト政権がドイツとブレスト=リトフスク条約を締結
	第一次世界大戦終結
1922年	ドイツと［　オ　］を締結し，国交樹立
1934年	国際連盟に加盟
1935年	仏ソ相互援助条約を締結
1939年	第二次世界大戦が勃発，フィンランドに宣戦→国際連盟除名
1941年	日ソ中立条約を締結
	(6)独ソ戦が勃発（～45）
1943年	テヘラン会談に参加
1945年	ヤルタ協定を締結
	日本に宣戦，ポツダム宣言に参加
	第二次世界大戦終結
↕	［　カ　］
1989年	(7)ゴルバチョフがアメリカ大統領と冷戦終結を宣言

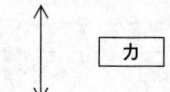

問7　年表中の空欄［　オ　］にあてはまる語句として正しいものを，次の①～④のうちから一つ選べ。［47］

①　不戦条約（ブリアン・ケロッグ条約）
②　ラテラノ（ラテラン）条約
③　ラパロ条約
④　ロカルノ条約

問8　年表中の下線部(6)を機に，ソ連が1943年に解散した組織として正しいものを，次の①～④のうちから一つ選べ。［48］

①　コミンテルン　　　②　コミンフォルム
③　コメコン　　　　　④　ワルシャワ条約機構

問9　年表中の空欄［　カ　］の期間中に起こった出来事について述べた次の文ａ～ｃが，年代の古いものから順に配列されているものを，下の①～⑥のうちから一つ選べ。［49］

a　アフガニスタンへの軍事侵攻を開始した。

b　スターリン批判を行い，西側との平和共存路線を打ち出した。

c　キューバ危機でアメリカ合衆国に譲歩した。

① a → b → c　② a → c → b

③ b → a → c　④ b → c → a

⑤ c → a → b　⑥ c → b → a

問 10　年表中の下線部(7)の人物が行った政策の組合せとして正しいものを，次の①～④のうちから一つ選べ。 50

① グラスノスチ（情報公開）・新経済政策（ネップ）

② グラスノスチ（情報公開）・「新思考外交」

③ 第2次五カ年計画・「新思考外交」

④ 第2次五カ年計画・新経済政策（ネップ）

■数学■

（60分）

解答は、解答用紙の解答欄に**マーク**しなさい。例えば、 ア と表示のある問いに対して**3**と解答する場合は、次の（例）のように ア の**解答欄**の ⊏3⊐ に**マーク**しなさい。

（例）

解答番号	解答欄
ア	⊏±⊐ ⊏−⊐ ⊏0⊐ ⊏1⊐ ⊏2⊐ ━ ⊏4⊐ ⊏5⊐ ⊏6⊐ ⊏7⊐ ⊏8⊐ ⊏9⊐

分数形で解答する場合は、既約分数（それ以上約分できない分数）で答えなさい。符号は分子につけ、分母につけてはいけません。

根号を含む形で解答する場合は、根号の中に現れる自然数が最小となる形で答えなさい。

1　次の空欄に最も適する答えを選択肢から選び，その記号を解答用紙の所定の欄にマークせよ。

(1)　$\sqrt{10}-1$の整数部分をa，小数部分をbとおくと，$a^2+3ab+b^2=$ ア である。

①　$\sqrt{10}$　　②　$1+\sqrt{10}$　　③　5
④　$2+\sqrt{10}$　　⑤　12

(2)　整式$P=x^2+7xy+10y^2+3x+6y$を因数分解すると イ である。

①　$(x+2y)(x+3y+5)$　　②　$(x+2y)(x+5y+3)$
③　$(x+2y)(x+5y+6)$　　④　$(x+5y)(x+2y+3)$
⑤　$(x+5y)(x+2y+6)$

⑶ 不等式$|3(x-2)|<2x+1$の解は ウ である。

① $-1<x<3$　② $x<1,\ 3<x$　③ $1<x<7$
④ $x<-1,\ 3<x$　⑤ $x<1,\ 7<x$

⑷ xの2次方程式$x^2-2ax+4a+5=0$が実数解をもつような定数aの値の範囲は エ である。

① $a\leqq-2,\ 10\leqq a$　② $-2<a<10$　③ $-1\leqq a\leqq5$
④ $a\leqq-1,\ 5\leqq a$　⑤ $a<-1,\ 5<a$

⑸ 2直線$y=x-1$，$y=\sqrt{3}x+2$のなす鋭角は オ である。

① 15°　② 30°　③ 45°
④ 60°　⑤ 75°

⑹ 2種類の本A，Bについて，それらを読んだかどうか，読書クラブの全員にアンケート調査をした。

Aを読んだ人は全体の$\frac{1}{2}$，Bを読んだ人は全体の$\frac{1}{3}$，

A，B両方とも読んだ人は全体の$\frac{1}{14}$，どちらも読まなかった人は10人

であった。このクラブの人数は カ 人である。

① 42　② 84　③ 126
④ 168　⑤ 210

2 a, b を定数とする。x の 2 次関数

$$f(x) = x^2 - 2(a-2)x + 2a - b + 2$$

について，$y = f(x)$ のグラフを C とする。

次の空欄にあてはまる数字または符号を，解答用紙の所定の欄にマークせよ。

(1) C の頂点を P とおく。点 P の座標は

$$\left(a - \boxed{ア},\ -a^2 + \boxed{イ}\,a - b - \boxed{ウ}\right)$$

である。

点 P の座標が（1，−1）のとき

$$a = \boxed{エ},\ b = \boxed{オ}$$

である。

(2) C と $y = -x^2 + 2ax - b$ のグラフが原点に関して対称であるとき

$$a = \boxed{カ},\ b = \boxed{キ}$$

である。

(3) 点 P が直線 $y = -x + 3$ 上にあるとき，b のとりうる値の範囲は

$$b \leqq \frac{\boxed{クケ}}{\boxed{コ}}$$

である。

3　三角形ABCにおいて $AB=2$，$AC=3$ とし，三角形ABCの面積は $\dfrac{3\sqrt{15}}{4}$ とする。

次の空欄にあてはまる数字または符号を，解答用紙の所定の欄にマークせよ。

(1)　$\sin\angle BAC$ の値は

$$\sin\angle BAC=\frac{\sqrt{\boxed{アイ}}}{\boxed{ウ}}$$

である。

(2)　$\cos\angle BAC>0$ のとき，辺BCの長さと，三角形ABCの外接円の半径 R は

$$BC=\sqrt{\boxed{エオ}},\quad R=\frac{\boxed{カ}\sqrt{\boxed{キ}}}{\boxed{ク}}$$

である。

(3)　$\cos\angle BAC<0$ のとき，辺BCの長さと，三角形ABCの内接円の半径 r は

$$BC=\boxed{ケ},\quad r=\frac{\sqrt{\boxed{コサ}}}{\boxed{シ}}$$

である。

4　1 から 16 までの整数がそれぞれ 1 つずつ書かれたカードが計 16 枚ある。これらのカードを袋に入れ，その袋から何枚かのカードを同時に取り出す。

次の空欄にあてはまる数字または符号を，解答用紙の所定の欄にマークせよ。

(1)　2 枚のカードを同時に取り出すとき，カードに書かれた数字が，

2 個とも偶数である確率は $\dfrac{\boxed{\text{ア}}}{\boxed{\text{イウ}}}$，

偶数 1 個と奇数 1 個である確率は $\dfrac{\boxed{\text{エ}}}{\boxed{\text{オカ}}}$，

連続している数字である確率は $\dfrac{\boxed{\text{キ}}}{\boxed{\text{ク}}}$

である。

(2)　3 枚のカードを同時に取り出すとき，カードに書かれた数字が，

3 個とも偶数である確率は $\dfrac{\boxed{\text{ケ}}}{\boxed{\text{コサ}}}$，

3 連続している数字である確率は $\dfrac{\boxed{\text{シ}}}{\boxed{\text{スセ}}}$，

どの 2 つの数字も連続していない確率は $\dfrac{\boxed{\text{ソタ}}}{\boxed{\text{チツ}}}$

である。

化学

（60分）

必要ならば，原子量，数値は次の値を用いなさい。

H=1.0　C=12　N=14　O=16　Na=23　S=32　Cl=35.5　Zn=65

標準状態で気体1molの占める体積=22.4 L=22400 mL

アボガドロ定数　6.0×10^{23} /mol

1 次の各問い（問1～8）に答えなさい。

問1　次の①～⑤のうち，ワインからエタノールを分離する方法として最も適当なものを一つ選びなさい。解答番号は［1］

① 再結晶　② 抽出　③ 蒸留　④ ろ過　⑤ 昇華法

問2　次の①～⑤のうち，三重結合を含むものを一つ選びなさい。解答番号は［2］

① NH_3　② N_2　③ H_2O_2　④ NH_4Cl　⑤ HF

問3　次の①～⑤のうち，分子の形が折れ線形であるものを一つ選びなさい。解答番号は［3］

① 塩素　② アンモニア　③ 四塩化炭素　④ 水　⑤ 二酸化炭素

問4　次の①～⑤のうち，最外殻電子の数が最大である原子を一つ選びなさい。解答番号は［4］

① ヘリウム　② 酸素　③ アルゴン　④ カルシウム　⑤ フッ素

問5　1個の原子が共有結合をつくるときに用いる価電子の数を原子価といい，その原子のもつ不対電子の数と等しい。次の①～⑤のうち，原子価が最大である原子を一つ選びなさい。解答番号は［5］

① 炭素　② 酸素　③ 塩素　④ 窒素　⑤ 水素

問6　次の①～⑤のうち，電子の総数が最大のイオンを一つ選びなさい。解答番号は 6

①　Ca^{2+}　②　Cl^-　③　H_3O^+　④　NH_4^+　⑤　HCO_3^-

問7　次の①～⑤の物質が１ｇずつあるとき，物質量が最も小さいものを一つ選びなさい。解答番号は 7

①　SO_2　②　NaCl　③　CH_3COOH　④　CH_3OH　⑤　HNO_3

問8　配位結合に関する記述として**誤りを含むもの**を，次の①～④の中から一つ選びなさい。解答番号は 8

①　オキソニウムイオンは，水分子に水素イオンが配位結合することでつくられる。

②　アンモニウムイオンは非共有電子対をもたない。

③　アンモニウムイオンに含まれるＮとＨの結合の性質はすべて同じである。

④　オキソニウムイオンの形は正四面体形である。

2　次の問い（A・B）に答えなさい。

A　次のa～eのイオン結合からなる物質について，下の各問い（問１～４）に答えなさい。

a　炭酸ナトリウム　b　炭酸カルシウム　c　酸化カルシウム

d　塩化アンモニウム　e　硫酸バリウム

問1　陽イオンの個数と陰イオンの個数の比が 2：1 で結合しているものを，次の①～⑤の中から一つ選びなさい。解答番号は 9

①　a　②　b　③　c　④　d　⑤　e

問2　水に溶けて酸性を示すものを，次の①～⑤の中から一つ選びなさい。解答番号は 10

①　a　②　b　③　c　④　d　⑤　e

問3　石灰石の主成分で，チョークやセメントの原料に用いられるものを，次の①～⑤の中から一つ選びなさい。解答番号は 11

①　a　②　b　③　c　④　d　⑤　e

問４　生石灰とよばれ，発熱剤や乾燥剤に用いられるものを，次の①～⑤の中から一つ選びなさい。解答番号は 12

①　**a**　　②　**b**　　③　**c**　　④　**d**　　⑤　**e**

B　次の文章を読み，下の各問い（問５～８）に答えなさい。

亜鉛に希塩酸を加えると，水素が発生する。これについて，実験１～実験３をおこなった。

〔実験１〕2.6 g の亜鉛に 1.0 mol/L の希塩酸を少しずつ加えたところ，水素が発生し，亜鉛がすべて溶けたところで加えるのをやめた。

〔実験２〕2.6 g の亜鉛に 2.0 mol/L の希塩酸を少しずつ加えたところ，水素が発生し，亜鉛がすべて溶けたところで加えるのをやめた。

〔実験３〕2.6 g の亜鉛に質量パーセント濃度が 10％の塩酸（密度 1.05 g/cm^3）を 14.6 mL 加えたところ，水素が発生した。

問５　〔実験１〕において，加えた希塩酸の体積〔mL〕として最も適当な数値を，次の①～⑤の中から一つ選びなさい。解答番号は 13

①　10　　②　20　　③　40
④　60　　⑤　80

問６　〔実験１〕において，発生した水素の標準状態における体積〔L〕として最も適当な数値を，次の①～⑤の中から一つ選びなさい。解答番号は 14

①　0.22　　②　0.45　　③　0.90
④　1.3　　⑤　1.8

問７　〔実験２〕において，加えた希塩酸の体積〔mL〕として最も適当な数値を，次の①～⑤の中から一つ選びなさい。解答番号は 15

①　10　　②　20　　③　40
④　60　　⑤　80

問８　〔実験３〕において，発生した水素の標準状態における体積〔L〕として最も適当な数値を，次の①～⑥の中から一つ選びなさい。解答番号は 16

①　0.45　　②　0.47　　③　0.90
④　0.94　　⑤　1.8　　⑥　2.2

3　次の問い（A・B）に答えなさい。

A　酸化と還元に関する次の各問い（問１～４）に答えなさい。

問１　下線部の原子の酸化数が最も大きいものを，次の①～⑤の中から一つ選びなさい。解答番号は 17

①　$K_2\underline{Cr}O_4$　　②　$\underline{Mn}O_2$　　③　$K\underline{Cl}O_3$　　④　$H_2\underline{O}_2$　　⑤　$\underline{Al}_2O_3$

問２　次の**a**～**d**の化学反応について，**同じ気体が発生する**組合せとして最も適当なものを，下の①～⑥の中から一つ選びなさい。解答番号は 18

a　マグネシウムに希硫酸を加える。　　**b**　銅に希硝酸を加える。

c　ナトリウムに水を加える。　　**d**　銅に濃硝酸を加える。

①　**a・b**　②　**a・c**　③　**a・d**　④　**b・c**　⑤　**b・d**　⑥　**c・d**

問３　酸化還元反応に関する記述として**誤りを含むもの**を，次の①～⑤の中から一つ選びなさい。解答番号は 19

①　物質が水素を失ったとき，酸化されたという。

②　酸化反応と還元反応は同時におこる。

③　アルミニウムは高温の水蒸気と反応して，気体を発生する。

④　イオン化傾向が小さい金属ほど，陽イオンになりやすい。

⑤　金は王水に溶ける。

問４　次の①～⑤のうち，下線部の物質が還元剤としてはたらいているものを一つ選びなさい。解答番号は 20

①　$\underline{Cl_2} + SO_2 + 2H_2O \longrightarrow H_2SO_4 + 2HCl$

②　$\underline{H_2O_2} + SO_2 \longrightarrow H_2SO_4$

③　$\underline{Cl_2} + 2KI \longrightarrow I_2 + 2KCl$

④　$2\underline{FeCl_3} + SnCl_2 \longrightarrow 2FeCl_2 + SnCl_4$

⑤　$2\underline{H_2S} + SO_2 \longrightarrow 3S + 2H_2O$

B　物質の状態に関する次の各問い（問５～８）に答えなさい。

問５　次の図は，物質の状態の変化を表したものである。図の**ア**～**ウ**に適する語の組合せとして最も適当なものを，下の①～⑥の中から一つ選びなさい。解答番号は 21

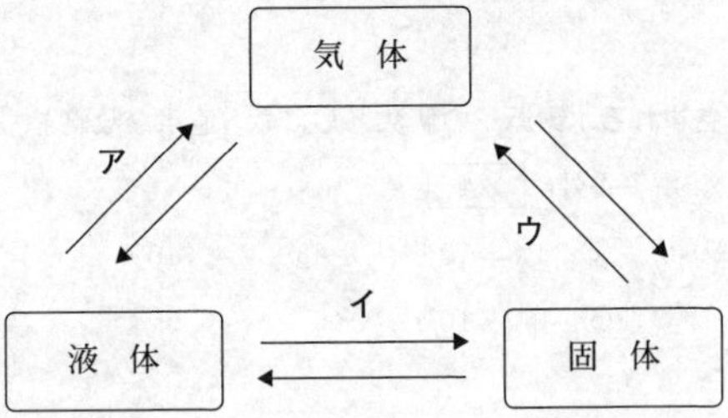

	ア	イ	ウ
①	凝縮	凝固	昇華
②	凝縮	融解	昇華
③	凝縮	融解	蒸発
④	蒸発	凝固	凝縮
⑤	蒸発	凝固	昇華
⑥	蒸発	融解	凝縮

問６　物質の状態に関する記述として**誤りを含むもの**を，次の①～④の中から一つ選びなさい。解答番号は 22

①　固体，液体，気体のすべての状態において，分子間の距離は変わらない。

②　液体の水は，沸騰が始まりすべて気体になるまでの間，温度は一定である。

③　気体分子の熱運動は，温度が高くなるほど大きくなる。

④　拡散は液体中だけでなく，気体中でもおこる。

問７　次の **a**～**d** の文章のうち，物理変化ではなく**化学変化について**述べたものの組合せを，下の①～⑥の中から一つ選びなさい。解答番号は 23

a　食塩水を加熱すると，白色の結晶が残った。

b　ケーキの箱の中に入っていたドライアイスをしばらく放置したところ，ドライアイスは小さくなっていた。

c　食塩水に硝酸銀水溶液を加えると，白色の沈殿ができた。

d　ケーキをふくらませるために，ベーキングパウダー（主成分：炭酸水素ナトリウム）を加えて加熱すると，二酸化炭素が発生した。

①　a・b　②　a・c　③　a・d
④　b・c　⑤　b・d　⑥　c・d

問8　水3.6g中に含まれる水素原子の個数として最も適当な数値を，次の①～⑤の中から一つ選びなさい。解答番号は 24

①　1.2×10^{23}　②　1.8×10^{23}　③　2.4×10^{23}
④　6.0×10^{23}　⑤　3.0×10^{24}

4　次の問い（A・B）に答えなさい。

A　実用電池に関する次の各問い（問1～4）に答えなさい。

問1　さまざまな実用電池について，負極に用いる物質として**誤りを含むもの**を，次の①～⑤の中から一つ選びなさい。解答番号は 25

	実用電池	負極に用いる物質
①	鉛蓄電池	Pb
②	リチウム電池	Li
③	空気電池	Zn
④	アルカリマンガン乾電池	Mn
⑤	酸化銀電池（銀電池）	Zn

問2　次の①～⑤のうち，二次電池であるものを一つ選びなさい。解答番号は 26

①　アルカリマンガン乾電池　②　リチウムイオン電池　③　空気電池
④　マンガン乾電池　⑤　リチウム電池

問3　次の文章中の空欄 ア ～ ウ に適する語の組合せを，次ページの①～⑥の中から一つ選びなさい。解答番号は 27

水素などの燃料を利用して電気エネルギーをとり出す電池を燃料電池という。バスなどに利用される燃料電池の負極と正極の反応は次の式で表される。

負極　$H_2 \longrightarrow 2H^+ + 2e^-$

正極　$O_2 + 4H^+ + 4e^- \longrightarrow 2H_2O$

負極では，水素が水素イオンになる［ア］反応がおこり，正極では酸素と水素イオンが反応する［イ］反応がおこる。全体の反応では，最終的に［ウ］が生成する。

	ア	イ	ウ
①	酸化	還元	水
②	放電	充電	水
③	充電	放電	水
④	還元	酸化	リン酸
⑤	充電	放電	リン酸
⑥	放電	充電	リン酸

問4　問3の燃料電池において，気体の水素が標準状態で 44.8 L 供給されて反応したとき，負極で生じる電子の物質量〔mol〕として最も適当な数値を，次の①～⑥の中から一つ選びなさい。ただし，酸素は十分に供給され，すべて電気エネルギーの生成に使われるものとする。解答番号は［28］

①　0.500　　②　1.00　　③　2.00

④　3.00　　⑤　4.00　　⑥　5.00

B　次の文章を読み，下の各問い（問5～8）に答えなさい。

〔実験〕シュウ酸二水和物$(COOH)_2 \cdot 2H_2O$ 3.15 g を水にとかし，メスフラスコに入れて 500 mL のシュウ酸水溶液をつくった。この水溶液 10.0 mL を(a)ホールピペットではかりとり，(b)コニカルビーカーに入れて(c)指示薬を加えた。(d)ビュレットに濃度不明の水酸化ナトリウム水溶液を入れて滴下すると，12.5 mL 加えたところで終点に達した。

次に，食酢（主成分：酢酸 CH_3COOH）を 10 倍に希釈した水溶液 10.0 mL をはかりとり，(e)指示薬を加えて，上記で使用した水酸化ナトリウム水溶液を用いて滴定すると，9.50 mL 加えたところで終点に達した。

問5　〔実験〕において，シュウ酸水溶液のモル濃度〔mol/L〕として最も適当な数値を，次の①～⑤の中から一つ選びなさい。解答番号は 29

①　0.0250　　②　0.0350　　③　0.0500

④　0.0700　　⑤　0.250

問6　〔実験〕において，水酸化ナトリウム水溶液のモル濃度〔mol/L〕として最も適当な数値を，次の①～⑤の中から一つ選びなさい。解答番号は 30

①　0.0100　　②　0.0200　　③　0.0400

④　0.0600　　⑤　0.0800

問7　〔実験〕において，食酢中の酸をすべて酢酸としたとき，希釈前の食酢に含まれる酢酸の質量パーセント濃度〔%〕として最も適当な数値を，次の①～⑥の中から一つ選びなさい。ただし，食酢の密度は 1.02 g/cm^3 とする。

解答番号は 31

①　2.9　　②　4.5　　③　4.7

④　29　　⑤　45　　⑥　47

問8　下線部(a)～(e)について述べた文章のうち**誤りを含むもの**を，次の①～⑤の中から一つ選びなさい。解答番号は 32

①　下線部(a)は，純水でぬれているとき，用いるシュウ酸水溶液で 2，3 回すすいでから使用する。

②　下線部(b)は，純水でぬれたまま使用してもよい。

③　下線部(c)の指示薬は，フェノールフタレインを使用する。

④　下線部(d)は，純水でぬれたまま使用してもよい。

⑤　下線部(e)の指示薬は，メチルオレンジを使用することはできない。

生物

（60 分）

1 次の各問い（問１～８）に答えなさい。

問１　光学顕微鏡の使用方法として**誤っているものを**，次の①～⑤の中から一つ選びなさい。解答番号は 1

① 反射鏡を光源とする顕微鏡は，直射日光の当たる場所では使用しない。

② プレパラートをつくるとき，生きた細胞を観察する場合はカバーガラスをかけない。

③ まず対物レンズとプレパラートを近づけておき，次に対物レンズをプレパラートから遠ざけながらピントを合わせる。

④ 観察は，まず低い倍率でおこない，必要ならば倍率を上げる。

⑤ 片づけるときには，まず対物レンズを外し，次に接眼レンズを外す。

問２　次のａ～ｅのうち，2 番目に小さいものとして最も適当なものを，下の①～⑤の中から一つ選びなさい。解答番号は 2

ａ．細胞膜の厚さ

ｂ．大腸菌の長径

ｃ．T_2ファージの長径

ｄ．ヒトの卵の直径

ｅ．ミトコンドリアの長径

① a　　② b　　③ c　　④ d　　⑤ e

問３　細胞の構造と活動に関する次のａ～ｃの記述のうち，正しいものをすべて含むものを，下の①～⑦の中から一つ選びなさい。解答番号は 3

ａ．呼吸をおこなう生物は，すべてミトコンドリアをもつ。

ｂ．光合成をおこなう生物は，すべて葉緑体をもつ。

ｃ．真核細胞の体細胞分裂では，まず核分裂が起こり，続いて細胞質分裂が起こる。

①　a　　②　b　　③　c
④　a，b　　⑤　a，c　　⑥　b，c
⑦　a，b，c

問4　ヒトの血管内で起こる現象として最も適当なものを，次の①～⑤の中から一つ選びなさい。解答番号は 4

①　形質転換　　②　減数分裂　　③　硝化
④　線溶　　⑤　脱窒

問5　ヒトの血液による二酸化炭素の運搬に関する次のa～cの記述のうち，正しいものをすべて含むものを，下の①～⑦の中から一つ選びなさい。解答番号は 5

a．血液による二酸化炭素の運搬には，赤血球が関与する。
b．二酸化炭素は，おもに白血球によって組織から肺に運ばれる。
c．血液中では，二酸化炭素の多くは炭酸水素イオンになっている。

①　a　　②　b　　③　c
④　a，b　　⑤　a，c　　⑥　b，c
⑦　a，b，c

問6　ヒトの分泌腺に関する次のa～dの記述のうち，正しいものの組合せとして最も適当なものを，下の①～⑥の中から一つ選びなさい。解答番号は 6

a．甲状腺は，消化液を分泌する外分泌腺である。
b．すい臓には，内分泌腺としてのはたらきと外分泌腺としてのはたらきがともにある。
c．十二指腸には，内分泌腺としてのはたらきがある。
d．内分泌腺には，分泌物を放出する排出管が発達している。

①　a，b　　②　a，c　　③　a，d
④　b，c　　⑤　b，d　　⑥　c，d

問7　湖沼には，水深に応じて異なる植物が生育する。湖沼は，水草などの遺骸や土砂が堆積し続けると次第に水深が浅くなり，湿地となる。また，遷移の過程で水底の状態や水中の光量が変化する。湖沼でみられる植物について，湖沼における遷移が進む順（湖沼が浅くなるにつれてみられる順）に左から並べたものとして最も適当なものを，

次の①～⑥の中から一つ選びなさい。解答番号は 7

① 抽水植物→沈水植物→浮葉植物
② 抽水植物→浮葉植物→沈水植物
③ 沈水植物→抽水植物→浮葉植物
④ 沈水植物→浮葉植物→抽水植物
⑤ 浮葉植物→抽水植物→沈水植物
⑥ 浮葉植物→沈水植物→抽水植物

問8　次のａ～ｄの動物のうち，日本において絶滅危惧種に当てはまる動物の組合せとして最も適当なものを，下の①～⑥の中から一つ選びなさい。解答番号は 8

ａ．アホウドリ
ｂ．アマミノクロウサギ
ｃ．アライグマ
ｄ．ウシガエル

① ａ，ｂ	② ａ，ｃ	③ ａ，ｄ
④ ｂ，ｃ	⑤ ｂ，ｄ	⑥ ｃ，ｄ

2 遺伝子とそのはたらきに関する次の文章Ａ，Ｂを読み，各問い（問１～７）に答えなさい。

Ａ　遺伝情報を担う物質である(a)DNAは，塩基・糖・リン酸からなるヌクレオチドが多数，規則的につながれた鎖が２本組み合わさった巨大な分子である。DNAには４種類の塩基が含まれる。さまざまな生物のDNAは共通して，アデニン（A）とチミン（T），グアニン（G）とシトシン（C）の数の割合がそれぞれ等しいことが，DNAの立体構造が明らかになる以前に［ア］によって見出されていた。これは［ア］の規則とよばれている。AとT，GとCの数の割合がそれぞれ等しくなることは，DNAを構成する２本のヌクレオチド鎖が［イ］な塩基配列をもっていることからも理解できる。

問１　下線部（ａ）に関して，次のａ～ｄの物質のうち，タラの精巣やブロッコリーの花芽を試料としてDNAを抽出する実験をおこなう場合，実験に必要な物質の組合せとして最も適当なものを，下の①～⑥の中から一つ選びなさい。解答番号は 9

a．エタノール

b．塩酸

c．過酸化水素

d．食塩

① a，b　② a，c　③ a，d

④ b，c　⑤ b，d　⑥ c，d

問2　文章中の ア に当てはまる研究者として最も適当なものを，次の①～⑥の中から一つ選びなさい。解答番号は 10

① エイブリー　② クリック　③ シャルガフ

④ スターリング　⑤ ハーシー　⑥ フランクリン

問3　文章中の イ に当てはまる語として最も適当なものを，次の①～⑥の中から一つ選びなさい。解答番号は 11

① 一次的　② 拮抗的　③ 相同的

④ 相補的　⑤ 対称的　⑥ 特異的

問4　DNAに含まれる4種類の塩基は，重さに違いがある。Aは135，Tは126，Gは151，Cは111であるとき，A・T・G・Cを同じ数ずつ含むDNAを構成している2本のヌクレオチド鎖に関する次の文章中の ウ ・ エ に当てはまる下のa～cの記述の組合せとして最も適当なものを，下の①～⑨の中から一つ選びなさい。解答番号は 12

50塩基対からなるDNAでは，DNAを構成している2本のヌクレオチド鎖の重さは ウ 。また，100塩基対からなるDNAでは，2本のヌクレオチド鎖の重さは エ 。

a．常に等しい

b．常に異なる

c．等しい場合も，異なる場合もある

	ウ	エ
①	a	a
②	a	b
③	a	c
④	b	a
⑤	b	b
⑥	b	c
⑦	c	a
⑧	c	b
⑨	c	c

B　DNAには，ヌクレオチド鎖の塩基配列というかたちで，(b)タンパク質のアミノ酸配列の情報が保持されている。DNAの塩基配列は転写されてmRNAがつくられ，(c)mRNAの塩基配列はアミノ酸配列へと翻訳される。

問5　下線部（b）に関して，タンパク質に**当てはまらないもの**として最も適当なものを，次の①～⑤の中から一つ選びなさい。解答番号は 13

①　アデノシン　②　アミラーゼ　③　フィブリン
④　クリスタリン　⑤　ケラチン

問6　下線部（c）に関して，次のa～cの記述のうち，正しいものをすべて含むものを，下の①～⑦の中から一つ選びなさい。解答番号は 14

a．RNAは，ふつう1本鎖である。
b．mRNAの塩基配列が特定のアミノ酸に対応するという原則を，セントラルドグマという。
c．ヒトのすい臓のランゲルハンス島のB細胞では，インスリンのmRNAが合成される。

①　a　②　b　③　c
④　a，b　⑤　a，c　⑥　b，c
⑦　a，b，c

問7　図1は，あるmRNAの塩基配列の一部分を示している。図1において，塩基が示された部分を翻訳してできたアミノ酸配列として最も適当なものを，下の①～⑥の中から一つ選びなさい。なお，図１の塩基配列は左から右へ翻訳され，塩基が示された左端の塩基（C）が特定のアミノ酸を指定する１番目の塩基となる。また，選択肢中の記号 V~Z は，それぞれ異なる特定のアミノ酸を示すものとする。解答番号は 15

……CGAUUCCCAUUCCGAUAC……

図１

① V−V−W−W−X−X
② V−W−V−X−W−Y
③ V−W−W−X−Y−Y
④ V−W−X−W−V−Y
⑤ V−W−X−W−Y−Z
⑥ V−W−X−Y−Z−V

3 体温の調節と生体防御のしくみに関する次の文章A，Bを読み，各問い（問１～８）に答えなさい。

A　体温はおもに体表からの放熱と，体内での熱産生のバランスによって決まる。ヒトは，(a)放熱と熱産生を調節することによって，外界の温度が変化しても体温をほぼ一定の範囲に保っている。外界の温度が低くなると， ア のはたらきによって体表の血流量を減少させ，放熱を抑制する。さらに，肝臓や筋肉での熱産生を促進することで，体温の低下を防ぐ。逆に外界の温度が高くなると，体表の血流量を増加させるとともに， イ のはたらきによって発汗が促進され，放熱を促進することで体温の上昇を抑制する。

ヒトの体温は，病原体に感染したときに平常時より高くなることがある。これは体内に侵入した病原体を感知した(b)マクロファージなどから放出された物質によって体温を調節する中枢が刺激されることで起こる。体温の上昇は，細菌やウイルスの増殖を抑制するとともに，免疫のはたらきを担う細胞の活動を促進する効果がある。

問１　図１は，ヒトの脳と脊髄の断面を模式的に示したものである。下線部（a）に関して，ヒトにおいて体温を調節する中枢が存在する部位として最も適当なものを，図１

中の①～⑦の中から一つ選びなさい。解答番号は 16

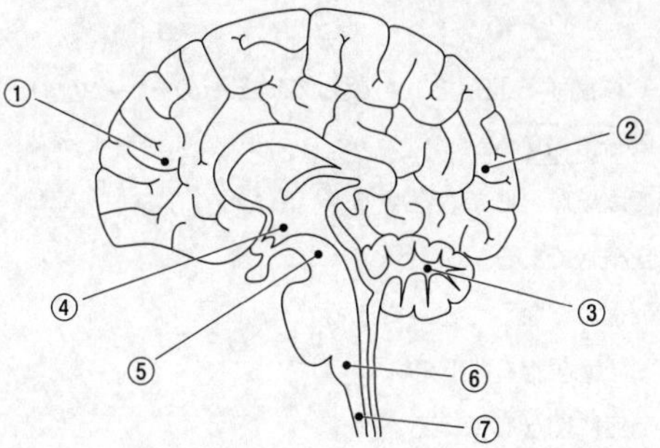

図1

問2　文章中の ア ・ イ に当てはまる語の組合せとして最も適当なものを，次の①～⑨の中から一つ選びなさい。解答番号は 17

	ア	イ
①	交感神経	交感神経
②	交感神経	副交感神経
③	交感神経	運動神経
④	副交感神経	交感神経
⑤	副交感神経	副交感神経
⑥	副交感神経	運動神経
⑦	運動神経	交感神経
⑧	運動神経	副交感神経
⑨	運動神経	運動神経

問3　ヒトの体温の調節にはホルモンも関与している。次のａ～ｄのホルモンのうち，外界の温度が低い場合に分泌が促進されるホルモンの組合せとして最も適当なものを，下の①～⑥の中から一つ選びなさい。解答番号は 18

ａ．甲状腺刺激ホルモン

ｂ．セクレチン

ｃ．糖質コルチコイド

ｄ．バソプレシン

①　a，b　②　a，c　③　a，d
④　b，c　⑤　b，d　⑥　c，d

問4　下線部（b）に関する記述として**誤っているもの**を，次の①～⑤の中から一つ選びなさい。解答番号は 19

①　血液中では単球として存在する。
②　大形の食細胞である。
③　抗原提示をおこなうことができる。
④　分裂して記憶細胞を生じる。
⑤　組織の炎症に関与している。

B　生体防御のしくみはヒトが生命を保つうえで不可欠なしくみであり，中でも(c)適応免疫（獲得免疫）は，体内に侵入する細菌やウイルスなどの病原体を排除する強力なしくみである。適応免疫の主役となるのはリンパ球とよばれる細胞で，特にからだの各所にある(d)リンパ節に多くみられる。さまざまな病気に対する医療には，適応免疫を応用した方法が多く，(e)予防接種や血清療法はその代表例である。一方，(f)適応免疫のはたらきがヒトに深刻な影響を及ぼす事例も少なくない。しかし，これらの事例も適応免疫のしくみが明らかになるとともに，有効な対策が次々に考案されるようになってきている。

問5　下線部（c）に関連して，ヒトには適応免疫のほかに自然免疫とよばれるしくみがある。自然免疫の特徴として**誤っているもの**を，次の①～④の中から一つ選びなさい。解答番号は 20

①　生まれつきヒトに備わっている。
②　病原体に対し，特異的に反応する。
③　がん細胞の除去にもはたらく。
④　好中球とよばれる細胞が関与する。

問6　下線部（d）に関して，おもにリンパ節でおこなわれる活動として最も適当なものを，次の①～④の中から一つ選びなさい。解答番号は 21

①　樹状細胞が異物を取り込み，分解する。
②　樹状細胞がヘルパーT細胞を活性化する。
③　抗体が抗原と結合して無毒化する。
④　ナチュラルキラー細胞（NK細胞）が異常な細胞を攻撃する。

問７　下線部（ｅ）に関する記述として**誤っているもの**を，次の①～⑤の中から一つ選びなさい。解答番号は 22

① 血清療法は，体液性免疫を利用したものである。

② 血清療法は，毒ヘビにかまれた場合に用いられる治療法である。

③ 血清療法はくり返しおこなうことで，予防効果が高まる。

④ BCG はワクチンの一種である。

⑤ ワクチンの接種によって，感染症の発症が抑制される。

問８　下線部（ｆ）に関して，適応免疫がはたらかなくなることで起こる現象として最も適当なものを，次の①～⑤の中から一つ選びなさい。解答番号は 23

① アナフィラキシー

② 拒絶反応

③ 自己免疫疾患

④ 二次応答

⑤ 日和見感染

4　**生物の多様性と生態系に関する次の文章Ａ，Ｂを読み，各問い（問１～７）に答えなさい。**

Ａ　日本のほとんどの場所では，長い年月の間，人為的な関わりがなければ植生の遷移が進み，森林が形成される。ただし，身近な場所では，植林によってつくられた人工的な樹林や，伐採などによって森林が破壊された跡地からの遷移がはじまるときにできる［ ア ］林がみられることが多い。自然に形成された森林は，人工的な樹林にくらべて階層構造が発達する。階層構造の発達した森林は，(a)林冠を占めている高木層，そしてその下の亜高木層・低木層・草本層・地表層という階層に，それぞれ多くの植物がみられる。高木層より下の階層には，それより上の階層を占める樹木の若木も多いが，それぞれの階層には，(b)特有な植物がみられる。

問１　文章中の［ ア ］に当てはまる語として最も適当なものを，次の①～⑥の中から一つ選びなさい。解答番号は 24

① 陰樹　② ギャップ　③ 先駆

④ 極相　⑤ 腐植　⑥ 二次

問2　下線部（a）に関して，日本において自然に形成された常緑広葉樹林において，高木層・亜高木層・低木層を占める植物の組合せとして最も適当なものを，次の①～⑥の中から一つ選びなさい。解答番号は 25

	高木層	亜高木層	低木層
①	カエデ	コナラ	ヤシャブシ
②	コナラ	カエデ	クヌギ
③	シラビソ	ダケカンバ	イタドリ
④	ダケカンバ	シラビソ	コケモモ
⑤	スダジイ	ヤブツバキ	アオキ
⑥	アオキ	ヤブツバキ	スダジイ

問3　下線部（b）に関して，陰樹の特徴に関する記述として最も適当なものを，次の①～④の中から一つ選びなさい。解答番号は 26

① 陽樹にくらべ，光補償点が高く，光飽和点も高い。
② 陽樹にくらべ，光補償点が高く，光飽和点は低い。
③ 陽樹にくらべ，光補償点が低く，光飽和点は高い。
④ 陽樹にくらべ，光補償点が低く，光飽和点も低い。

B　現在，世界的に森林が減少しているが，中でも熱帯多雨林の減少は著しい。降水量の多い熱帯地域に分布している熱帯多雨林は，陸上で最も生物が豊富で(c)種の多様性が高い場所である。(d)熱帯多雨林には高さ50mを超える巨木も存在し，また，(e)特徴的な植物も多くみられる。熱帯多雨林の減少は，そこで生活している多くの生物を絶滅の危険にさらすことになる。さらに，熱帯多雨林の大規模な破壊は，(f)地球温暖化を加速する懸念もある。

問4　下線部（c）に関して，種の多様性が高いことと矛盾する性質として最も適当なものを，次の①～⑤の中から一つ選びなさい。解答番号は 27

① 優占種が存在しない。
② キーストーン種が存在する。
③ 食物網が単純である。
④ 高次の消費者が存在する。
⑤ 生態系のバランスが保たれている。

問5　下線部（d）に関して，熱帯多雨林の特徴に関する次のa～cの記述のうち，正しいものをすべて含むものを，下の①～⑦の中から一つ選びなさい。解答番号は 28

a．総生産量（一定面積内の生産者が一定期間内に光合成によって生産する有機物の総量）は，林冠に入る光エネルギーの量にほぼ等しい。

b．階層構造は発達せず，2層しかない場合が多い。

c．落葉や落枝は速やかに分解されるため，土壌中の有機物の量は少ない。

① a　② b　③ c
④ a，b　⑤ a，c　⑥ b，c
⑦ a，b，c

問6　下線部（e）に関して，次のa～dの植物のうち，熱帯多雨林にみられる特徴的な植物の組合せとして最も適当なものを，下の①～⑥の中から一つ選びなさい。解答番号は 29

a．イネのなかまの植物

b．多肉植物

c．着生植物

d．つる植物

① a，b　② a，c　③ a，d
④ b，c　⑤ b，d　⑥ c，d

問7　下線部（f）に関して，次のa～dの現象のうち，地球温暖化によって引き起こされると予想されるものの組合せとして最も適当なものを，下の①～⑥の中から一つ選びなさい。解答番号は 30

a．海面の上昇

b．生物濃縮

c．海岸沿いにみられる干潟の消失

d．海水温の低下

① a，b　② a，c　③ a，d
④ b，c　⑤ b，d　⑥ c，d

③　科学・技術の育成には、「文化としての科学」を大切にして、基礎的な研究の積み重ねを重視するという長期的な視野に立った認識が必要とされる。

④　科学研究には社会に対するさまざまな役立ち方があり、どの役立ち方も本当のイノベーションの実現に等しく重要であるので、優劣を論じるべきではない。

して最も適当なものを、次の①~④のうちから一つ選びなさい。解答番号は[31]。

① 基礎研究は技術開発に直結しないように思えるが、地道にその成果を蓄積していくことこそが、より優れた新技術の開発へとつながるということ。

② 取りかかった時点では困難で簡単に実現できそうにない技術の方が、実現したときにより広い範囲に応用分野を展開し生活の役に立つということ。

③ 当面の効用を最優先に考えるならば、逆説的だが科学・技術が直ちに役立つことを追求するより、基礎的な研究から積み上げるべきであるということ。

④ 初めからイノベーション狙いの研究は浅薄なものになりがちであり、新技術を使う人々のことを想像することが開発にとって重要であるということ。

問9 空欄[6]に入れるべき言葉として最も適当なものを、次の①~④のうちから一つ選びなさい。解答番号は[32]。

① 非論理的　② 近視眼的　③ 観念的　④ 偶発的

問10 筆者の主張として最も適当なものを、次の①~④のうちから一つ選びなさい。解答番号は[33]。

① どれだけ時間がかかったとしても、基礎研究や基礎科学は必ず実用的な技術に結びついて私たちの役に立つので、政府や産業界が研究費を保証すべきである。

② 文化の発展に社会の受容が不可欠であるように、科学・技術の発展のために「文化としての科学」を経済的利得に結びつける社会の仕組みを整える必要がある。

もった科学。

④　多くの人々にその経済的価値を広く認識され、支持されることによって、浄財やボランティア活動などの助けを受け社会と結び合う科学。

問5　傍線部B「またいつの日かそうなるだろう」とあるが、それはどういうことか。その説明として最も適当なものを、次の①〜④のうちから一つ選びなさい。解答番号は[28]。

①　抽象的な概念としての研究結果が具体的な物質に適用され、研究費を保証されるようになるということ。

②　多額の研究費を投じたイノベーションのための研究が、自国の産業を活性化させるようになるということ。

③　特定の技術開発のための研究が他の分野に展開し、人々の生活を豊かにするようになるということ。

④　基礎的な法則の純粋な探究を目的とした研究が技術に応用され、人々の生活に役立つようになるということ。

問6　空欄[4]に入れるべき言葉として最も適当なものを、次の①〜④のうちから一つ選びなさい。解答番号は[29]。

①　比較的　　②　対照的　　③　逆説的　　④　反証的

問7　空欄[5]に入れるべき言葉として最も適当なものを、次の①〜④のうちから一つ選びなさい。解答番号は[30]。

①　習うより慣れろ　　②　日暮れて道遠し　　③　急がば回れ　　④　待てば海路の日和あり

問8　傍線部C「その意味で、基礎研究の第四の『役立ち方』があります」とあるが、それはどういうことか。その説明と問2　空欄［1］・［3］に入れるべき言葉として最も適当なものを、次の①〜⑥のうちからそれぞれ一つずつ選びなさい。ただし、同じ番号を二度使わないこと。解答番号は1が［24］、3が［25］。

①　もっとも　②　ただし　③　あるいは
④　ところが　⑤　要するに　⑥　なぜなら

問3　空欄［2］に入れるべき言葉として最も適当なものを、次の①〜④のうちから一つ選びなさい。解答番号は［26］。

①　輝くもの必ずしも金ならず
②　芸術は悲しみと苦しみから生まれる
③　ことばは詩人の武器である
④　人間はパンのみにて生きるにあらず

問4　傍線部A「文化としての科学」とはどういうものか。その説明として最も適当なものを、次の①〜④のうちから一つ選びなさい。解答番号は［27］。

①　現実的な利益ではなく精神的な満足を得るための科学者の努力の成果が、社会の支持を受けて共有されることで蓄積・発展する科学。
②　個人が利益や見返りを求めずに精神的な満足を得るためだけのものであった行為を、「趣味」の領域にまで発展させた科学。
③　商売や経済の手先としてただ利用されるのではなく、やがて新しい技術と結びついて人々の生活に役立つ可能性を

（注1）ニュートリノ＝物質を構成する最小単位の素粒子の一つ。純粋に科学の世界でのみ重要な物質であり、経済論理や商業的利用とはまったく関係ないことが、本文の前の部分で述べられている。

（注2）浄財＝慈善事業や寺院などに寄贈する金銭。

（注3）基礎科学＝実用の目的から独立し、真理の探究そのものを目的とする科学。

問1　傍線部（ア）「寄与する」・（イ）「胡座をかいて」は、本文中ではどのような意味か。最も適当なものを、下の各群の①～④のうちからそれぞれ一つずつ選びなさい。解答番号は 22 ・ 23 。

（ア）寄与する　22

① 携わる。
② 役立つ。
③ 寄託する。
④ 付与する。

（イ）胡座をかいて　23

① 何もせずいい気になって。
② なすすべがなく持て余して。
③ 気付かないふりで見逃して。
④ 坐《さ》禅《ぜん》を組んで落ちついて。

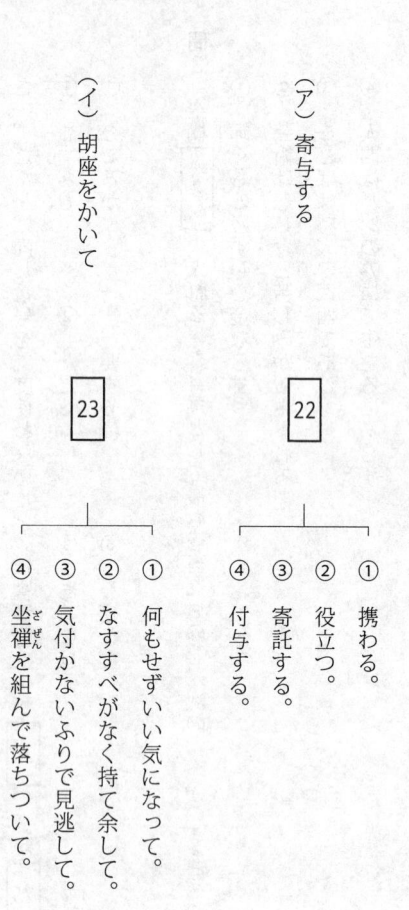

カメラ市場を制覇しました。ＣＣＤの開発段階ではほとんど成功の見込みはなく、投資のムダではないかと非難されたのですが、その困難を乗り切って成功したのです。

別の例では、ドイツの質量分析器の開発があります。長い間、質量分析器は日本の企業が独占状態にあり、日本はそれに(イ)胡坐《あぐら》をかいて改良しか行いませんでした。これに対抗しようと、ドイツはより精度の高い新しい方式を考え出し、その開発のために基礎研究から試作と実験を繰り返し15年もかけてようやく完成させ、ついに日本の技術を追い越したそうです。最初は、まったく見込みが立たなかったのですが、「いずれ成功する」と信じて開発を続けた結果なのです。

以上のように、当面の効用が第一で科学・技術が直ちに役に立つことを追求するよりは、長い目で見て基礎的な研究からしっかり積み上げていく研究が重要であることがわかると思います。大学等の研究者はこのような信念を持っている人が多く、そのような科学者を大事にすることこそ、科学・技術を進めていく上での決定的なカギであるのです。ともすれば、

［6］にすぐに「役立つ」ことを求めたがるのですが、それではかえって大きな成功を逃すことになるのではないでしょうか。

また、科学の文化的な価値を大事にし、科学がもたらす新しい物質観や世界観を学び直し、より深く自然を理解することが科学の重要な役割であることを忘れてはなりません。科学・技術を通常の企業活動と同じとみなし、投資を集中すれば成果が上がるとする考えでは、本当のイノベーションに結びつかないでしょう。根本から問題を見直し、長い目で見てじっくり育てていくという姿勢こそが、科学・技術の育成に求められているのです。

（池内《いけうち》了《さとる》『なぜ科学を学ぶのか』による）

※問題作成の都合により、一部省略した箇所がある。

えるようになったことが何度もありました。科学者は「いずれ役に立つから」と人々や政府に期待を持たせて、研究費を保証するよう求めているのです。

　これとは［4］に、日本の産業力の活性化のためだとして、政府や産業界は大学に基礎研究をすっ飛ばして、直ちにイノベーション（技術的革新）の種を提供するようしきりに要求しています。しかし、いくらイノベーションの掛け声をかけ研究費を投じても、最初からイノベーション狙いの研究は底が浅く、たいしたものはなかなか生まれません。遠回りのように見えるけれど、「いつか役に立つ」としか言えない基礎研究から始めた方がよいのです。「［5］」という言葉があるように、近道をしようとすると、かえって道がわからなくなることが多く、基礎研究という遠回りに見える道を選ぶ方が得策なのです。

　Cその意味で、基礎研究の第四の「役立ち方」があります。最初は実験段階で企業化や商業化はとても無理だけれども、じっくり時間をかけて基礎的な実験を積み重ねて技術開発に繋《つな》げていくという方法です。この場合、取りかかった時点では困難な技術で簡単に応用できそうにはないけれど、「いずれ役に立つ」との信念の下で、慌てずに基礎研究に没頭する、というものです。

　その一例として、日本の企業が行った半導体のＣＣＤ（電荷結合素子）の開発があります。光を照射すると電子が飛び出してくる光電素子で、電子の輸送法を工夫して、素子のどの部分に、どのような色（波長）の光が、どのような強度で当たったか、をコンピューターで割り出せるように工夫したものです。その結果、碁盤のようにＣＣＤを縦横に格子状に並べた版上に像を撮ることができ、それを刻々とコンピューターに記憶することでデジタル撮影が可能になりました。素子の感度を上げることによって弱い光でも像が撮れ、格子上の網目（メッシュ）の点の数を増やして詳細な像が撮影できるまでに進歩させました。この可視光用のＣＣＤを世界で最初に作ったのは日本の企業で、ケータイのカメラなどに使われ、一時世界のしょう。私がA「文化としての科学」と言うとき、科学は商売や経済の手先になるのではなく、「文化としての科学こそ人間の証明」であるということを言いたいのです。

他方、多くの科学者は、文化としての科学という抽象的な概念だけではなく、いつの日かそこから新しい技術が開発され、人々の生活に役立つようになると考えています。これが基礎研究の第三の「役立ち方」で、今はまだ何の役にも立たない純粋な基礎科学(注3)だけれど、そのうちに技術と結びついて、実際の物質に応用できるようになり、私たちの生活を豊かにするに違いない、と信じているのです。だから、焦らず長い目で見守って欲しい、と願っています。今確実に役に立つようになるとは言えないけれど、過去を振り返ってみれば何度もそんなことがあったのだから、Bまたいつの日かそうなるだろう、という気持ちを持っています。

例えば、電子や原子の運動を記述する量子力学は、最初は人間の生活とは縁がない極微のミクロ世界の基礎的な物理法則でしかないと思われていました。しかし、１９５０年頃から、ＩＣ（集積回路）の発明を通じてコンピューターを動かす上での作動原理であり、Ｘ線や電子や陽子を用いた病気の治療や物質の診断に応用するための動作規則として働き、原子・分子レベルでの物質の振る舞いを記述しており、さまざまな新物質を作り出すための基本法則である、というふうに今や量子力学を抜きにしては成り立たない分野が数多く拓《ひら》かれてきました。

[3]、ＤＮＡは、最初遺伝の仕組みを考えるために導入され、もっぱら生命体の遺伝情報の成り立ちと伝達の謎を解くための便利な模型と考えられていました。しかし、研究が進むうちに、ＤＮＡ上の塩基の並び方が解読され、その改変の技術が開発されるようになった現在では、遺伝子操作は当たり前になり、生物世界を根本的に変えてしまいかねない状況になっています。

このように、基礎科学として始まった分野であったけれど、広い範囲に応用分野が展開し、人間の生活に大きな影響を与けや経済的利得は二の次で、人間の精神的活動としての文化の一つとして科学を考えています。モーツァルトの音楽もゴッホの絵画もロダンの彫刻もモリエールの演劇も、これらの芸術の成果は文化であり、「無用の用」と言えるでしょう。これらが無くなっても私たちは生きていけるのですが、これらがない世界は精神的に貧しくて空《むな》しく感じられるでしょう。「 2 」で、物質世界から言えば「無用」ですが、精神世界には「用」なのです。

ここで「文化」というものが持つ意味を考えてみましょう。文化は人間の精神的活動の成果で、芸術のみならず芸能や学問や宗教や道徳などが含まれ、科学もその一つです。文化とは、「あることが大事で、無くなれば寂しい」というもので、基本的には個人の心を満たすためのかけがえのない先人の贈り物と言えるでしょう。

文化のための行為ですが、まったく個人のレベルに閉じているのが「趣味」です。切手集めや小石集めや貝殻集めなどの趣味は、通常は利益や見返りを求めず、自分が楽しければよいというものですね。それが文化の発祥であり、それはとても大事な人間の営みなのです。西洋では、珍しい植物や動物や鉱物を蒐集《しゅうしゅう》する趣味から、やがて蒐集物の共通する部分と異質な部分に着目して分類するという「博物学」になりました。さらに、その各々の分野が独立して植物学・動物学・鉱物学というふうに分科して「科学」へと発展しました。その意味では、科学は趣味に出自（生まれ故郷）を持つ個人の楽しみであったのです。

趣味と文化の決定的な違いは、趣味は個人だけの楽しみですが、文化は社会性があるということ、つまり文化は多くの人々の支持によって広く共有されるものだということです。だから、文化は人々の支えによって維持できるもので、税金が使われたり、浄財（注2）で賄ったり、対価を求めたり、ボランティアの助けを得たり、というような形で社会と結び合うことになります。文化が健全に育ち社会に生き続けるためには、個人の努力と社会の受容が両輪とならねばならず、蓄積と発展のための努力が個人及び社会の双方に求められるわけです。こう考えると、文化こそ社会に生きる人間的行為であると言えるで歴や職歴ごとに、それぞれの場合の問題をまとめる必要がある。

③「家事育児」負担の女性への偏りを解消するためには、男性が「家事育児」の実際的な内容を認識し、それらを「仕事」と同程度に重視して行おうとする意識への変化が必要である。

④「流動的な性別役割分業意識」は、「家事育児」活動の具体的な意義や意味の獲得と、「家事育児」優先の時間意識への変化を可能にするので、さらなる意識啓発活動を行うべきである。

三　次の文章を読んで、後の問い（問1～10）に答えなさい。

科学研究の社会に対する役立ち方を考えてみましょう。

一つは、それによって人間の生活が便利で効率的になり、生産力が増大し、人々の暮らしが健康的で豊かになるということです。特に技術は人間の生活に密着した人工物を製作することが本来の目標ですから、技術の効能がより大きくなるためには人々の生活により役立たねばなりません。そして、当然、技術の発達による効能が経済的利得と結びつくことが求められます。［ 1 ］、儲《もう》かるための技術開発であることが、一般に受け取られている「社会の役に立つ」という意味になります。先のニュートリノ(注1)に対する質問も、ニュートリノが遠隔通信に使えるというようなことを期待したのだろうと思われますが、科学・技術の研究はこのように役立つことが当然と通常は考えられているわけです。

しかし、「役立ち方」はそれだけではありません。もう一つは、ニュートリノの研究がそうであったように、純粋科学や文化の創造に(ア)寄与するという役割です。私は常々「科学は文化である」とか「文化としての科学」と言っていますが、金儲問6　空欄 5 に入れるべき言葉として最も適当なものを、次の①〜④のうちから一つ選びなさい。解答番号は 19 。

①　同一性　　②　競合性　　③　妥当性　　④　必然性

問7　傍線部C「育休取得をきっかけとして、彼らの多くは『働き方』を変えた」とあるが、それはなぜか。その理由の説明として最も適当なものを、次の①〜④のうちから一つ選びなさい。解答番号は 20 。

①　育休をとる中で、かつての自分が性別役割分業意識を持ち実際に「仕事」を優先して時間を使っていたことに気がつき、反省して行動を改めたから。

②　育休中に家庭で実際に要請される「家事育児」の活動を具体的に認識したことで、「仕事」と「家事育児」の「優先順位」と時間の使い方に変化が生じたから。

③　育休をとり、一人で「家事育児」を行う中で、家事と育児は全く異なる活動であることを知り、家事だけでも自分が行うべきだという認識に変化したから。

④　育休中に「家事育児」を経験し、その大変さを具体的に認識したことで、それまで賛成していた「男は仕事、女は家庭」という考えに反対するようになったから。

問8　筆者の主張として最も適当なものを、次の①〜④のうちから一つ選びなさい。解答番号は 21 。

①　もともと「流動的な性別役割分業意識」を持っていた男性も、育休取得をきっかけに時間意識を変化させたので、ジェンダー平等実現のために、育休取得を推進しなければならない。

②　生き方が多様化している現代では、性別を共通項として問題を洗い出すことは難しく、年齢や世代、家族形態、学

② ジェンダーに関わる社会構造は、「特定の社会的場面」と「性別カテゴリー」と「特定の活動」を結びつける規範として記述できるという概念枠組が崩れたということ。

③ 社会的な責務や役割を性別で区分するのは適切ではないという啓発運動によって、「家事育児」等の活動を男女が平等に分担すべきであるという意識が浸透してきたということ。

④ 働き方が多様化し、「家庭」で「仕事」をしたり、「職場」で「育児」をしたりすることが可能になり、「特定の社会的場面」と「特定の活動」の結びつきが流動化したということ。

問5　傍線部B「実際の家事分担は圧倒的に女性に偏ってしまう」とあるが、それはなぜか。その理由の説明として最も適当なものを、次の①〜④のうちから一つ選びなさい。解答番号は 18 。

① 「家事育児」には予定可能な活動よりも緊急性を要する活動の方が圧倒的に多く含まれ、それに対応できるのは実際に「家庭」にいる女性だから。

② 夫婦のどちらが「家事育児」等の活動を行うかを公平に決定しておく必要があるが、夫婦間の話し合いでは感情的な対立が起こりやすいから。

③ 性別役割分業意識が変化しているといっても、女性の方が「家庭」における「家事育児」等の活動に対して意識を向けているから。

④ 「家事育児」等の活動にどれくらい時間を割くかという判断は個人に委ねられるが、一般的に男性の方が性別役割分業に賛成する比率が高いから。

（イ）知見　[12]

① 知識によって立てられた見解。
② 自分の見解を強く主張すること。
③ 知識の本質をとらえた思考の形式。
④ 知られていなかったものを見つけること。

問2　空欄 [1]・[4] に入れるべき言葉として最も適当なものを、次の①〜⑥のうちからそれぞれ一つずつ選びなさい。ただし、同じ番号を二度使わないこと。解答番号は1が [13]、4が [14]。

① および　② しかし　③ または
④ なぜなら　⑤ さらに　⑥ たとえば

問3　空欄 [2]・[3] に入れるべき言葉として最も適当なものを、次の①〜⑥のうちからそれぞれ一つずつ選びなさい。ただし、同じ番号を二度使わないこと。解答番号は2が [15]、3が [16]。

① 建前　② 極論　③ 結論　④ 本音　⑤ 正論　⑥ 仮説

問4　傍線部A「性別役割分業意識が変わってきているという意味は、具体的にはこのような変化だと考えられる」とあるが、それはどういうことか。その説明として最も適当なものを、次の①〜④のうちから一つ選びなさい。解答番号は [17]。

① 「特定の社会的場面」と「特定の活動」の結合は固定のままだが、そこに特定の「性別カテゴリー」が必ずしも結びつくわけではないという認識に変化したということ。

い。「家事育児」を「男女ともに」行うべきだと認識していても、「仕事優先」の時間意識を持っていれば、「家事育児」よりも「仕事」を選択しがちになる。「家事育児」を選択するような時間意識の形成には、「家事育児」という活動に対する具体的な知識と、その知識に基づく「動機付け」が不可欠なのだ。

（江原由美子「これからのジェンダー平等①『性別役割分業意識の変革』の新段階？」〔『書斎の窓』二〇二一年一一月号〕による）

※問題作成の都合により、一部省略した箇所がある。

（注1）NHKの「日本人の意識」調査＝社会、政治、生活などに関する日本人の基本的な考え方の追跡を目的として、一九七三年から五年ごとに行われている調査。

（注2）齋藤早苗＝会社員、団体職員として約二〇年間働く中で二度の育児休業を経験した。

問1　傍線部（ア）「啓発」・（イ）「知見」は、本文中ではどのような意味か。最も適当なものを、下の各群の①～④のうちからそれぞれ一つずつ選びなさい。解答番号は 11 ・ 12 。

（ア）啓発　11

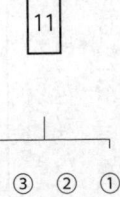

① 広く一般にいきわたらせること。
② 前もって注意を促すこと。
③ 知識を与え、理解に導くこと。
④ その道理に従い、守ること。

断には、男女差が残りうる。それが変わりにくいことが、「家事育児」負担の圧倒的な女性への偏りの一因ではないか。

齋藤《さいとう》早苗《さなえ》(注2)さんは、『男性育休の困難―取得を阻む「職場の雰囲気」』（二〇二〇）において、育休取得男性へのインタビューを行っている。C育休取得をきっかけとして、彼らの多くは「働き方」を変えた。しかし、それは性別役割分業意識の変化によってではないという。育児休業を取った男性たちはもともと「流動的な性別役割分業意識」を持っていたからだ。そうではなく、「仕事優先」の時間意識から「仕事と育児」を同じくらい重要視する時間意識への、時間意識の変化によってであった。この(イ)知見は、大変興味深い。

つまり、育休男性は、育休をとる以前には、流動的な性別役割分業意識を持っていたにもかかわらず、自分自身が「仕事優先」の時間意識を持っていることに自覚的ではなかった。実際に育休をとる中で、妻が「仕事優先」の働き方をしていることに対する怒りや、「家事育児」をする者にとっての相方の帰宅の意味の大きさ等を経験することによって、かつての自分がどんなに「仕事優先」の時間意識を持っていたか、それによって「家事育児」活動の要請があっても、「仕事」を理由にして逃げていたかに、初めて気づくのだ。この「優先順位」の変化を引き起こしたのは、自分自身が育休をとる（つまり一人で「家事育児」を毎日行う）ことによる、「家事育児」活動の意味や意義についての具体的な知識の獲得である。「家事育児」活動等とまとめられていても、実際には家事と育児は全く異なる活動であり、その二つを同時にうまく行っていくことは大変難しいこと、夕食を準備したりお風呂を沸かしたりする夕刻には、双方を両立させることの難しさが頂点に達すること、そんな時に決まって緊急事態（電話・来客・子どもの大泣き・料理の失敗等）が起こること、その時何を優先して行えばよいのかについて一人で判断することが難しく、相方がいればどんなに良いかと思うこと等々。この具体的知識を獲得したことが、「定時で帰る」などの「働き方」の変化を引き起こしたのだ。

性別役割分業意識の流動化は、直ちに「家事育児」活動分担の平等化を引き起こすような行動変化に結びつくわけではな化である。つまり、「家庭」という社会的場面において「家事育児」等の活動を行うという規範は維持されているが、男女どちらが行うべきかということに関しては、「男女どちらでも手が空いている方がやるのが良い」「男女が半々ずつ行うべきだ」「仕事が楽な方が行うべきだ」など、いろいろな考え方が生まれてきているのだ。Ａ性別役割分業意識が変わってきているという意味は、具体的にはこのような変化だと考えられる。

しかしこの流動化は、実際に「家庭」という社会的場面において「家事育児」等の活動を行っていく上では、厄介な問題を引き起こす。つまり夫婦のどちらが行うべきかを、決めなければならないという問題が生じるのである。しかも「家事育児」等の活動には、規則的で予定可能な活動だけでなく、不規則の緊急性を要する活動も含まれる。どちらが行うか話し合いで決める余裕がない結果、「その場にいた方が行う」「手が空いていた方が行う」等によって実際の活動が行われることが多くなる。その結果、もともと「家事育児」などの活動に志向性を持っている側、つまり女性のほうが多く行いがちになる。結果として、Ｂ実際の家事分担は圧倒的に女性に偏ってしまう。この、意識面での性別役割分業の流動化と、実態としての女性の圧倒的な「家事育児」負担という現実は、女性の怒りを引き起こしがちになる。「言うこととやっていることが全く違うではないか」というわけだ。アーリー・ホックシールドは、『The Second Shift』（一九八九）で、この「家事育児」をめぐる夫婦間の感情的な対立やすれ違いを描いたことで知られている。共働きが当たり前になったアメリカ社会において、だからこそ、「家事育児」をめぐる争いが活発化する現状を鋭く描いたその著書は、日本でも広く読まれた。

しかし、性別カテゴリーの流動化が起きているのに、なぜ実際の家事育児分担においては女性負担が圧倒的に大きくなってしまっているのか？　おそらく考えるべき問題は、ここにあるのだと思う。それは主に、他の「社会的場面」との［５］から生じるのではないか。「家事育児」という活動を固定的に女性カテゴリーに結合していた規範が流動化しても、他の「社会的場面」において割り当てられる活動と比較して「家事育児」にどのくらい時間を割くかということに関する判にはあまり変化していないのではないかと考えざるを得ない調査データもある。たとえば、実際の家事労働時間の男女間での分担の程度は、圧倒的に女性に偏ったままである。欧米各国の男女間の家事分担がおおむね男性1女性2だとすると、日本では男性1、女性5となる。その影響を受けて、日本では、男女の就業率の差もかなり大きく、就業している男女の労働時間の差も大きい。現在も、出産を機に退職する女性はかなり多い。要するに、「仕事と家庭」にかかわる行動のジェンダー・ギャップは、他の欧米諸国よりもずっと大きいのだ。

　これらのデータを、どのように考えるべきなのだろうか？「意識は変化しているけれど、その変化は表面的なもので、行動を伴うまでには、大きくない」と解釈するべきなのだろうか？　つまりそれは、いわゆる「［2］と［3］」の差と考えるべきなのか？「［3］」としては、「共働きなら、家事や育児は平等に分担するべきだ」という考えに賛成しても、「［2］」では、「男が家事をやる必要はない」とか「育児責任は女にある」などと考えているからなのだろうか？仮にそうだとすれば、「ジェンダー平等」の実現のためには、やはりこれまでなされてきた様々な意識(ア)啓発活動を、より強力に行うべきだということになるだろう。［4］、本当にそれで良いのだろうか？

　確かに大きく見れば、「意識変化が不十分」である結果起きる現象と見てよいと思う。けれども、それだけでは、今という時代に適合した問題をとらえきれていないのではないか。問題を的確に把握できるかどうか自信はないが、拙著『ジェンダー秩序』（〔新装版〕二〇二一）の概念枠組を使用して、今起きている変化を記述してみよう。『ジェンダー秩序』では、ジェンダーに関わる社会構造は、「特定の社会的場面」と「性別カテゴリー」と「特定の活動」を結びつける規範として記述できるとした。たとえば、「男は仕事、女は家庭」という性別役割分業規範は、「家庭」という「社会的場面」においては男性カテゴリーには「不在」（「職場」にいる）、かつ「家事育児」活動をしない（「仕事」をしている）ことを、女性カテゴリーには「家事育児」などの活動を、結びつける社会規範である。今起きているのは、この規範における性別カテゴリーの流動つての女性の典型的な生き方であった、「夫が外で働いている間家庭を守る」専業主婦という生き方をしている女性は、いまや少数派になっている。同じ年齢の女性でも、結婚しているかどうか、子どもがいるかどうか、子どもが何歳か、仕事を持っているか、どんな仕事を持っているのか等、様々な要因で、女性の生活の実態や生き方が、大きく異なるようになっている。

同様に、男性の生き方も多様化している。その意味では、男性か女性かによって分けるよりも、年齢や世代、既婚かどうか、家族形態、学歴や職歴、正規労働か非正規労働かどうか等によって分けた方が、共通の問題などが浮かび上がるのではないかとすら思うこともある。実際、女子学生と女性問題に関連して議論していると、「女性だけじゃない」という意見がよく出てくる。女性労働者にはパート等非正規労働者が多いという話になれば、バイトしている店では男性も非正規労働者が多く働いており、彼らもとても賃金が安くて大変だという話になる。女性を「見た目」で評価するような就職面接に対する批判が議論になれば、「でも最近は男子も『外見』でめっちゃ判断されている。就活している男子も普通に『化粧』している」という話になる。今の女子学生からすれば、違う世代の「専業主婦」や「パート主婦」は、もう直接的に自分の未来に結びつけて考える対象ではない。それよりも、年齢や世代が近い男子の方が、ずっと身近な存在なのである。

変わったと思うもう一つの理由は、いわゆる「性別役割分業意識」が大きく変化していることである。[1]、「男は仕事、女は家庭」等の「性別役割分業意識」に反対か賛成かを問う標準的な質問で、反対と回答する人の比率は、この数十年増加し続けている。欧米に比較すれば日本の「性別役割分業意識」は賛成者の比率が高いといわれるが、それでも反対する人は男女とも過半数を超えている。このような大きな変化を示す意識項目は、かなり珍しいらしく、NHKの「日本人の意識」調査(注1)の担当者の話では、様々な質問の中でこの数十年で最も変化が大きいのは、ジェンダーに関する意識だという。

このように「ジェンダー観」や「性別役割分業意識」などが大きく変わってきているかに思える現象がある一方で、実際

(9) カイキュウの念にかられる。　9

① 環境ハカイの対策に取り組む。
② カイチュウ電灯をつける。
③ 生徒にクンカイを与える。
④ コウカイ先に立たず。

(10) 混雑がカンワする。　10

① カンキュウ自在に演奏する。
② 製品のケッカンを指摘する。
③ 利益を社会にカンゲンする。
④ 上司のカンシンを買う。

二

次の文章を読んで、後の問い（問1〜8）に答えなさい。

ジェンダー論を追い続けて、数十年になる。最近、いわゆる「ジェンダー観」や「性別役割分業」の変化について、考えることが多くなった。大きく変わっている一方で、実際にはあまり変わっていない現実があり、その判断が難しいのだ。どうしてそう思うのか。まず変わっていると考える理由を挙げよう。その一つは、女性の生き方が多様化していることだ。

近年女性は、高学歴化し就業率も高くなった。未婚化・非婚化や少子化の影響もあり、核家族世帯比率は大きく減少し、単身世帯比率が急増している。また結婚している夫婦でも、共働き世帯数が、片働き世帯数を大きく上回っている。つまりか

(6) ヒフク費を節約する。　6

① 心身のヒロウを感じる。
② ヒクツな考えを捨てる。
③ ヒシャタイを探す。
④ 組織がヒダイする。

(7) シセツの利用料を払う。　7

① 大臣のシモンに応じる。
② 大規模な調査をジッシする。
③ 法律をシイ的に解釈する。
④ 豚のシイクについて学ぶ。

(8) 要人のゴエイを務める。　8

① 平和のエイゾクを願う。
② 熱演にエイタンの声をもらす。
③ キョウエイ選手に憧れる。
④ ゼンエイ的な映画を見る。

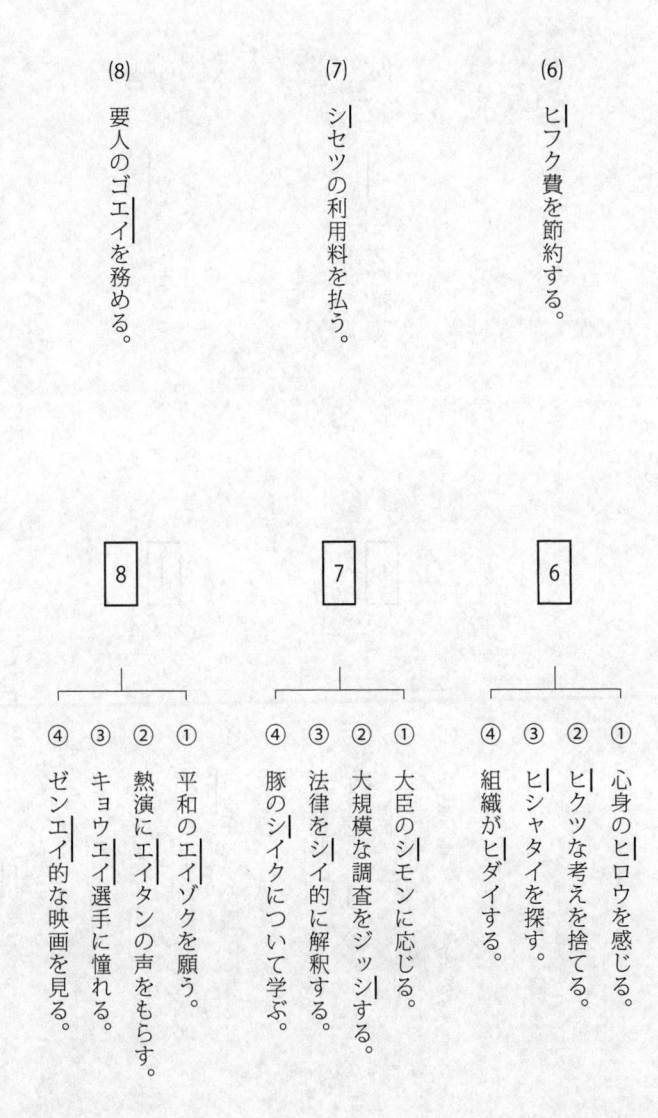

(3)　大きなヘンボウを遂げる。　3

①　熱意にダツボウする。
②　病理カイボウを行う。
③　支出がボウチョウする。
④　山がゼンボウを現す。

(4)　ボンヨウな人生を送る。　4

①　胃カイヨウを治療する。
②　空に気球がフヨウする。
③　チュウヨウな行動を心がける。
④　ヨウギョウが盛んになる。

(5)　商売ハンジョウを願う。　5

①　荷物をハンニュウする。
②　試供品をハンプする。
③　カハンの桜を鑑賞する。
④　空地に草がハンモする。

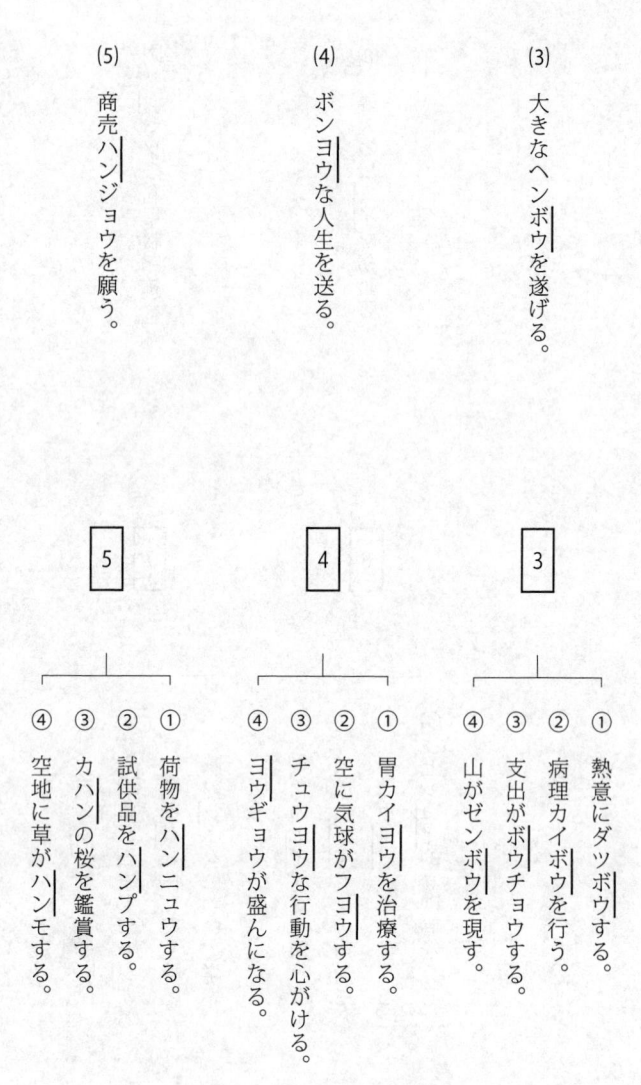

国語

（六〇分）

一　次の⑴〜⑽の各文の傍線部を漢字に直したとき、それと同じ漢字を含むものを、下の各群の①〜④のうちからそれぞれ一つずつ選びなさい。解答番号は［1］〜［10］。

⑴　意見のショウトツを避ける。　［1］

①　他人のことにカンショウしない。
②　ヒョウショウ状を授与される。
③　交通のヨウショウとして栄える。
④　卒業式で校歌をセイショウする。

⑵　頬をコウチョウさせる。　［2］

①　チョウシャを建て替える。
②　時代のフウチョウに乗る。
③　ジチョウの笑みを浮かべる。
④　突然チョウボウが開ける。

解答編

英語

1 **解答** 問1．②　問2．②　問3．①　問4．③　問5．③
問6．①　問7．④　問8．②　問9．③　問10．②
問11．④　問12．④　問13．④　問14．②　問15．①

2 **解答** A．問1．②　問2．③　問3．②　問4．①
B．問1．③　問2．②　問3．①　問4．②

3 **解答** 問1．24―②　25―①　問2．26―⑤　27―②
問3．28―②　29―①

4 **解答** ≪世界的な大木の危機について≫
問1．③　問2．④　問3．②　問4．④　問5．①　問6．③
問7．②　問8．④

5 **解答** A．≪笑いの効用≫
問1．④　問2．③
B．≪メートル法の起源≫
問3．②　問4．①
C．≪文字を書くという技能≫
問5．③　問6．③

日本史

1 解答 ≪民衆の歴史≫

問1．④　問2．②　問3．③　問4．①　問5．③　問6．②
問7．④　問8．①　問9．③　問10．②

2 解答 ≪古代の天皇家と藤原氏≫

問1．②　問2．⑥　問3．①　問4．②　問5．①　問6．④
問7．③　問8．③　問9．①　問10．②

3 解答 ≪中世の社会・経済≫

問1．④　問2．①　問3．②　問4．③　問5．①　問6．③
問7．④　問8．②　問9．③　問10．①

4 解答 ≪近世の外交・政治≫

問1．③　問2．②　問3．④　問4．⑤　問5．③　問6．①
問7．①　問8．②　問9．④　問10．⑥

5 解答 ≪近現代の人物≫

問1．①　問2．③　問3．②　問4．④　問5．②　問6．③
問7．④　問8．②　問9．①　問10．②

世界史

1　解答　≪歴史上の軍事関係史≫

問1．②　問2．④　問3．②　問4．①　問5．②　問6．①
問7．②　問8．③　問9．③　問10．①

2　解答　≪古代中国思想史≫

問1．②　問2．①　問3．④　問4．④　問5．①　問6．③
問7．③　問8．③　問9．④　問10．④

3　解答　≪ローマ教皇と神聖ローマ皇帝の関係≫

問1．②　問2．④　問3．②　問4．④　問5．③　問6．⑥
問7．②　問8．①　問9．②　問10．③

4　解答　≪ムガル帝国建国以降の南アジア史≫

問1．②　問2．③　問3．③　問4．③　問5．④　問6．⑥
問7．③　問8．②　問9．②　問10．①

5　解答　≪ロシア・ソ連外交史≫

問1．②　問2．②　問3．②　問4．③　問5．④　問6．①
問7．③　問8．①　問9．④　問10．②

数学

1 解答 ≪小問6問≫

(1)ア－③ (2)イ－② (3)ウ－③ (4)エ－④ (5)オ－① (6)カ－①

2 解答 ≪2次関数≫

(1)ア．2 イ．6 ウ．2 エ．3 オ．8

(2)カ．1 キ．2

(3)クケ．21 コ．4

3 解答 ≪図形と計量≫

(1)アイ．15 ウ．4

(2)エオ．10 カ．2 キ．6 ク．3

(3)ケ．4 コサ．15 シ．6

4 解答 ≪確 率≫

(1)ア．7 イウ．30 エ．8 オカ．15 キ．1 ク．8

(2)ケ．1 コサ．10 シ．1 スセ．40 ソタ．13 チツ．20

化学

1　解答　≪小問8問≫

問1．③　問2．②　問3．④　問4．③　問5．①　問6．⑤
問7．①　問8．④

2　解答　≪結晶，反応の量的関係≫

問1．①　問2．④　問3．②　問4．③　問5．⑤　問6．③
問7．③　問8．②

3　解答　≪酸化還元反応，状態変化≫

問1．①　問2．②　問3．④　問4．⑤　問5．⑤　問6．①
問7．⑥　問8．③

4　解答　≪電池，中和滴定≫

問1．④　問2．②　問3．①　問4．⑤　問5．③　問6．⑤
問7．②　問8．④

生物

1 解答 ≪小問8問≫

問1．② 問2．③ 問3．③ 問4．④ 問5．⑤ 問6．④
問7．④ 問8．①

2 解答 ≪DNAの抽出，DNAの構造，タンパク質，転写と翻訳≫

問1．③ 問2．③ 問3．④ 問4．⑥ 問5．① 問6．⑤
問7．④

3 解答 ≪体温の調節，自然免疫，適応免疫≫

問1．④ 問2．① 問3．② 問4．④ 問5．② 問6．②
問7．③ 問8．⑤

4 解答 ≪植生の遷移，階層構造，熱帯多雨林，地球温暖化≫

問1．⑥ 問2．⑤ 問3．④ 問4．③ 問5．③ 問6．⑥
問7．②

三

出典　池内了『なぜ科学を学ぶのか』（ちくまプリマー新書）

解答

問1　（ア）―②　（イ）―①

問2　1―⑤　3―③

問3　④

問4　①

問5　④

問6　②

問7　③

問8　①

問9　②

問10　③

国語

一

解答

(1)―③　(2)―②　(3)―④　(4)―③　(5)―④　(6)―③　(7)―②　(8)―④　(9)―②　(10)―①

二

出典　江原由美子「『性別役割分業意識の変革』の新段階？」（『書斎の窓』二〇二一年一一月号〈これからのジェンダー平等（第1回）〉有斐閣）

解答

問1　(ア)―③　(イ)―①

問2　1―⑥　4―②

問3　2―④　3―①

問4　①

問5　③

問6　②

問7　②

問8　③

■一般選抜B

問題編

〔2月24日実施分〕

▶試験科目・配点

【総合福祉・コミュニティ政策・看護栄養・教育・地域創生学部】

教　科	科　　　　　目	配　点
外国語	コミュニケーション英語Ⅰ・Ⅱ	100点
国　語	国語総合(古文・漢文を除く)	100点

【経営・人文学部】

教　科	科　　　　　目	配　点
選　択	「コミュニケーション英語Ⅰ・Ⅱ」,「日本史Bまたは世界史B」,「国語総合(古文・漢文を除く)」から2教科選択	各100点 (計200点)

▶備　考

- 上記の他，書類審査（調査書）が10点配点されている。
- 看護栄養学部看護学科は上記の他に，面接（グループ面接，50点）が課される。

英語

(60分)

第1問 次の問い(問1〜15)の[1]〜[15]に入れるのに最も適当なものを，①〜④のうちから一つ選びなさい。解答は[1]〜[15]の該当欄にマークしなさい。

問1 He was really afraid of [1] by the teacher.

① scolding ② scolded
③ being scolded ④ to be scolded

問2 I'm sure that our efforts will bear [2] someday.

① fruit ② food ③ growth ④ feed

問3 [3] of our three sons visited their grandmother.

① Every ② Either ③ No ④ None

問4 Daniel looks so sleepy! He [4] have stayed up late last night.

① can ② can't ③ must ④ mustn't

問5 Mika is [5] asleep in her room.

① away ② far ③ fast ④ early

問6 How come [6] the famous temple?

① did you visit ② you didn't visit
③ didn't you visit ④ is it you visited

問7　Professor Brown told me that my paper [7] well.

① read　② wrote　③ made　④ heard

問8　The clock seems to [8] broken, but my father repaired it for me.

① be　② been　③ have been　④ having been

問9　I saw my sister [9] by our father.

① scolds　② scolded　③ to scold　④ scolding

問10　Keita doesn't speak English, [10] French.

① no more　② not less　③ much less　④ more less

問11　I heard the news [11] Sam began working as a teacher.

① whom　② whose　③ who　④ that

問12　Until I came back home, I didn't realize I [12] my wallet.

① losing　② had lost　③ have lost　④ would lose

問13　[13] time, I didn't eat breakfast this morning.

① Had　② Having had　③ Having not　④ Not having

問14　"Do you have any more paper?"　"Sure.　I'll give you [14]."

① one　② some　③ ones　④ it

問15　We respect him [15] for his honesty.

① all the more　② no more than

③ not more than　④ at most

第2問 次の問い（A・B）に答えなさい。

A 次の問い（問 1～4）の下線部の意味に最も近いものを，①～④のうちから一つ選びなさい。解答は 16 ～ 19 の該当欄にマークしなさい。

問 1 Getting to the station by 8:00 is next to impossible. [16]

① never ② hardly ③ almost ④ secondly

問 2 I'm fed up with the rain. [17]

① sick of ② cold to ③ poor in ④ ill with

問 3 In the long run, this experience will do you good. [18]

① Definitely ② Frequently ③ Ultimately ④ Occasionally

問 4 I can't figure out what he says. [19]

① understand ② draw ③ imagine ④ hear

B 次の問い（問 1～4）の [20] ～ [23] に入れるのに最も適当なものを，①～④のうちから一つ選びなさい。解答は 20 ～ 23 の該当欄にマークしなさい。

問 1 A [20] is a diagram which shows information.

① survey ② chart ③ number ④ rate

問 2 If you [21] someone, you will make him/her believe that something is true.

① contend ② continue ③ consider ④ convince

問 3　When you speak English [22], you speak it in a manner that is considered right.

① properly　　② particularly　③ perhaps　　④ primarily

問 4　If something is [23], it seems to be reasonable and sensible.

① historic　　② logical　　③ pleasing　　④ specific

第3問　次の問い（問 1～3）の日本文の意味に合うように，①～⑤の各語をそれぞれ最も適当な順に並べかえて英文を完成させなさい。完成文の [24]～[29] に配置される語の番号を答えなさい。解答は [24]～[29] の該当欄にマークしなさい。

問 1　彼がその知らせを知らないのには驚いた。

I (　　) ([24]) (　　) ([25]) (　　) didn't know the news.

① that　　② surprising　　③ found

④ he　　⑤ it

問 2　彼女は私のクラスで抜群に速く泳ぐ。

She (　　) ([26]) (　　) ([27]) (　　) in my class.

① the　　② much　　③ swimmer

④ fastest　　⑤ is

問 3　あなたの都合のよいときにいつでも家に来てください。

Please come to my house whenever (　　) ([28]) (　　) ([29]) (　　).

① convenient　　② for　　③ is

④ it　　⑤ you

第4問 次の「留学生が体験したカルチャーショックについて」の英文を読み，あとの問い（問 1～8）に答えなさい。[1]～[10]は段落の番号です。解答は 30 ～ 37 の該当欄にマークしなさい。

[1] Saying Tamara Blackmore experienced culture shock when she arrived here last September is an *understatement. It was more like culture trauma for this adventurous student who left Melbourne's Monash University to spend her junior year at Boston College (BC). Blackmore, 20, was joined at BC by 50 other exchange students from around the world. Like the thousands of exchange students who *enroll in American colleges each year, Blackmore discovered there is a sea of difference between reading about America and experiencing it firsthand. She felt the difference as soon as she stepped off the plane.

[2] As soon as she landed in Boston, Blackmore could feel the tension in the air. She was about to taste a lifestyle far more *hectic than the one she left. "Driving in Boston is crazy," says Blackmore. "It took me a while to get used to the roads and the driving style here. I was always afraid someone was going to hit me. It was particularly tricky since the steering wheel was on the wrong side of the car. In Australia, it's on the right side."

[3] Beyond the cars and traffic jams, Blackmore said it took a while to get used to so many people in one place, all of whom seemed like (1)they were moving at warp speed. "There are only 18 million people in Australia spread out over an entire country," she says, "compared to more than six million people in the state of Massachusetts alone. We don't have the kind of *congestion you have in Boston. (2)There is a whole different perception of space."

[4] The pressing problem for Blackmore was making a quick adjustment to the American lifestyle that felt like it was run by a stopwatch. For this easygoing Australian, Americans seemed like *perpetual-motion machines.

"Americans are very time-oriented," Blackmore says.

[5] "Everything is done according to a schedule. They're always busy, which made me feel guilty about wanting to just sit around and occasionally watch television. Australians, on the other hand, value their leisure time. The pace there is a lot slower because we don't feel the need to always be busy. It's not that Australians are lazy, it's just that they have a different concept of how time should be spent. Back home, I used to spend a lot more time just talking to my friends."

[6] It didn't take long for Blackmore to adjust to American rhythms. "I felt the pressure to work harder and do more because everyone was running around doing so much," she says. When BC students *weren't huddled over books, Blackmore found it odd that they were *compulsively jogging, running, biking, or doing aerobics in order to be thin. "Compared to home, the girls here are very skinny," she says. "Before I got here, I heard a lot of stories about the pressure to be thin and that many young American women have *eating disorders. I'll go out with a friend and just *tuck into a good meal and have a good time, (3)<u>whereas an American girl would just pick at her food</u>."

[7] But it's BC's *laid-back and friendly learning environment that sets it apart from her Melbourne college experience. "Generally speaking, learning facilities are a lot better in Boston," she says. "In Australia, students and teachers have little contact outside the classroom. It's a formal and depersonalized relationship. College is a place you go for a few hours every day and then go home. Your social life and school life are separate."

[8] It's just the opposite at BC, according to Blackmore. "BC students and faculty are like one big happy family," she says. "There is a real sense of team spirit. It's like we're all in this together. Going to school here is a lifestyle, (4)<u>whereas at home we're just a number</u>. We attend school to get

a degree so we can graduate, get a job, and get on with our lives."

[9] Another pleasant shocker was the close and open relationships American students enjoy with their teachers. It's a sharp contrast to Australia, where college students keep a *discreet but respectful distance from their teachers. "I was surprised when I learned students go out to dinner with their lecturers," she says. "We just don't do that back home. Professors deal with hundreds of students, and you're lucky if they remember your name."

[10] When Blackmore returns to Australia at the end of the school year, she'll have plenty of memories, most of them good ones. BC, like most American colleges, has gone out of its way to create a memorable experience for Blackmore and its other exchange students.

注）*understatement 控えめな表現　*enroll in ～ ～に登録する
*hectic 大忙しの　*congestion 密集
*perpetual ひっきりなしの　*be huddled 集まる
*compulsively いやおうなしに　*eating disorder 摂食障害
*tuck into ～ ～を腹に詰め込む　*laid-back リラックスした
*discreet 分別のある

Linda Lee and Erik Gundersen, *Select Readings Intermediate*, 2011

問1　第[1]段落の内容に一致するものを，次の①～④のうちから一つ選びなさい。解答は 30 の該当欄にマークしなさい。

① Blackmore のほかに，50人のモナシュ大学からの交換留学生がボストン大学に留学していた。

② Blackmore の経験した文化の差は，「カルチャーショック」という言葉では言い表せないほど大きかった。

③ Blackmore にとって，アメリカでの生活は留学前に想像していた通

りのものだった。

④ ボストン大学には，年間で約 1,000 人の交換留学生が留学していた。

問2 第[2]段落で，Blackmore が車の運転が難しかったと述べているのはなぜか。理由として正しいものを，次の①～④のうちから一つ選びなさい。解答は 31 の該当欄にマークしなさい。

① 信号を守らない歩行者が多かったから。

② オーストラリアよりも交通量が多かったから。

③ 交差点が複雑に入り組んでいたから。

④ 車の構造がオーストラリアのものと違ったから。

問3 第[3]段落の下線部(1)が表す内容として正しいものを，次の①～④のうちから一つ選びなさい。解答は 32 の該当欄にマークしなさい。

① 自分の置かれている環境が急速に変化したということ。

② 車がスピードを出し過ぎているということ。

③ 人々の動きがせわしないということ。

④ 忙しさで時間の流れが速く感じたということ。

問4 第[3]段落の下線部(2)について，Blackmore がこのように考える理由として正しいものを，次の①～④のうちから一つ選びなさい。解答は 33 の該当欄にマークしなさい。

① メルボルンよりもボストンのほうが，人口密度が大きいから。

② ボストンよりもメルボルンのほうが，面積が大きいから。

③ アメリカ人とオーストラリア人では，他人との距離感に差があるから。

④ アメリカとオーストラリアでは，建築様式が大きく異なるから。

問5 第[5]段落の内容に一致するものを，次の①～④のうちから一つ選びなさい。解答は 34 の該当欄にマークしなさい。

① Blackmore は，アメリカの生活は計画性がなく，行き当たりばったり

ですべてが動いていると感じている。

② Blackmore は，アメリカでゆっくりしたペースで生活することに罪悪感を抱いていた。

③ Blackmore は，アメリカ人は行動のすばやさと同時に，余暇時間も重視していると気づいた。

④ Blackmore は，オーストラリア人はアメリカ人よりも怠惰だと思っている。

問6 第[6]段落の下線部(3)が示唆している内容として正しいものを，次の①～④のうちから一つ選びなさい。解答は35の該当欄にマークしなさい。

① アメリカ人とオーストラリア人の食事マナーが違うこと。

② アメリカ人女性が自分の体形を気にしすぎていること。

③ アメリカ人女性がオーストラリア人女性よりも小柄であること。

④ アメリカ人はオーストラリア人と比べて外食を好まないこと。

問7 第[8]段落の下線部(4)とはどのような意味か。その内容として正しいものを，次の①～④のうちから一つ選びなさい。解答は36の該当欄にマークしなさい。

① オーストラリアでは，大学の成績はあまり重要視されていないということ。

② 家での私生活は，大学という公的な場所での生活とは切り離されているということ。

③ アメリカでの大学生活は，家での生活のようにのんびりとしたものであるということ。

④ オーストラリアの大学では，学生同士の連帯意識が強くないということ。

問8 第[9]段落で述べられている，オーストラリアの大学における学生と教員の関係として正しいものを，次の①～④のうちから一つ選びなさい。解答は 37 の該当欄にマークしなさい。

① アメリカの大学における学生と教員間の関係と大きな差はない。

② 親しくはないが，学生は教員に敬意を表している。

③ 学生が教員と食事に出かけることがよくある。

④ 教員はたいてい自分の学生の名前を覚えている。

第5問　次の英文（A～C）を読み，あとの問い（問1～6）に答えなさい。解答は 38 ～ 43 の該当欄にマークしなさい。

A.　Organic materials such as animal skins and *textiles are not discovered very often at archaeological sites. They have little protection against *microorganisms, which means that they decay relatively quickly. But this is not always the case. If temperatures are low enough, fragile *artefacts can be preserved for thousands of years.

A team of archaeologists have been working in the mountains in Oppland in Norway to recover artefacts revealed by shrinking ice cover. In the past, there were trade routes through these mountains and reindeer gathered there in the summer months to avoid being attacked by insects on lower ground. The people who used these mountains left things behind and it is those objects that are of interest to archaeologists.

注）*textile 織物　*microorganism 微生物　*artefact 人工物

IELTS ACADEMIC 16 WITH ANSWERS, 2018

問１　本文の要旨として最も適するものを，次の①～④のうちから一つ選びなさい。解答は 38 の該当欄にマークしなさい。

① オップランの山中にはかつて交易路が存在していたことがわかった。

② 生物由来の物は容易に分解されてしまうため，遺跡から発見されることは稀である。

③ 氷で保存されていた考古学的に興味深い生物由来の遺物の発見に学者たちは取り組んでいる。

④ トナカイは夏の時期に，高地にいる虫から攻撃を受けることがある。

問2 本文につける題名として最も適するものを，次の①～④のうちから一つ選びなさい。解答は[39]の該当欄にマークしなさい。

① Animals Living in the Mountains of Oppland
② How to Recover Artefacts in the Mountains
③ Goods Traded in the Mountains of Norway
④ Organic Objects Found at an Archaeological Site

B. Origami is more than just folding paper. First, origami reflects an important part of Japanese life. For example, nature is important in Japan. In Japan, people care about the seasons, weather, water, or other things in nature. Origami is also a part of nature. That is why the most popular origami shapes are things like animals. Birds, fish, flowers, and stars are all popular shapes.

Origami is also good for your mind. It is a quiet activity that can calm the mind and body. People who do origami like the activity as much as the art. They like it because origami demands a lot of attention. When people think hard about creating something, they forget about their problems. This allows them to calm down.

Paul Nation, Marcos Benevides, James Broadbridge and Joseph Siegel, *READING FOR SPEED AND FLUENCY 4*, 2018

問3 本文の要旨として最も適するものを，次の①～④のうちから一つ選びなさい。解答は[40]の該当欄にマークしなさい。

① 日本人は四季や気候など，自然のものを重要視している。
② 折り紙は日本人の価値観を反映しており，かつ精神的なメリットもある。
③ 動物，鳥，魚，花や星などは，折り紙の人気のあるモチーフである。
④ ものづくりには，それに集中することで悩みを忘れられるという利点がある。

問4 本文につける題名として最も適するものを，次の①～④のうちから一つ選びなさい。解答は[41]の該当欄にマークしなさい。

① How to Make Origami
② The History of Origami
③ Benefits of Origami
④ Why is Origami Difficult?

C. Nowadays we are less likely than our ancestors to believe that dreams have a predictive function. But it is probably part of the 20th-century *neurologist *Sigmund Freud's lasting legacy that we can't quite shake off the idea that they somehow hold the key to our hidden hopes and desires. Incredibly enough, the idea that the symbolic meaning of our dream is there, waiting to be interpreted, remains very appealing.

There are, of course, alternative views, including the one that dreams have no meaning whatsoever and result instead from the brain's attempts to make sense of neural processes that occur during sleep. But adopting such a scientific attitude to dreams doesn't imply that they are no longer a source of fascination to us. We could simply relate to them differently. Instead of seeking to *decipher the symbols that our unconscious is supposedly messaging to us, we could use them as a starting point for reflection.

注） *neurologist 神経学者 *Sigmund Freud ジークムント・フロイト（人名）
*decipher 解読する

Bruce Rogers and Nick Kenny, *The Complete Guide To IELTS*, 2016

問5 本文の要旨として最も適するものを，次の①～④のうちから一つ選びなさい。解答は[42]の該当欄にマークしなさい。

① 夢には隠れた願望が表れるとする考えは，未だに人々の興味を惹いている。

② 過去の人々は，現代よりも夢の予言的な役割を信じていた。

③ 夢は脳の働きの結果にすぎず，意味を持たないとする考えもある。

④ 夢は，意味を持つかどうかにかかわらず，自己を振り返るきっかけになる。

問6 本文につける題名として最も適するものを，次の①～④のうちから一つ選びなさい。解答は[43]の該当欄にマークしなさい。

① How Should We Consider Dreams?

② The Predictive Meaning of Dreams

③ Brain Functions While Dreaming

④ Why Do Dreams Reflect Our Hopes?

日本史

（60分）

1 「外国から見た日本」について調べ学習をした高校生の発表原稿A～Cを読み，下の問い（問1～10）に答えよ。　（配点　20）

A班の発表原稿

私たちは原始・古代における「外国から見た日本（倭）」について調べました。主な史料として中国の歴史書がありました。そこにはⓐ紀元前後から3世紀後半までの倭のことが書かれているのですが，次に倭の話が出てくるのは，4世紀末に倭が朝鮮半島の国と交戦したことを記している［ A ］です。また，5世紀頃の倭において刻まれた文字のある遺物がいくつか見つかっていますが，そのうちの二つに刻まれている大王とは，中国の歴史書に［ B ］として示されている王のことではないかとされています。

その後，日本国内で記された歴史書にも中国への遣使の記述が見られるようになります。それを見てみると，ⓑ中国側と日本側で記されている内容が異なる部分がありました。なぜそのような違いが生まれたのか不思議に思いました。次に唐についての歴史書を見ると，ここではじめて「日本」という国号が出てきます。日本に関する情報も以前より具体的になりますが，その背景にはⓒ遣唐使をはじめとした人間の往来がさかんに行われたことが関係していると思います。

問1　空欄［ A ］［ B ］に入る語句の組合せとして正しいものを，次の①～④のうちから一つ選び，記号で答えよ。［ 1 ］

① A 石上神宮七支刀　　B 讃
② A 石上神宮七支刀　　B 武
③ A 好太王碑の碑文　　B 讃
④ A 好太王碑の碑文　　B 武

問2　下線部ⓐに関連して，この時期の日本列島の様子について述べた文として**誤っているもの**を，次の①～④のうちから一つ選び，記号で答えよ。［ 2 ］

① 百余りの国に分かれており，楽浪郡に遣使する小国があった。
② 中国に遣使した奴国の王は，光武帝から「親魏倭王」の称号を得た。
③ 中国の桓帝・霊帝の時代に，倭国では大乱が起こっていた。
④ 邪馬台国には大人・下戸という身分の差があった。

問3　下線部ⓑに関連して，記されている内容の違いについて述べた次の文X・Yの正誤の組合せとして正しいものを，下の①～④のうちから一つ選び，記号で答えよ。［ 3 ］

X 『日本書紀』には600年に遣使した記述があるが，『隋書』にはその記述がない。
Y 『日本書紀』には小野妹子の名前が記されているが，『隋書』には記されていない。

① X 正　Y 正　　② X 正　Y 誤
③ X 誤　Y 正　　④ X 誤　Y 誤

問4　下線部ⓒに関連して，日唐間を往来した人物に関して述べた次の文甲・乙と，それに該当する語句a～dとの組合せとして正しいものを，下の①～④のうちから一つ選び，記号で答えよ。［ 4 ］

甲　帰国後，聖武天皇に重用され，のちには右大臣まで昇進した。

乙　日本に戒律を伝え，東大寺の戒壇で天皇らに授戒した。

a　吉備真備　　b　道鏡

c　鑑真　　d　玄昉

①　甲　a　乙　c　　②　甲　a　乙　d

③　甲　b　乙　c　　④　甲　b　乙　d

B班の発表原稿

私たちは中世と近世における「外国から見た日本」について調べました。13世紀末にヨーロッパで記された史料によると，当時の中国では日本のことを「黄金の国ジパング」と噂していたという記述が残されています。ⓓ12世紀から13世紀にかけての日本における外交や文化を考えると，あながちすべてが作り話ではない気がしました。

1420年，［C］の外交処理のために来日した朝鮮の使節宋希璟は，日本で三毛作が行われていたことを記しています。また，16世紀に来日した宣教師の［D］は，当時の堺の町をヨーロッパのベニスに似ていると述べています。ともに中国では明の時代ですが，この時代は日本に多くの外国人が来日していたことが分かりました。

江戸時代になって鎖国体制になると，日本のことを外国人が知る機会はかなり制限されました。同時に日本人が外国のことを知る機会も制限され，ⓔ江戸に住む一般の人々が外国人を目にするのは，外国からの使節がやってきた時ぐらいでした。

問5　空欄［C］［D］に入る語句の組合せとして正しいものを，次の①～④のうちから一つ選び，記号で答えよ。［5］

①　C　寧波の乱　　D　ガスパル=ヴィレラ

②　C　寧波の乱　　D　ルイス=フロイス

③　C　応永の外寇　　D　ガスパル=ヴィレラ

④　C　応永の外寇　　D　ルイス=フロイス

問6　下線部ⓓに関連して，12 世紀から 13 世紀の日本について述べた次の文X・Yの正誤の組合せとして正しいものを，下の①～④のうちから一つ選び，記号で答えよ。 6

X　この時期の貿易では，日本は金などを輸出していた。

Y　この時期に，壁面などに金が施された金閣が建てられた。

①　X　正　Y　正　　②　X　正　Y　誤

③　X　誤　Y　正　　④　X　誤　Y　誤

問7　下線部ⓔに関連して，謝恩使を江戸へ派遣していた国として正しいものを，次の①～④のうちから一つ選び，記号で答えよ。 7

①　オランダ　　②　琉球　　③　朝鮮　　④　アイヌ

C班の発表原稿

私たちは「外国から見た日本」に関連して，近現代に日本が国際社会において果たした役割について調べました。欧米諸国にとって，日本は当初対等な関係を結ぶ国として認められていませんでした。そこで，日本は近代化を進めるとともに立憲国家としての体裁を整えていき，ⓕ清国やロシアとの戦争を経る中で，欧米諸国にしだいに近づいていきました。

第一次世界大戦後に設立された国際連盟では，日本は常任理事国になりました。しかし，ⓖ世界恐慌以後日本はしだいにアメリカやイギリスを中心とする国際社会から孤立する道を歩み，ついにはアメリカやイギリスに対して宣戦布告することとなりました。

敗戦後の日本は連合国に占領されましたが，ⓗ独立回復を機に西側諸国の一員になりました。その後高度経済成長により日本の経済力は世界のトップレベルとなり，日本は国際社会において重要な役割を担うようになりました。

問8 下線部ⓕに関して述べた次の文a～dについて，正しいものの組合せを，下の①～④のうちから一つ選び，記号で答えよ。 8

a 日清戦争は，奉天郊外で起こった柳条湖事件を機に始まった。
b 日清戦争に勝利した日本は，清国から台湾をゆずり受けた。
c 日露戦争では，日本はロシアのバルチック艦隊を撃破した。
d 日露戦争後，日本はロシアから多額の賠償金を手に入れた。

① a・c ② a・d ③ b・c ④ b・d

問9 下線部ⓖに関連して，日本がアメリカやイギリスを中心とする国際社会から孤立する道を歩んだ出来事について述べた次の文Ⅰ～Ⅲを，古いものから年代順に正しく配列したものを，下の①～⑥のうちから一つ選び，記号で答えよ。 9

Ⅰ アメリカが日米通商航海条約の廃棄を日本側に通告した。
Ⅱ ロンドン海軍軍縮条約とワシントン海軍軍縮条約が失効した。
Ⅲ 国際連盟臨時総会において，日本は国際連盟からの脱退を通告した。

① Ⅰ－Ⅱ－Ⅲ ② Ⅰ－Ⅲ－Ⅱ ③ Ⅱ－Ⅰ－Ⅲ
④ Ⅱ－Ⅲ－Ⅰ ⑤ Ⅲ－Ⅰ－Ⅱ ⑥ Ⅲ－Ⅱ－Ⅰ

問10 下線部ⓗに関連して，日本が独立を回復した年やそれ以降の日米関係に関して述べた次の文X・Yの正誤の組合せとして正しいものを，下の①～④のうちから一つ選び，記号で答えよ。 10

X　日米行政協定が結ばれて，日本は在日アメリカ軍の駐留費用を分担することとなった。

Y　アメリカがベトナムへの介入を本格化させると，日本はアメリカ軍の前線基地となった。

①　X　正　Y　正　　②　X　正　Y　誤
③　X　誤　Y　正　　④　X　誤　Y　誤

2　原始・古代の社会・経済について述べた次の文章A～Cを読み，下の問い（問1～10）に答えよ。　（配点　18）

A　ヤマト政権は大王を中心とした有力豪族の連合政権であり，豪族の独立性は強く，豪族は私有民である部曲や私有地である[A]を領有していた。豪族の統制については，氏としてまとめられた豪族に対して，ⓐ大王家との関係性をもとに姓が与えられ，また氏単位でヤマト政権の職務を分担させた。特にⓑ渡来系の豪族には，特定の職能を有する品部を率いて朝廷に奉仕させた。

このような氏姓制度とよばれる支配の仕組みが成立した6世紀には，古墳のありかたに変化がみられ，地方では大規模な古墳が減少した。その一方で小規模な古墳が集中して築造された群集墳が全国的に急増し，埋葬施設は追葬可能な[B]が一般化した。

問1　空欄[A][B]に入る語句の組合せとして正しいものを，次の①～④のうちから一つ選び，記号で答えよ。[11]

①　A　屯倉　　B　竪穴式石室
②　A　屯倉　　B　横穴式石室
③　A　田荘　　B　竪穴式石室
④　A　田荘　　B　横穴式石室

問2　下線部ⓐに関連して，臣の姓を与えられた豪族として正しいものを，次の①～④のうちから一つ選び，記号で答えよ。［12］

①　蘇我氏　　②　物部氏　　③　大伴氏　　④　筑紫氏

問3　下線部ⓑに関して述べた次の文甲・乙と，それに該当する語句a～dとの組合せとして正しいものを，下の①～④のうちから一つ選び，記号で答えよ。［13］

甲　馬具の製作に関わっていた。
乙　渡来系の土器の製作に関わっていた。

a　錦織部　　b　鞍作部
c　韓鍛冶部　　d　陶作部

①　甲　a　乙　c　　②　甲　a　乙　d
③　甲　b　乙　c　　④　甲　b　乙　d

B　律令体制下では，公地公民の原則により基本的には土地と人民はすべて朝廷のものとなった。ⓒ土地については民衆に口分田が班給され，その土地の面積に応じて租が課せられた。人民については，毎年作成される［C］によって把握され，課役とよばれる負担が課せられる一方，ⓓ貴族にはさまざまな特権が与えられた。

中国の律令をもとに日本の実情に合わせて制定した律令ではあったが，実際には現実に対応できていない部分があった。そのため，律令の規定を補足・改正するために出された［D］によって開墾地に関する規定が定められていった。これによりⓔ貴族や寺院は私的な土地所有を公式に認められた。

問4　空欄 C ・ D に入る語句の組合せとして正しいものを，次の①～④のうちから一つ選び，記号で答えよ。 14

① C　戸籍　　D　格
② C　戸籍　　D　式
③ C　計帳　　D　格
④ C　計帳　　D　式

問5　下線部ⓒについて述べた文として正しいものを，次の①～④のうちから一つ選び，記号で答えよ。 15

①　口分田は男女同じ面積が班給された。
②　口分田は良民だけでなく賤民に対しても班給された。
③　田1段から収穫できる稲の約半分を租として徴収した。
④　租として徴収した稲は，運脚によりすべて都へ運ばせた。

問6　下線部ⓓに関連して，貴族の特権について述べた次の文X・Yの正誤の組合せとして正しいものを，下の①～④のうちから一つ選び，記号で答えよ。 16

X　五位以上の貴族の子には，父の位階に応じた位階が与えられた。
Y　貴族は，八虐の罪を犯しても刑罰が免除された。

① X　正　Y　正　　② X　正　Y　誤
③ X　誤　Y　正　　④ X　誤　Y　誤

問7　下線部ⓔに関して述べた次の文a～dについて，正しいものの組合せを，下の①～④のうちから一つ選び，記号で答えよ。 17

a　8世紀中頃の開墾地は，租税の負担を免除された。

b　8世紀中頃の開墾地は，身分によって開墾面積が制限された。

c　初期荘園は，国司・郡司の地方統治に依存した。

d　初期荘園は，独自の荘民により営まれた。

①　a・c　　②　a・d　　③　b・c　　④　b・d

C　10世紀になり律令体制の崩壊が進むにつれ，ⓕ政府は課税対象と徴税方法を現実に即して変更していった。一方，違法な土地所有を禁じる法令を制定するものの，ⓖ実際にはあまり効果が上がらなかった。

地方では，多くの農民を従えて大規模な経営を行う人々があらわれ，大名田堵とよばれた。彼らの中には一定の領域を開発するものがおり，11世紀には，開発領主とよばれた。そして開発領主の中にはⓗ荘官として荘園の経営に携わるようになるものもいた。

問8　下線部ⓕに関連して，課税対象と徴税方法について述べた次の文X・Yの正誤の組合せとして正しいものを，下の①～④のうちから一つ選び，記号で答えよ。［18］

X　課税対象は，人から土地へと変更されていった。

Y　徴税は，田地の耕作を請け負う負名から徴税する方法に変更されていった。

①　X　正　　Y　正　　②　X　正　　Y　誤

③　X　誤　　Y　正　　④　X　誤　　Y　誤

問9　下線部ⓖに関連して，延喜の荘園整理令に関して述べた次の文甲・乙と，それに該当する語句a～dとの組合せとして正しいものを，下の①～④のうちから一つ選び，記号で答えよ。［19］

甲　この天皇は，延喜の荘園整理令を出して違法な土地所有を禁じた。

乙　この実施の励行は，延喜の荘園整理令が出された年のものが記録に残る最後となった。

a　後三条天皇　　b　醍醐天皇

c　開墾の実施　　d　班田の実施

① 甲 a　乙 c　　② 甲 a　乙 d

③ 甲 b　乙 c　　④ 甲 b　乙 d

問10　下線部ⓗについて述べた次の文X・Yの正誤の組合せとして正しいものを，下の①～④のうちから一つ選び，記号で答えよ。 20

X　下司や公文などとよばれる荘官になるものがいた。

Y　藤原元命のように，民衆から訴えられた荘官もいた。

① X 正　Y 正　　② X 正　Y 誤

③ X 誤　Y 正　　④ X 誤　Y 誤

[3] 古代から中世の外交に関する年表A・Bをみて，下の問い（問１～10）に答えよ。　　　　（配点　20）

A　これは，10世紀から13世紀における出来事を年表に示したものである。

世紀	出来事
10世紀	日本と親交のあった[A]が契丹に滅ぼされる
	中国を統一した宋に対して日本は正式な国交を開かなかったが，ⓐ民間での交易はさかんに行われる
11世紀	のちに[B]を建国した刀伊とよばれる女真人が九州北部に襲来する
12世紀	ⓑ重源や栄西が宋に渡り宋の文化を日本へ伝える
13世紀	ⓒ道元が南宋に渡り日本に曹洞禅を伝える
	ⓓ元の侵攻により南宋が滅ぶ

問１　空欄[A][B]に入る語句の組合せとして正しいものを，次の①～④のうちから一つ選び，記号で答えよ。[21]

①　A　渤海　　　B　遼
②　A　渤海　　　B　金
③　A　新羅　　　B　遼
④　A　新羅　　　B　金

問２　下線部ⓐに関連して，平安時代の女性の生活について述べた次の文X・Yの正誤の組合せとして正しいものを，下の①～④のうちから一つ選び，記号で答えよ。[22]

X　『小右記』を著した清少納言は，中国から輸入された書籍を通じて教養を身につけていた。

Y　貴族女性が正装として身につける束帯は，中国から輸入された絹織物などが使用されていた。

① X 正 Y 正　② X 正 Y 誤
③ X 誤 Y 正　④ X 誤 Y 誤

問3　下線部ⓑに関連して，重源や栄西に関して述べた次の文甲・乙と，それに該当する語句a～dとの組合せとして正しいものを，下の①～④のうちから一つ選び，記号で答えよ。 23

甲　この寺院の復興のため，重源が勧進上人となって資金を調達した。
乙　この教えは，栄西が宋から伝えたものである。

a　興福寺　b　東大寺
c　時宗　d　臨済宗

① 甲 a 乙 c　② 甲 a 乙 d
③ 甲 b 乙 c　④ 甲 b 乙 d

問4　下線部ⓒに関連して，道元の教えを収録した書物として正しいものを，次の①～④のうちから一つ選び，記号で答えよ。 24

①　『興禅護国論』　②　『正法眼蔵』
③　『立正安国論』　④　『教行信証』

問5　下線部ⓓに関連して，南宋の滅亡後の出来事について述べた文として正しいものを，次の①～④のうちから一つ選び，記号で答えよ。
25

①　九州を警備する異国警固番役が，はじめて課せられた。
②　九州北部には，大宰府を防衛するための水城が築かれた。
③　弘安の役では，元は旧南宋軍を中心とする大軍を率いて日本へ襲来した。
④　弘安の役後，所領関係の訴訟を扱う引付が新たに設けられた。

B　これは，元と明の時代における出来事を年表に示したものである。

年	出来事
1325年	[C]が開山した建長寺の修造費用を得るために貿易船が派遣される
1342年	足利尊氏と直義が[D]の冥福を祈るために創建しようとした天龍寺の造営費用を得るために貿易船を派遣する
1401年	ⓔ<u>足利義満が明に使者を派遣する</u>
1419年	ⓕ<u>朝鮮が倭寇の根拠地と考えていた対馬を襲撃する</u>
1523年	ⓖ<u>大内氏と細川氏が貿易港で衝突する</u>
1551年	ⓗ<u>大内氏滅亡により勘合貿易が廃絶する</u>

問6　空欄[C][D]に入る語句の組合せとして正しいものを，次の①～④のうちから一つ選び，記号で答えよ。[26]

① C　蘭溪道隆　　D　後醍醐天皇
② C　蘭溪道隆　　D　後村上天皇
③ C　無学祖元　　D　後醍醐天皇
④ C　無学祖元　　D　後村上天皇

問7　下線部ⓔに関連して，この時の遣使について述べた次の文X・Yの正誤の組合せとして正しいものを，下の①～④のうちから一つ選び，記号で答えよ。[27]

X　正使は僧の祖阿で，副使である博多商人の肥富とともに派遣された。
Y　この遣使により，足利義満は明の皇帝から「日本国王」の称号を得た。

① X　正　Y　正　　② X　正　Y　誤
③ X　誤　Y　正　　④ X　誤　Y　誤

問８　下線部ⓕに関連して，この後の日本と朝鮮との関係について述べた文として正しいものを，次の①～④のうちから一つ選び，記号で答えよ。 28

① その後国交が回復し，貿易は三浦の乱以降もさかんに行われた。
② その後国交が回復し，貿易は16世紀末までさかんに行われた。
③ その後国交が回復したものの，貿易は三浦の乱以後に縮小した。
④ その後国交が回復したものの，貿易は15世紀後半に縮小した。

問９　下線部ⓖに関連して，衝突した貿易港の所在地として正しいものを，次の地図中の①～④のうちから一つ選び，記号で答えよ。 29

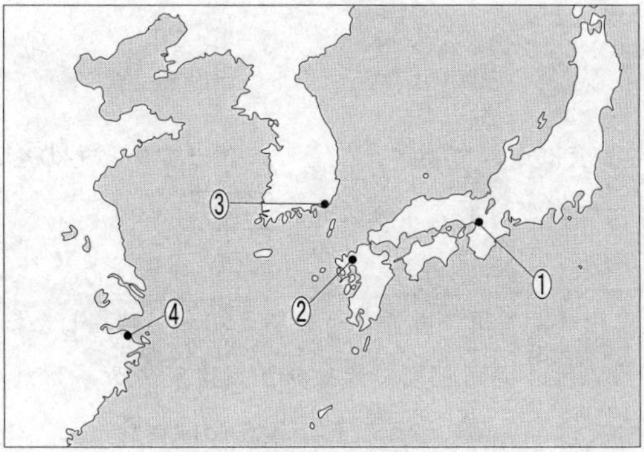

問10　下線部ⓗに関連して，これ以降に活発化した後期倭寇について述べた次の文Ｘ・Ｙの正誤の組合せとして正しいものを，下の①～④のうちから一つ選び，記号で答えよ。 30

Ｘ　この時期の倭寇には，中国人などの密貿易者が多かった。
Ｙ　この時期の倭寇の活発な動きは，江戸幕府が鎖国を完成させるまで続いた。

① Ｘ 正　Ｙ 正	② Ｘ 正　Ｙ 誤
③ Ｘ 誤　Ｙ 正	④ Ｘ 誤　Ｙ 誤

4 近世の政治に関連する下の問い（**問1～10**）に答えよ。（**配点 20**）

問1 織田信長と豊臣(羽柴)秀吉に関して述べた次の文a～dについて，正しいものの組合せを，下の①～④のうちから一つ選び，記号で答えよ。 31

a 信長は足利義昭を立てて入京し，義昭を将軍職につけた。

b 信長は，自治都市として繁栄していた博多を直轄地とした。

c 秀吉は，全国の大名に対して停戦を命じ，領国の確定を秀吉の裁定に任せるよう求めた。

d 秀吉は，石田三成らを五大老に任じて重要政務を合議させた。

① a・c ② a・d ③ b・c ④ b・d

問2 武家諸法度について述べた文として**誤っているもの**を，次の①～④のうちから一つ選び，記号で答えよ。 32

① 徳川家康は，将軍に就任した際に元和令を制定した。

② 徳川秀忠は，福島正則を武家諸法度違反で改易した。

③ 寛永令では，大名に参勤交代が義務づけられた。

④ 天和令では，大名に「忠孝」や「礼儀」を要求した。

問3 江戸幕府の職制に関して述べた次の文甲・乙と，それに該当する語句a～dとの組合せとして正しいものを，下の①～④のうちから一つ選び，記号で答えよ。 33

甲 三奉行の中で，この奉行だけが将軍直属であった。

乙 この役職は，老中を補佐して旗本の監督にあたった。

a 勘定奉行 b 寺社奉行

c 若年寄 d 大目付

① 甲　a　乙　c　　② 甲　a　乙　d
③ 甲　b　乙　c　　④ 甲　b　乙　d

問4　江戸幕府による寺社統制について述べた次の文X・Yの正誤の組合せとして正しいものを，下の①～④のうちから一つ選び，記号で答えよ。
[34]

X　諸宗寺院法度を出し，宗派をこえて寺院全体を共通に統制した。
Y　諸社禰宜神主法度を出し，摂関家を本所として神社を直接統制した。

① X　正　Y　正　　② X　正　Y　誤
③ X　誤　Y　正　　④ X　誤　Y　誤

問5　江戸時代の朝幕関係に関して述べた次の文Ⅰ～Ⅲを，古いものから年代順に正しく配列したものを，下の①～⑥のうちから一つ選び，記号で答えよ。[35]

Ⅰ　幕府の献金により，閑院宮家が新たに創設された。
Ⅱ　光格天皇の時に，尊号一件とよばれる事件が起こった。
Ⅲ　紫衣事件をきっかけに，女性で徳川秀忠の孫の明正天皇が即位した。

① Ⅰ―Ⅱ―Ⅲ　　② Ⅰ―Ⅲ―Ⅱ　　③ Ⅱ―Ⅰ―Ⅲ
④ Ⅱ―Ⅲ―Ⅰ　　⑤ Ⅲ―Ⅰ―Ⅱ　　⑥ Ⅲ―Ⅱ―Ⅰ

問6　将軍を補佐した人物に関して述べた次の文甲・乙と，それに該当する語句a～dとの組合せとして正しいものを，下の①～④のうちから一つ選び，記号で答えよ。[36]

甲　この役職には，柳沢吉保や間部詮房などが任命された。
乙　この将軍の時に，老中松平定信が諸改革を実行した。

a　大学頭　　b　側用人

c　徳川家慶　　d　徳川家斉

① 甲 a 乙 c　② 甲 a 乙 d

③ 甲 b 乙 c　④ 甲 b 乙 d

問7　幕政への抵抗やその影響などに関して述べた次の文X・Yの正誤の組合せとして正しいものを，下の①～④のうちから一つ選び，記号で答えよ。 37

X　慶安の変は，大名の末期養子の禁止が緩和されるきっかけとなった。

Y　町奉行所の元役人である大塩平八郎とその門弟らが，江戸で武装蜂起した。

① X 正 Y 正　② X 正 Y 誤

③ X 誤 Y 正　④ X 誤 Y 誤

問8　江戸時代に起こった災害に関して述べた次の文Ⅰ～Ⅲを，古いものから年代順に正しく配列したものを，下の①～⑥のうちから一つ選び，記号で答えよ。 38

Ⅰ　徳川綱吉が将軍であった時に，富士山が大噴火して大きな被害をもたらした。

Ⅱ　明暦の大火が起こり，江戸の町に甚大な被害がでた。

Ⅲ　天明の飢饉の最中，浅間山が大噴火して被害が拡大した。

① Ⅰ－Ⅱ－Ⅲ　② Ⅰ－Ⅲ－Ⅱ　③ Ⅱ－Ⅰ－Ⅲ

④ Ⅱ－Ⅲ－Ⅰ　⑤ Ⅲ－Ⅰ－Ⅱ　⑥ Ⅲ－Ⅱ－Ⅰ

問9　天保期に起こった物価高騰に対して幕府が株仲間を解散させて対応した際，幕府側が想定していた原因や実際の結果に関して述べた次の文a～dについて，正しいものの組合せを，下の①～④のうちから一つ選び，記号で答えよ。 39

a　幕府は株仲間が商品流通を独占していることが原因だと考えていた。

b　幕府は生産地から上方市場への商品流通の減少が原因だと考えていた。

c　株仲間を解散した結果，江戸への商品輸送量が減少し，物価がさらに高騰した。

d　株仲間を解散した結果，江戸への商品輸送量が増加し，物価は下落した。

①　a・c　　②　a・d　　③　b・c　　④　b・d

問10　19世紀前半から中頃の雄藩の動向などについて述べた文として正しいものを，次の①～④のうちから一つ選び，記号で答えよ。 40

①　鹿児島（薩摩）藩では，調所広郷が紙・蠟の専売制を強化した。
②　萩(長州)藩では，均田制を実施して本百姓体制の再建をはかった。
③　水戸藩では，越荷方で購入した商品を委託販売して収益をあげた。
④　佐賀（肥前）藩では，反射炉を備えた大砲製造所を設けた。

5 「近現代の経済」をテーマに班ごとに調べ学習をした際の調査結果をレポートにまとめた次の文章A～Cを読み，下の問い（**問1～10**）に答えよ。（**配点 22**）

A班のレポート

私たちの班では，幕末から明治期にかけての貿易収支について調べました。

1．開港当初について

ⓐ開港当初，貿易は大幅な輸出超過でした。輸出の増加は，国内の産業にも大きな影響を与えました。

2．1860年代について

輸出超過が続きましたが，1866年に［ A ］が調印され輸入関税が引き下げられたこともあって，貿易は輸入超過となりました。

3．1870年代について

輸入超過が続くなかで，明治政府は主要な輸出品の生産拡大に力を入れ，1872年に官営模範工場として［ B ］を設立するなど，貿易赤字の解消を目指しました。

4．1880年代について

1880年代前半にはⓑ松方財政による不況で輸入は減少し，貿易は輸出超過に転じました。主要な輸入品であった綿糸の国産を目指す企業勃興の動きが起こりました。

5．1890年代～1900年代について

1890年代には産業革命が進展し，ⓒ輸出が増加しましたが輸入もそれ以上に増加したため，大幅な輸入超過となりました。1900年代も貿易は輸入超過のことが多く，日露戦争後には巨額の外債利払いも加わって，日本の国際収支は厳しい状況に陥りました。

問1 空欄［ A ］［ B ］に入る語句の組合せとして正しいものを，次の①～④のうちから一つ選び，記号で答えよ。［ 41 ］

① A　改税約書　　B　大阪紡績会社
② A　改税約書　　B　富岡製糸場
③ A　日英通商航海条約　　B　大阪紡績会社
④ A　日英通商航海条約　　B　富岡製糸場

問2　下線部ⓐに関連して，開港当初の貿易について述べた文として正しいものを，次の①～④のうちから一つ選び，記号で答えよ。 42

① 最大の貿易相手国はアメリカであった。
② 貿易額が最も多かった港は，箱館であった。
③ 貿易は居留地において，主に銀貨を用いて行われた。
④ 日本からは，蚕卵紙や毛織物が輸出された。

問3　下線部ⓑに関連して，松方正義の経済政策について述べた次の文X・Yの正誤の組合せとして正しいものを，下の①～④のうちから一つ選び，記号で答えよ。 43

X　中央銀行として日本銀行を設立し，唯一の発券銀行とした。
Y　銀兌換の銀行券を発行して，銀本位の貨幣制度を整えた。

① X 正　Y 正　　② X 正　Y 誤
③ X 誤　Y 正　　④ X 誤　Y 誤

問4　下線部ⓒに関連して，1890年代後半の貿易に関して述べた次の文a～dについて，正しいものの組合せを，下の①～④のうちから一つ選び，記号で答えよ。 44

a　輸出品では，鉄類や機械類などが多かった。
b　輸出品では，生糸や綿糸・絹織物などが多かった。
c　輸入品では，製糸業の原料となる繭が多かった。
d　輸入品では，紡績業の原料となる綿花が多かった。

①　a・c　　②　a・d　　③　b・c　　④　b・d

B班のレポート

私たちの班では，大正期から昭和戦前期にかけての恐慌について調べました。

1．大正期について

第一次世界大戦の影響をうけて⓪空前の好景気である大戦景気が起こりましたが，大戦が終わると，1920年には戦後恐慌が発生しました。さらに1923年には関東大震災が起こり，震災恐慌に陥りました。

2．昭和戦前期について

昭和に入るとすぐに⓮金融恐慌が発生しました。さらに，世界恐慌の影響や金輸出解禁による不況などから⓯昭和恐慌が発生し，都市だけではなく農村にも大きな打撃を与えました。その後，円安による輸出拡大や赤字国債発行による財政の膨張などにより，1933年頃には，日本経済は世界に先駆けて恐慌から回復しました。

問5　下線部⓪に関連して，大戦景気について述べた文として**誤っているもの**を，次の①～④のうちから一つ選び，記号で答えよ。［45］

①　アジア市場には綿織物を，アメリカ市場には生糸を輸出した。
②　ドイツからの輸入が途絶えたため，化学工業が勃興した。
③　鉄鋼業では，南満州鉄道株式会社（満鉄）が経営する八幡製鉄所が操業を開始した。
④　海運業や造船業は好況となり，船成金が生まれた。

問6　下線部ⓔに関連して，金融恐慌の経過に関して述べた次の文Ⅰ～Ⅲを，古いものから年代順に正しく配列したものを，下の①～⑥のうちから一つ選び，記号で答えよ。［46］

Ⅰ　田中義一内閣は，３週間のモラトリアムを発した。

Ⅱ　台湾銀行救済に枢密院の協力を得られなかった，若槻礼次郎内閣が総辞職した。

Ⅲ　戦後恐慌や震災などで打撃を受けた鈴木商店が，経営破綻した。

①　Ⅰ―Ⅱ―Ⅲ　　②　Ⅰ―Ⅲ―Ⅱ　　③　Ⅱ―Ⅰ―Ⅲ
④　Ⅱ―Ⅲ―Ⅰ　　⑤　Ⅲ―Ⅰ―Ⅱ　　⑥　Ⅲ―Ⅱ―Ⅰ

問７　下線部ⓕに関連して，昭和恐慌下において，1931年に指定産業での不況カルテルの結成を容認した法律として正しいものを，次の①～④のうちから一つ選び，記号で答えよ。［47］

①　国家総動員法　　②　重要産業統制法
③　独占禁止法　　④　過度経済力集中排除法

Ｃ班のレポート

私たちの班では，戦後の景気動向について調べました。

１．占領期について

ⓖ政府はさまざまな政策をおこないましたが，インフレーション抑制と生産回復を両立させることは難しく，経済の混乱は続き，景気はなかなか回復しませんでした。

２．1950年代について

1950年に勃発した［Ｃ］の影響で特需景気が発生しました。1955年頃から始まった［Ｄ］景気を皮切りに，高度経済成長が本格化しました。

３．1960年代について

1960年代前半にはⓗ為替と資本の自由化が推進され輸出が急速に拡大するなど，日本経済はさらに成長しました。国民総生産（ＧＮＰ）は1968年には資本主義諸国の中でアメリカに次いで第２位となりました。

問8　空欄 C D に入る語句の組合せとして正しいものを，次の①～④のうちから一つ選び，記号で答えよ。 48

① C　第4次中東戦争　　D　いざなぎ
② C　第4次中東戦争　　D　神武
③ C　朝鮮戦争　　D　いざなぎ
④ C　朝鮮戦争　　D　神武

問9　下線部ⓖに関連して，占領期の経済政策について述べた文として**誤っているもの**を，次の①～④のうちから一つ選び，記号で答えよ。
49

① 価格等統制令を出して，公定価格制を導入した。
② 旧円の流通を禁止し，新円の引出しを制限した。
③ 資材と資金を，石炭·鉄鋼などの重要産業部門に集中させた。
④ 復興金融金庫を創設して，基幹産業への資金供給を開始した。

問10　下線部ⓗに関連して，1963年から1964年にかけて日本政府が実施した国際経済政策について述べた次の文X・Yの正誤の組合せとして正しいものを，下の①～④のうちから一つ選び，記号で答えよ。
50

X　ＧＡＴＴ11条国とＩＭＦ８条国に移行した。
Y　ＯＥＣＤに加盟し，男女雇用機会均等法を公布した。

① X　正　Y　正　　② X　正　Y　誤
③ X　誤　Y　正　　④ X　誤　Y　誤

世界史

（60分）

1 歴史上の金属に関する次の問い（問1～10）に答えよ。（配点　20）

問1　前3000年頃，シュメール人が都市国家を建設し，様々な青銅器や金・銀などを使用した美術品を生み出した。シュメール人の都市国家として**誤っているもの**を，次の①～④のうちから一つ選べ。 1

①　ウル　　②　ウルク　　③　メンフィス　　④　ラガシュ

問2　製鉄技術を発展させ，バビロン第1王朝を滅ぼした民族として正しいものを，次の①～④のうちから一つ選べ。 2

①　アッカド人　　②　アムル人
③　カッシート人　　④　ヒッタイト人

問3　紀元前のベトナム北部を中心に発展した，青銅製の銅鼓などが代表的な文化として正しいものを，次の①～④のうちから一つ選べ。 3

①　スキタイ文化　　②　スワヒリ文化
③　チャビン文化　　④　ドンソン文化

問4　漢の武帝が，鉄などの専売とともに行った政策として正しいものを，次の①～④のうちから一つ選べ。 4

①　均田制の実施　　②　九品中正の開始
③　均輸・平準の導入　　④　半両銭の鋳造

問5　ティロル地方の銀山開発で富を築いたフッガー家の根拠地として正しいものを，次の①～④のうちから一つ選べ。 5

① アウクスブルク　② ヴェネツィア
③ フィレンツェ　④ リューベック

問6　アメリカ大陸で生産された銀や銀貨について述べた次の文aとbの正誤の組合せとして正しいものを，下の①～④のうちから一つ選べ。 6

a　現在のボリビア領にあたる地域でポトシ銀山が発見された。
b　太平洋をまたいでメキシコの銀と中国の絹などを交換する，東方貿易（レヴァント貿易）が行われた。

① a－正　b－正　② a－正　b－誤
③ a－誤　b－正　④ a－誤　b－誤

問7　コークス製鉄法を開発してイギリスの鉄工（鋼）業発展に寄与した人物として正しいものを，次の①～④のうちから一つ選べ。 7

① カートライト　② スティーヴンソン
③ ダービー　④ ハーグリーヴズ

問8　アメリカ=メキシコ戦争に勝利してアメリカが獲得した地域であり，金鉱の発見によるゴールドラッシュが起こった地域として正しいものを，次の①～④のうちから一つ選べ。 8

① アラスカ　② カリフォルニア
③ フロリダ　④ ルイジアナ

問9　プロイセンの首相ビスマルクの政策は，「鉄（武器）」と「血（兵士）」によるドイツ統一を目指したことから鉄血政策と呼ばれた。プロイセンが戦った戦争について述べた次の文aとbの正誤の組合せとして正しいものを，下の①～④のうちから一つ選べ。 9

a　プロイセン=オーストリア（普墺）戦争に勝利して，ドイツ連邦を結成した。
b　ナポレオン3世を挑発して，プロイセン=フランス（普仏）戦争を起こした。

① a－正　b－正　② a－正　b－誤
③ a－誤　b－正　④ a－誤　b－誤

問10　19世紀末から20世紀に起こった，金に関する出来事について述べた次の文a～cが，年代の古いものから順に配列されているものを，下の①～⑥のうちから一つ選べ。 10

a　イギリスのマクドナルド挙国一致内閣が，金本位制を停止した。
b　アメリカ合衆国のニクソン大統領が，ドルの金兌換停止を発表した。
c　金やダイヤモンドをめぐって，南アフリカ戦争が起こった。

① a → b → c　② a → c → b
③ b → a → c　④ b → c → a
⑤ c → a → b　⑥ c → b → a

2　地中海世界の文明・文化について述べた次の文章A・Bを読み，下の問い（問1～10）に答えよ。（配点　20）

A　(1)エジプト・シリアと交易で結びついていた地中海東部では，前3000年頃からエーゲ文明と総称される青銅器文化が発展した。始めエーゲ文明は，クレタ島で栄え，やがて前16世紀頃には中心がギリシア本土に移り，(2)ミケーネ文明が形成された。しかし，前1200年頃ミケーネ文明の諸王朝は次々と崩壊し，ギリシア本土は以後400年にわたる混乱期に入った。

前8世紀頃になると，ギリシア人はポリスと呼ばれる都市国家を各地に建設した。ギリシア人はオリンポスの12神など人間の姿をした個性豊かな神々を信仰し，神々の神話は文学や芸術などギリシア文明の様々な分野に大きな影響を与えた。前6世紀に(3)イオニア地方のギリシア人の間で，自然現象を合理的に説明しようとする自然哲学が発達し，「万物の根源は水である」と唱える ア らが現れた。民主政が発達した(4)アテネでは，真理の主観性を主張し，弁論術を教えるソフィストが現れ，これに対して真理の絶対性を説く哲学が生まれた。

問1　下線部(1)に関連して，地中海での交易活動で活躍したフェニキア人について述べた文として正しいものを，次の①～④のうちから一つ選べ。 11

① フェニキア人は，シリアのダマスクスに貿易の拠点を置いた。
② カルタゴは，フェニキア人が地中海東岸に建設した植民市である。
③ フェニキア人は新バビロニア（カルデア）に征服され，バビロンに連れ去られた。
④ フェニキア人の交易活動は，アケメネス（アカイメネス）朝の保護を受けた。

問2　下線部(2)について述べた次の文aとbの正誤の組合せとして正しいものを，下の①～④のうちから一つ選べ。 12

a　クノッソスに大規模な宮殿が建てられた。
b　遺跡から出土した粘土板に刻まれていた線文字Bは，未解読である。

①　a－正　b－正　②　a－正　b－誤
③　a－誤　b－正　④　a－誤　b－誤

問3　下線部(3)に関連して，ペルシア戦争のきっかけとなった反乱が起こったイオニア地方のギリシア人植民市として正しいものを，次の①～④のうちから一つ選べ。 13

①　ティルス　②　ミレトス　③　ピュロス　④　ティリンス

問4　文章中の空欄 ア にあてはまる語句として正しいものを，次の①～④のうちから一つ選べ。 14

①　プラトン　②　プロタゴラス
③　ソフォクレス　④　タレス

問5　下線部(4)について述べた次の文aとbの正誤の組合せとして正しいものを，下の①～④のうちから一つ選べ。 15

a　アクロポリスに立つパルテノン神殿は，ドーリア式の神殿である。
b　アテネでは，総人口の3分の1がヘイロータイ（ヘロット）という隷属農民であった。

①　a－正　b－正　②　a－正　b－誤
③　a－誤　b－正　④　a－誤　b－誤

B　前4世紀後半，ポリス連合軍を破ってギリシアを支配下に置いたマケドニアは，(5)アレクサンドロス大王の時代に東西にわたる大帝国を建設した。この大帝国はアレクサンドロス大王の死後，いくつかの諸王朝に分裂する。そのうち(6)エジプトを支配した王朝の滅亡までの約300年間をヘレニズム時代といい，ポリスの枠にとらわれない世界市民主義や個人主義の考え方が広がった。

ヘレニズムの思想はローマ人にも広く影響を及ぼした。十二表法を起源とする

(7)ローマ法は，ヘレニズム思想の影響を受けて万民法としての性格を強め，のちに［イ］のもとで『ローマ法大全』としてまとめられた。また，実用的な面で独創性を発揮したローマ人は，闘技場や水道橋などの大規模な公共施設を数多く残した。その痕跡は首都ローマだけでなく，(8)ポンペイの遺跡など地中海沿岸の各地で見ることができる。

問6　下線部(5)に関連して，アレクサンドロス大王の東方遠征で滅亡したアケメネス朝の建国者として正しいものを，次の①～④のうちから一つ選べ。［16］

①　ダレイオス1世　　②　シャープール1世
③　アルダシール1世　　④　キュロス2世

問7　下線部(6)に関連して，この王朝について述べた次の文aとbの正誤の組合せとして正しいものを，下の①～④のうちから一つ選べ。［17］

a　首都カイロには王立研究所が建てられ，自然科学などの研究が進められた。
b　オクタウィアヌスにより，ローマの属州とされた。

①　a－正　b－正　　②　a－正　b－誤
③　a－誤　b－正　　④　a－誤　b－誤

問8　下線部(7)に関連して，ホルテンシウス法が成立した時期に最も近い出来事として正しいものを，次の①～④のうちから一つ選べ。［18］

①　カエサルがガリアに遠征した。
②　平民会が設置された。
③　ポエニ戦争が始まった。
④　カラカラ帝により全自由民にローマ市民権が付与された。

問9　文章中の空欄［イ］にあてはまる語句として正しいものを，次の①～④のうちから一つ選べ。［19］

①　ディオクレティアヌス帝
②　コンスタンティヌス帝
③　テオドシウス帝
④　ユスティニアヌス1世（大帝）

問10　下線部(8)に関連して，ポンペイは近くのヴェスヴィオ火山の大噴火により滅んだが，その視察の際，有毒ガスのため窒息死したといわれる人物であり，『博物誌』の著者として正しいものを，次の①～④のうちから一つ選べ。[20]

①　タキトゥス　　　　　　②　リウィウス
③　ストラボン　　　　　　④　プリニウス

[3]　中華帝国の主要都市について述べた次の文章A・Bを読み，下の問い（問1～10）に答えよ。（配点　20）

A　長安と洛陽は，(1)隋・唐という律令国家における2大都市である。隋の文帝（楊堅）は，[ア]が建設した長安の東南に新都を築き，大興城と名付けた。都市計画に基づき造営された都は，日本の平城京や平安京，渤海の[イ]のモデルとなった。隋末の混乱の中で挙兵した李淵・(2)李世民親子は，この都に無血で入城し，618年唐を建てた。唐代には長安城と呼ばれ，(3)国際都市として威容を誇った。

一方，洛陽は，廃墟と化していた(4)かつての洛陽城の西に，隋の煬帝によって副都として造営された。経済の中心地を目指したこの都市では，(5)ソグド商人などにより外国商人のための見本市なども開かれた。唐代には則天武后により事実上の首都とされた。

問1　下線部(1)について述べた次の文aとbの正誤の組合せとして正しいものを，下の①～④のうちから一つ選べ。[21]

a　文帝は，北周の有力者の一人であった。
b　隋の建国当時，朝鮮半島では高句麗・百済・新羅が抗争していた。

①　a－正　b－正　　②　a－正　b－誤
③　a－誤　b－正　　④　a－誤　b－誤

問2　文章中の空欄[ア]・[イ]にあてはまる語句の組合せとして正しいものを，次の①～④のうちから一つ選べ。[22]

①　ア　東周　　イ　上京竜泉府
②　ア　東周　　イ　天京
③　ア　前漢　　イ　上京竜泉府
④　ア　前漢　　イ　天京

問3　下線部(2)についての記述として正しいものを，次の①～④のうちから一つ選べ。[23]

①　大運河の建設を始めた。
②　各地の群雄を平定して，中国を統一した。
③　その治世は「開元の治」とたたえられた。
④　唐の領土が最大になった。

問4　下線部(3)に関連して，国際都市長安には多くの朝貢使節が訪れたが，東南アジアの朝貢国について述べた次の文ａとｂの正誤の組合せとして正しいものを，下の①～④のうちから一つ選べ。[24]

ａ　チャンパーは，ベトナム中部の国家である。
ｂ　シャイレンドラ朝は，中国では室利仏逝と呼ばれた。

①　ａ－正　ｂ－正　　②　ａ－正　ｂ－誤
③　ａ－誤　ｂ－正　　④　ａ－誤　ｂ－誤

問5　下線部(4)について，洛陽城に都を置いた王朝として正しいものを，次の①～④のうちから一つ選べ。[25]

①　西周　　②　秦　　③　呉　　④　北魏

問6　下線部(5)について，ソグド商人の本拠であるソグディアナの中心都市として正しいものを，次の①～④のうちから一つ選べ。[26]

①　クテシフォン　　②　ラサ
③　サマルカンド　　④　イスファハーン

B　朱全忠が建てた[ウ]以後，五代のほとんどが汴州（開封）を都とし，それは統一帝国である宋にも受け継がれた。黄河中流域の南にある開封は，黄河と大運河の接点にあり，物資の大集積地であった。城壁内では夜も(6)繁華街がにぎわいを見せ，城外には[エ]などと呼ばれる商業町が現れた。しかし，(7)1127年，開封は異民族により占領され，その繁栄は失われた。一方，(8)大運河の終点に位置した臨安は南宋の都となり，商業の中心地として繁栄した。

問7　文章中の空欄［ウ］・［エ］にあてはまる語句の組合せとして正しいものを，次の①～④のうちから一つ選べ。［27］

①　ウ　後唐　　エ　会館・公所
②　ウ　後唐　　エ　草市・鎮
③　ウ　後梁　　エ　会館・公所
④　ウ　後梁　　エ　草市・鎮

問8　下線部(6)に関連して，繁華街には演劇などを見せる娯楽場もあった。宋代の庶民文化について述べた次の文ａとｂの正誤の組合せとして正しいものを，下の①～④のうちから一つ選べ。［28］

ａ　『儒林外史』などの小説が生まれた。
ｂ　楽曲に合わせて歌う詞が盛んにつくられた。

①　ａ－正　ｂ－正　　②　ａ－正　ｂ－誤
③　ａ－誤　ｂ－正　　④　ａ－誤　ｂ－誤

問9　下線部(7)についての記述として正しいものを，次の①～④のうちから一つ選べ。［29］

①　靖康の変が起こった。
②　澶淵の盟が結ばれた。
③　土木の変が起こった。
④　靖難の役が起こった。

問10　下線部(8)に関連して，宋で盛んに用いられた貨幣と，臨安を含む地域が中国の穀倉地帯となったことを表す言葉との組合せとして正しいものを，次の①～④のうちから一つ選べ。［30］

①　銅銭　－　「湖広熟すれば天下足る」
②　銅銭　－　「蘇湖（江浙）熟すれば天下足る」
③　銀　　－　「湖広熟すれば天下足る」
④　銀　　－　「蘇湖（江浙）熟すれば天下足る」

[4]　15・16 世紀の航海者たちについて述べた次の文章中の空欄（　ア　）～（　コ　）に入れる語として正しいものを，下の【語群Ａ】～【語群Ｅ】のうちから，各語群に記されている指示に従って一つ選べ。（配点　20）

15 世紀初めに即位した明朝の永楽帝は，積極的な海外進出を図った。彼は，宦官の鄭和に命じてインド洋方面に艦隊を派遣し，下の地図中ｃの（　ア　）にまで到達した。南海諸国で鄭和の船団の寄港地となったことから急発展したのが，マレー半島先端に位置する（　イ　）であった。（　イ　）は，東南アジアとインド洋とを結ぶ貿易の拠点となり，インドネシアの（　ウ　）で産出する香辛料やインドの綿布などの交易の場となった。また，同時期に中山王が統一した（　エ　）は，東アジアと東南アジアとを結ぶ中継貿易によって繁栄した。

15 世紀後半にヨーロッパ人たちが探検・航海を活発化させた動機の一つとして，こうしたアジア域内交易への意欲があったと指摘できる。ポルトガルの（　オ　）は地図中ｂに初めて到達し，その 10 年後には，ヴァスコ=ダ=ガマが地図中ｄの（　カ　）に到達してインド航路を開いた。ポルトガルに遅れをとったスペインは，国王（　キ　）の援助により，ジェノヴァ生まれのコロンブスが西廻りでアジアを目指した。コロンブスは，その過程で地図中ａの（　ク　）に到達した。

15 世紀末，ポルトガル人の（　ケ　）が漂着したブラジルがポルトガル領となった。その後スペイン王室の命により西廻りで（　ウ　）を目指したマゼラン（マガリャンイス）の船団の一部が世界一周を果たし，イタリアの天文学者トスカネリが唱えた地球球体説を証明した。ポルトガル・スペインはアジア進出を進め，16 世紀後半，ポルトガルは地図中ｅの（　コ　）の居住権を獲得し，スペインはフィリピンを領有して貿易の拠点とした。

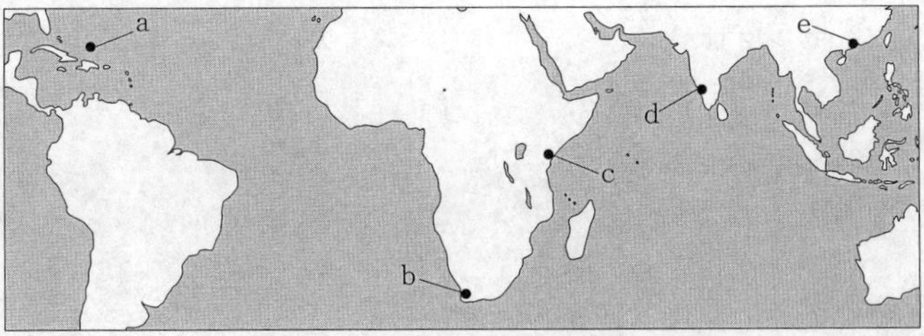

【語群Ａ】：空欄（ア）・（カ）・（コ）に入れる語

（ア）[31]　・　（カ）[32]　・　（コ）[33]

①　カリカット　　②　トンブクトゥ　　③　バタヴィア
④　ペナン　　⑤　ポンディシェリ　　⑥　マカオ
⑦　マドラス　　⑧　マリンディ　　⑨　メロエ

【語群B】: 空欄（イ）・（エ）に入れる語

（イ） 34 ・ （エ） 35

① アユタヤ朝
② 青海
③ 台湾
④ 琉球
⑤ マタラム王国
⑥ マラッカ（ムラカ）王国

【語群C】: 空欄（ウ）・（ク）に入れる語

（ウ） 36 ・ （ク） 37

① キプロス島 ② サンサルバドル島
③ セイロン島 ④ ホルムズ島
⑤ ミノルカ島 ⑥ モルッカ（マルク）諸島

【語群D】: 空欄（オ）・（ケ）に入れる語

（オ） 38 ・ （ケ） 39

① アメリゴ=ヴェスプッチ ② エンリケ
③ カブラル ④ カボット
⑤ バルトロメウ=ディアス ⑥ バルボア

【語群E】: 空欄（キ）に入れる語

（キ） 40

① イサベル ② カルロス１世
③ ジョアン２世 ④ フェリペ２世

5　東南アジアの民族運動について述べた次の文章A～Cを読み，下の問い（問1～10）に答えよ。(配点 20)

A　19 世紀に入るとヨーロッパ列強諸国の進出に伴い，(1)東南アジア地域の多くが植民地支配下に置かれるようになった。スペインの支配下にあったフィリピンでは，1880年代からホセ=リサールが文学作品を通じて民衆の啓蒙活動を進めた。彼はフィリピン民族同盟を組織したが，逮捕された。これを機にカティプーナン党が結成され，(2)フィリピン革命が始まり，革命軍はフィリピン共和国を樹立した。これに対し，新たな宗主国となったアメリカ合衆国が介入し，フィリピン=アメリカ戦争が始まったが，革命軍が敗北したため，フィリピンはアメリカ合衆国の植民地となった。しかし，その後も独立を求める反乱が続いた。第二次世界大戦期，フィリピンは(3)日本に占領されると抗日運動が展開され，大戦終結後の1946年には，フィリピン共和国として独立を達成した。

問1　下線部(1)に関連して，植民地支配を受けなかったタイについて述べた次の文aとbの正誤の組合せとして正しいものを，下の①～④のうちから一つ選べ。 41

a　コンバウン（アラウンパヤー）朝のもとで独立を維持した。
b　ラーマ4世やラーマ5世(チュラロンコン)のもとで近代化政策を進めた。

①　a－正　b－正　②　a－正　b－誤
③　a－誤　b－正　④　a－誤　b－誤

問2　下線部(2)について，この革命で指導者として活躍し，共和国の大統領となった人物として正しいものを，次の①～④のうちから一つ選べ。 42

①　アウン=サン　②　チョイバルサン
③　カルティニ　④　アギナルド

問3　下線部(3)に関連して，日本のアジア進出について述べた文として正しいものを，次の①～④のうちから一つ選べ。 43

①　日本は日清戦争で清に勝利し，台湾を獲得した。
②　日本は第二次世界大戦に参戦し，ドイツ租借地の青島を占領した。
③　日本は第二次日韓協約で韓国を併合した。
④　日本は盧溝橋事件で満州国を成立させた。

B　フランスの支配下に置かれたベトナムでは，ファン=ボイ=チャウが，フランスからの独立と立憲政の樹立を目指し維新会を結成した。彼は(4)日露戦争での日本の勝利に刺激を受け，日本に留学生を送るドンズー(東遊)運動を進めたが，日本がフランスからの留学生取り締まりの求めに応えたため，運動は挫折した。その後，(5)中国の革命運動に新たな期待をかけ，拠点を移して活動した。また，ファン=チュー=チンは，ドンキン義塾を設立し，国内の近代化を図る啓蒙運動を開始したが，フランスはこれを弾圧した。(6)第一次世界大戦後の戦間期にベトナム青年革命同志会を結成したホー=チ=ミンは，1930年インドシナ共産党を結成した。日本の占領下ではこれを母体にベトナム独立同盟会（ベトミン）を組織して戦った。戦争終結後はベトナム民主共和国の独立を宣言したが，(7)これを認めないフランスとの間に戦争が続いた。

問4　下線部(4)について述べた次の文章の空欄［ア］・［イ］にあてはまる語句の組合せとして正しいものを，下の①～④のうちから一つ選べ。［44］

この戦争中にロシアでは［ア］が起き，これをきっかけに革命が起きたため戦争の継続が厳しくなったロシアは，アメリカ大統領の調停によって 1905 年に日本と［イ］を結んだ。

①　ア　血の日曜日事件　　　　イ　ブレスト=リトフスク条約
②　ア　血の日曜日事件　　　　イ　ポーツマス条約
③　ア　キール軍港の水兵反乱　イ　ブレスト=リトフスク条約
④　ア　キール軍港の水兵反乱　イ　ポーツマス条約

問5　下線部(5)について述べた次の文aとbの正誤の組合せとして正しいものを，下の①～④のうちから一つ選べ。［45］

a　辛亥革命の結果，張作霖が清の宣統帝（溥儀）を退位させた。
b　辛亥革命が起きると中華民国建国が宣言され，孫文が臨時大総統に就任した。

①　a－正　b－正　　②　a－正　b－誤
③　a－誤　b－正　　④　a－誤　b－誤

問6　下線部(6)について，この時期に世界で起きた出来事について述べた文として正しいものを，次の①～④のうちから一つ選べ。［46］

① フランスとベルギーがドイツのルール占領を決行した。
② ドイツでは社会民主党が成立した。
③ イギリスはスエズ運河株式会社の株を買収した。
④ メキシコではマデロを中心にメキシコ革命が起こった。

問7　下線部(7) について，ベトナムとフランスとの間の戦争に関する出来事について述べた次の文a～cが，年代の古いものから順に配列されているものを，下の①～⑥のうちから一つ選べ。 47

a　ディエンビエンフーの戦いでフランスが大敗した。
b　バオダイを擁立してベトナム国が建てられた。
c　北緯17度線が南北ベトナムの暫定軍事境界線に定められた。

① a → b → c　② a → c → b
③ b → a → c　④ b → c → a
⑤ c → a → b　⑥ c → b → a

C　(8)オランダの支配下にあったインドネシアでは，ブディ=ウトモと呼ばれる知識人を中心とした団体が民族主義を唱え，ジャワ人の教育や文化の向上を目指していた。1911年末にはイスラーム同盟(サレカット=イスラーム)が結成された。民族主義を唱えるこの組織は大衆的な支持を集め急成長し，独立運動の中心となったが，(9)1920年代に入ると大衆的な支持を失った。大衆運動の主導権は，インドネシア共産党が継承したが，独立を唱え蜂起した反乱は鎮圧され，運動は厳しい弾圧を受け，壊滅状態となった。(10)スカルノはインドネシア国民党を組織したが，国民党も弾圧を受け解散した。第二次世界大戦後にはインドネシア共和国の指導者としてスカルノが選ばれ，オランダからの独立を宣言した。

問8　下線部(8)について，オランダが1830年からジャワ島で行っていた経済政策として正しいものを，次の①～④のうちから一つ選べ。 48

① エンコミエンダ制　② 天朝田畝制度
③ 再版農奴制　④ 強制栽培制度

問9　下線部(9)に関連して，1920年代の中国の出来事について述べた次の文章の空欄 ウ ・ エ にあてはまる語句の組合せとして正しいものを，下の①～④のうちから一つ選べ。 49

中国では 1926 年，［ウ］が率いる国民党の国民革命軍が北伐を開始した。その後，国民政府の内部では，共産党員と彼らを警戒する勢力の対立が激しくなり，1927 年に［エ］が起き，共産党員が弾圧された。

①　**ウ**　周恩来　　**エ**　西安事件
②　**ウ**　周恩来　　**エ**　上海クーデタ
③　**ウ**　蔣介石　　**エ**　西安事件
④　**ウ**　蔣介石　　**エ**　上海クーデタ

問 10　下線部(10)について述べた次の文ａとｂの正誤の組合せとして正しいものを，下の①～④のうちから一つ選べ。［50］

ａ　スカルノが主催したアジア=アフリカ会議(バンドン会議)では，平和十原則が確認された。
ｂ　スカルノは九・三〇事件で失脚し，マルコスが代わりに実権を握った。

①　ａ－正　ｂ－正　　②　ａ－正　ｂ－誤
③　ａ－誤　ｂ－正　　④　ａ－誤　ｂ－誤

れてしまう危険。

② 人間についての物の見方の枠組みを改善しなかったことによって、科学が人間を捉えるときに見過ごしてしまう部分が発生する危険。

③ 人間についての物の見方の枠組みをホーリズム的な観点からアトミズム的な観点に変えたことによって、人間的な視点が欠けてしまう危険。

④ 人間についての物の見方の枠組みを変更しさえすれば、科学が直ちに人間的になっていくというように安易に信じ込んでしまう危険。

問8 科学と倫理の対話の説明として最も適当なものを、次の①～④のうちから一つ選びなさい。解答番号は 32 。

① 科学は独自性を持っており、人間社会の要求通りに応えてくれるものではないので、社会の中で科学的知識を利用していくうえでの指針をきめこまかく検討していくことが科学と倫理の対話であるといえる。

② 科学をより人間的なものにするには、科学的技術の危険な側面を完全に排除するだけでなく、科学技術に倫理性が獲得されるように、倫理的視点を導入することが科学と倫理の対話であるといえる。

③ 科学の発達には、ホーリズムとアトミズムの相反する立場間の議論が重要であり、この議論を通じて科学の枠組みを替え、新しい倫理を導き出していくことが科学と倫理の対話であるといえる。

④ 科学が発達することで、人間に利益がある面と害悪を及ぼす面があるが、リスク管理がしやすいように、倫理的なプロセスを簡素化していくことが科学と倫理の対話であるといえる。

さい。ただし、同じ番号を二度使わないこと。解答番号は5が [28]、6が [29]。

① だから　② それより　③ ところが

④ 同時に　⑤ なぜなら　⑥ たとえば

問6　傍線部B「この二元論が近代科学の特徴だという主張は一種の錯覚である」とあるが、それはなぜか。その理由の説明として最も適当なものを、次の①〜④のうちから一つ選びなさい。解答番号は [30]。

① ある事象を主観と見なすか客観と見なすかの判断は科学者によって異なり、二元論を近代科学の構成要素とするのは不正確であるため。

② 主観と客観の区別は哲学的分類であり、この分類に対応するような科学的な事象が発見できることは非常にまれであるため。

③ 科学的な世界で取り扱うことができるのは観察可能な事象に限られる以上、主観と客観は区別できず、客観しか存在しないため。

④ 二元論では物質の内側を主観、外側を客観としているが、科学的な世界ではむしろ、物質の外側が主観、内側が客観とされているため。

問7　傍線部C「そういう早とちりそのものに一つの危険がある」とあるが、それはどのような危険か。その説明として最も適当なものを、次の①〜④のうちから一つ選びなさい。解答番号は [31]。

① 人間についての物の見方の枠組みにとらわれるあまりに、人間を個人として認識し理解することの大切さが軽視さ

	[2]	[3]	[4]
①	つもりパラダイム	色メガネパラダイム	つもりパラダイム
②	つもりパラダイム	色メガネパラダイム	色メガネパラダイム
③	色メガネパラダイム	つもりパラダイム	つもりパラダイム
④	色メガネパラダイム	つもりパラダイム	色メガネパラダイム

問4　傍線部Ａ「私が不満に思うのは、多くの科学史家が、それを全部『色メガネパラダイム』のつもりで議論しているということである」とあるが、筆者が不満に思っていることの説明として最も適当なものを、次の①～④のうちから一つ選びなさい。解答番号は [27] 。

① 多くの科学史家が、「色メガネパラダイム」と「つもりパラダイム」を混同したことによって、要素論的な思考にとどまり、広い視野で考えることができていないということ。

② 多くの科学史家が、「色メガネパラダイム」の他に「つもりパラダイム」があることを理解せず、「つもりパラダイム」が正しい成果につながる場合があることを見逃しているということ。

③ 多くの科学史家が、「色メガネパラダイム」の方を「つもりパラダイム」よりも重視したことによって、近代科学が誤った方向に発展してしまっているということ。

④ 多くの科学史家が、「色メガネパラダイム」よりも「つもりパラダイム」を重視したことによって、正しい成果が新たに生まれる機会が損なわれてしまっているということ。

問5　空欄 [5] ・ [6] に入れるべき言葉として最も適当なものを、次の①～⑥のうちからそれぞれ一つずつ選びな

①〜④のうちからそれぞれ一つずつ選びなさい。解答番号は 23 ・ 24 。

（ア）吟味 23

① 趣をもたせること。
② 明確に強調すること。
③ 新しく更新すること。
④ 詳しく調べること。

（イ）色分けできる 24

① 区別できる。
② 優劣をつけられる。
③ 支持できる。
④ 簡略化できる。

問2　空欄 1 に入れるべき言葉として最も適当なものを、次の①〜④のうちから一つ選びなさい。なお、二つある空欄には同じ言葉が入る。解答番号は 25 。

① 轟々《ごうごう》たる　② 錚々《そうそう》たる　③ 隆々たる　④ 坦々《たんたん》たる

問3　空欄 2 ・ 3 ・ 4 に入れるべき言葉の組み合わせとして最も適当なものを、次の①〜④のうちから一つ選びなさい。解答番号は 26 。

科学的知識の進展、技術開発を人間は止めることができない。食糧問題の解決にしても、遺伝子操作による品種改良の技術開発が不可欠である。しかし、生命の技術的操作について、人類の蓄積してきた倫理という文化は、あまりにも不用意なのである。たとえばエイズの特効薬が開発されたが、副作用が大きいとしよう。選択の一つは全面禁止である。他の選択は制限的な利用である。全面的自由化という選択肢は選べない。ところが今までの技術についての倫理的選択肢は、「全面的自由化か全面的禁止か」という構造になりがちだった。制限的な利用という枠の中で、どのようにして限界を見極めていくかというきめのこまかいハンドルさばきは、できなかった。

しかし、そのようなハンドルさばきができないと、人類が生き残って行けない。そういう時代にわれわれはさしかかっている。

（加《か》藤《とう》尚武《ひさたけ》『進歩の思想　成熟の思想』による）

※問題作成の都合により、一部省略した箇所がある。

（注1）カント＝（一七二四～一八〇四）ドイツの哲学者。

（注2）マイケルソン＝モーレーの物理学実験＝一九世紀アメリカで二人の物理学者が行った実験。当時、エーテルという物質を通じて光が伝わるとされていたが、この実験の結果、エーテルが存在しないことが証明された。

（注3）アトム＝原子。「分割不可能」を意味するギリシア語に由来する。

（注4）黄疸＝目の粘膜や体の皮膚が黄色くなっている状態。

問1　傍線部（ア）「吟味」・（イ）「色分けできる」は、本文中ではどのような意味か。最も適当なものを、下の各群のなものではない。部分を部分として捉えることが科学の重要な発達段階であった時期は、確実に存在する。従って、その物の見方の枠のスイッチを切り替えれば、科学そのものが急に人間的なものになるという思い込みは危険である。

だから、私は、科学の枠組みを替えれば人間的な科学が可能になるという思い込みの中で未来の科学を考えるのではなくて、科学の自律性、すなわち科学はあくまで独自の道を歩むであろう、それでもなおかつ科学が人間化される道は何かという形でしか、未来の科学と人間との接点を考えていくことはできないし、少なくともそう考えるだけの準備をしておかなければいけないと思う。もちろん、科学そのものが人間的になってくれれば、もとより結構なことで大賛成である。それに反対だと言うのではない。

私の唱えている科学と倫理との対話というのは、何でもいいから対話しようとか、みんなが言うから対話することはいいことだという意味ではない。科学はあくまで自律性を持ったものであり、決して簡単に人間社会の要求にそのまま言いなりになってくれるものではない。科学というのは頑固者であり、しかし、その頑固者と付き合う方法として、科学と倫理の対話を考えていかなければならない。このような対話こそが、将来のわれわれの知的戦略の中に、どうしても位置づけておかねばならない基本的な方法論であろう。

パラダイムを転換すれば科学が人間的になると信じる人々は、科学の人間的な改造を狙っていると思われる。しかし、「新しいパラダイムによる新しい科学」というかけ声が流行して、もう二十年ほどたつが、この構想が成功しているという証拠はない。私が実際にできると思うのは、科学は科学に独自の仕組みで動いているので、野生動物を家畜化するように手なずけることはできないから、科学的な知識を社会的に使うときに制限のガイドラインを決めるという方式である。つまり、科学的な知識の一部に「実験室以外には持ち出し禁止」という張り紙をつける作業をする。その作業が科学と倫理の対話なのである。

きるというような構造ではない。

「二元論パラダイムが行きづまった」と主張する人は、たとえば腹痛について心身二元論的学説と心身一元論的学説の色分けができて、一元論的な学説の方が正しいと主張する。しかし「正しい」という概念が、客観と一致対応する主観という意味であるとすれば、彼が主観と客観という枠組みを使わないで「xの方が正しい」と言わなくてはならなくなる。もともと、二元論は「客観的な真理」と言われる事柄（対応説型の真理）を説明する枠組みであったので、この枠組み（パラダイム）そのものが「間違っている」という主張がどうして「自分が正しい」と主張できるのか、私には理解できない。

たとえば、ホーリズムという言葉がある。私の学生時代は、ホーリズムというのは駄目な立場であった。物事を個別的に、個体として捉えていくのが正しい科学的な立場で、物事を全体として捉えると必ずインチキを含むといって、ホーリスティックな物の見方などというのは科学ではない、形《けい》而上《じじょう》学であるといって、厳しく批判されていた。

ところが今日、科学論の書物ではホーリズム的な観点でなければ科学は捉えられないと盛んに言われている。そして医学については、すべての器官を肝臓は肝臓、腎臓は腎臓というふうに、アトミズムで分けてしまったから医学が人間的でなくなったと言う人がいる。医学が人間的なものでなくなったのは、アトミズムの弊害だと言うわけである。

はたして、そうなのか。私の学生時代には、医学が人間的でなくなったのは、ホーリズムの弊害であると言われていた。肝臓なら肝臓を、きちんと診てくれない。あるいは、個人なら個人というものを、きちんと診てくれない。医者はいつも頭ごなしに全体だけを見ているから、本当の治療ができないのだと言われてきた。

ホーリズムとかアトミズムといった観念の大きな枠組みを変更することが、直ちに治療を人間化することにつながると考えるような速断、Cそういう早とちりそのものに一つの危険がある。人間を人間として見るということは、常に部分を見ることであると同時に、全体を見ることである。そういう物の見方を変えたからといって、治療が急に良くなるというほど安直このパラダイムの一つの要素として、二元論を考えてみよう。二元論は、主観の側と客観の側というまったく別の二つの側面があるという見方である。この見方は、元々は物の客観的な本性と、見かけだけのまやかしとを区別する。たとえば、われわれは黄疸《おうだん》(注4)に罹《かか》っているときには、白いテーブルが黄色く見える。しかし、黄色く見えるからといって、その色を本物の色だと見誤ってはいけないわけで、見かけと本物を分けなければいけない。そこで、見かけと本物を分ける根拠として、見かけの方は主観的、本物の方は客観的というふうにして、主観と客観という二元論が持ち出されてきた。

しかし、科学的な世界の中で一体どこが主観で、どこが客観だろうか？　［5］、心の内側は主観だと言うが、科学の世界には内側という場所は本来はない。物質の内側というのも観察者の外側である。「この物質の内部構造は……」などと言うが、内部構造というのも、やはり観察可能なデータに基づいてでき上がった外部の世界である。［6］、われわれが哲学的な意味で使う内部と外部という構造が、科学の世界そのものにもあるというのは、一つの大きな錯覚である。科学の世界は、言うなれば外部と外部の世界である。見えやすい外部と、見えにくい外部の世界である。

従って、B この二元論が近代科学の特徴だという主張は一種の錯覚である。この二元論を使ったので、われわれは見かけに惑わされてはいけないという科学的な態度を保つことができたのであって、二元論は「つもりパラダイム」としてわれわれの科学的な態度を確立するために、非常に大きな貢献をしたわけである。私はある一定の修正を加えるならば、今日においても、この二元論的な立場を、いわば科学の「つもりパラダイム」として使っていっても、さほど危険ではないと思っている。

ただ、二元論の弊害として、人間の内面性を完全に受動的なものと見なしてしまったり、人間の本当のあり方は、単に世界を記述することだとか、世界を像として捉えることにすぎないとかいうふうにして、人間そのものを単に科学する人間だけの意味に縮めてしまったり、切り捨ててしまったりしたことは事実である。

二元論は、近代科学を導く上で積極的な役割を残したが、科学的な学説が二元論的な学説と一元論的な学説とに(イ)色分けで

「つもりパラダイム」というのは、科学的な発見を導く、予測されたセントラルドグマ（中心学説）である。

たとえば、コロンブスはインドに到達するつもりで航海に出て、アメリカを発見してしまった。インドに到達するつもりであったという点から言うならば、コロンブスの航海は失敗であった。しかしながら、インドに到達するつもりで、アメリカという新大陸を発見した。だから、コロンブスの場合には、大西洋から直接にインドに達する航路が存在するというのは「 2 」であったわけで、「 3 」ではない。なぜならば、もし「 4 」であれば、そのようにしか世界は見えないわけだから、間違った地図しか持たなかったコロンブスには航海そのものができなくなっていたはずである。

ところが、「つもりパラダイム」では、間違ったパラダイムであっても正しい結果をもたらすことがある。そういう「つもりパラダイム」の事例も、非常にたくさんある。最近で最も有名なのは、マイケルソン＝モーレーの物理学実験（注2）が「つもりパラダイム」の事例であったと言われている。

近代科学のパラダイムについて、次のように言われている。第一は、近代科学は主観と客観の二元論であった。第二にすべてをあるアトム（注3）的な要素に還元する要素論であった。第三は全体的な視野を失っていた。この三つのパラダイムの構成要因が近代科学を誤った方向に向かわせたのであって、そのパラダイムを変えれば、より人間的な科学ができると言われている。

問題は、このパラダイムが「色メガネパラダイム」か「つもりパラダイム」かということであって、それをまず吟味（ア）しなければならない。A私が不満に思うのは、多くの科学史家が、それを全部「色メガネパラダイム」のつもりで議論しているということである。しかし、「色メガネパラダイム」ではなくて「つもりパラダイム」だとするならば、このパラダイムは間違っていても正しい成果をもたらすし、逆にそのパラダイムを変えたからといって、より良い科学が生まれるとも言えないということになる。

三　次の文章を読んで、後の問い（問1〜8）に答えなさい。

かつて、パラダイムというのは一種の色メガネだというふうに考えられてきた。つまり、われわれは世界全体を、たとえば数学という色メガネで見る、それが科学であると考えた。たとえば、カント（注1）は十二のカテゴリーを決め、この十二個のカテゴリーという枠で世界を見ることが、自然科学的に物を見ることになるのだと考えた。

確かにわれわれの科学の中には、そういう色メガネ的な性格がある。たとえば、地動説も一つの色メガネであったし、天動説も色メガネであったわけで、ある大きな枠組みを色メガネとして見るという性格が科学の中にはある。その最も重要なものは、数学という色メガネで世界を見るということである。

科学史家のクーンによれば、科学はどうも情報の蓄積によって、連続的にスルスルと発達するものではなくて、ある段階からある段階へ、スパッと飛躍点を通じて次の科学が生まれてくるという性格を持っている。科学は、通常科学という［1］平地を歩いて行くと、突然、科学革命が起こって上に上がる。そして、また［1］通常科学という平地を歩いて行くと、また突然、科学革命という形で高い次元に上がっていく。つまり、クーンは科学の発達は不連続だという発見をしたわけである。これは科学史の発達、いわゆる科学史の構造論として極めて優れた発見であり、この段階的な飛躍の構造によってしか説明できない事例が数多く存在している。

この段階的な発展は色メガネのメガネが変わることによるのだという形で、段階的な発展そのものを説明する理論が生まれてきた。その上でさらに科学に発展をもたらすためには新しい色メガネが必要だという理論が作られてきた。

しかし、科学が段階的に発達するのは、必ずしも色メガネが変わるからだけではない。科学の中には色メガネとは違う作用をする枠組みというものもある。それを私は「色メガネパラダイム」と「つもりパラダイム」というふうに呼ぼうと思う。

問9　空欄 5 に入れるべき言葉として最も適当なものを、次の①〜④のうちから一つ選びなさい。解答番号は 21 。

① 対人関係ごとに見せる複数の顔の中から、「本当の自分」が見つかる
② 対人関係ごとに複数の顔を見せることで、「本当の自分」は失われる
③ 対人関係ごとに見せる複数の顔が、すべて「本当の自分」である
④ 対人関係ごとに複数の顔を見せなければ、「本当の自分」はない

問10　本文の主旨について最も適当なものを、次の①〜④のうちから一つ選びなさい。解答番号は 22 。

① 後期近代においては、旧来の構築主義の考え方に代わる本質主義の考え方の方が、人々のコミュニケーションの実態に即したものになっていると言える。
② 関わる他者に対応して複数のアイデンティティが形成されるという現代社会の傾向は、基軸となる自分が存在しない空虚感の原因になっている。
③ アイデンティティは他者との関わりの中で形成されるため、複雑な人間関係の中で生きる現代人には複数のアイデンティティを持つ必要が生まれている。
④ 現代社会では複数のアイデンティティを使い分けることが当たり前だが、そのようなことが可能になった歴史的背景を知っておくべきである。

問6　空欄［2］・［3］に入れるべき言葉として最も適当なものを、次の①～⑥のうちからそれぞれ一つずつ選びなさい。ただし、同じ番号を二度使わないこと。解答番号は2が［17］、3が［18］。

①　さて　②　および　③　おわりに
④　もし　⑤　つまり　⑥　それとも

問7　空欄［4］に入れるべき言葉として最も適当なものを、次の①～④のうちから一つ選びなさい。解答番号は［19］。

①　夢　②　核　③　病　④　従

問8　傍線部C「実体とか自然な存在という見せかけ」とあるが、それはどういうものか。その説明として最も適当なものを、次の①～④のうちから一つ選びなさい。解答番号は［20］。

①　人間の特性のうち、社会的に長期間繰り返されることによって、まるで生来の特性であるかのように定着させられたもの。
②　人間の特性のうち、生来の特性を助長するような行動様式を繰り返すことによって強化され、目立つようになったもの。
③　人間の特性のうち、社会的な必要に応じて装い使い分けている特性が、生来の特性と区別できなくなってしまったもの。
④　人間の特性のうち、社会で求められる特性と生来の特性の矛盾を解消するために、新しい特性として生み出されたもの。

され、変化するためである。

② アイデンティティはコミュニケーションの結果ではなく原因であるため、人間に対して優しい人はペットに対しても同様に優しいはずである。

③ 女らしい言葉づかいや男らしい言葉づかいは、その言葉を用いる人が持っている〈女らしさ〉や〈男らしさ〉に関わる側面を現している。

④ 人は自らにあらかじめ備わっているアイデンティティにもとづいて言葉やふるまいを決定し、コミュニケーションを行っている。

問5　傍線部B「このような考え方では説明のつかないこと」とあるが、それはどういうことか。その説明として最も適当なものを、次の①〜④のうちから一つ選びなさい。解答番号は 16 。

① 本質主義的に考えれば、話し手の社会的な属性よりも生物学的な属性が言葉づかいに及ぼす影響の方が大きいはずだが、現実には、生物学的な属性による違いよりも社会的な属性による言葉づかいの違いの方が大きいということ。

② 本質主義的に考えれば、話し手が元々持っている属性が言葉づかいに現れるため、同じ話し手であればどんな場面でも言葉づかいは変わらないはずだが、現実には、人は状況に応じて異なる言葉づかいで話しているということ。

③ 本質主義的に考えれば、話し手は言葉を通じてアイデンティティを形成するため、普段と異なる言葉づかいをすると違和感を覚えるはずなのに、現実には、年齢や職業といった立場で言葉づかいを自然に使い分けているということ。

④ 本質主義的に考えれば、話し手は他の人との関わりの中で自分らしい言葉づかいを獲得するため、関わる人によって言葉づかいは変わるはずなのに、現実には、あらかじめ備わっている特性にもとづく言葉づかいをするということ。

（イ）売り　[12]

① 秘められた美点。
② 目立たせた部分。
③ 古くからある特徴。
④ 人を引きつける長所。

問2　傍線部（ウ）「へたをすると」の用例として適当でないものを、次の①～④のうちから一つ選びなさい。解答番号は [13]。

① 眠れない日が続いているので、へたをすると病気になるかもしれない。
② 断続的に雨が降っているので、へたをすると運動会は中止になるかもしれない。
③ 味方の士気が高まっているので、へたをすると味方のチームが優勝するかもしれない。
④ ぞんざいな謝り方だったので、へたをすると彼をさらに怒らせてしまうかもしれない。

問3　空欄 [1] に入れるべき言葉として最も適当なものを、次の①～④のうちから一つ選びなさい。解答番号は [14]。

① うがって　② しいて　③ こまかく　④ おざなりに

問4　傍線部A「本質主義」とあるが、「本質主義」による考え方の具体例として適当でないものを、次の①～④のうちから一つ選びなさい。解答番号は [15]。

① 育った環境によって人の性格や趣味が変わるのは、周囲とのコミュニケーションを通じてアイデンティティが形成

が動かない。それぞれの立場の人が、他の立場の人と、アイデンティティを調整しながら関係を築いていかなければならない。現代人が生きる人間関係はより複雑になり、結果として、場面ごとに異なる複数のアイデンティティを生きる必要が発生したのだ。

（中村桃子『「自分らしさ」と日本語』による）

※問題作成の都合により、一部省略した箇所がある。

（注1）ギデンズ＝イギリスの社会学者。

問1　傍線部（ア）「おうへいな」・（イ）「売り」は、本文中ではどのような意味か。最も適当なものを、下の各群の①～④のうちからそれぞれ一つずつ選びなさい。解答番号は 11 ・ 12 。

（ア）　おうへいな　11

① 簡潔で素朴な。
② 気だるくいい加減な。
③ 無礼で偉そうな。
④ 派手で大げさな。

し様式化していくことであり、きわめて厳密な規制的枠組みのなかでくりかえされる一連の行為であって、その行為は、長い年月のあいだに凝固して、C実体とか自然な存在という見せかけを生み出していく」と指摘している。

つまり、女らしさや男らしさに関わるアイデンティティの側面も、身近な人との関わり合いの中で、長い間繰り返し表現していくことで、「自分の女らしさ、あるいは、男らしさはこんな感じ」という感覚が確立していくというのだ。

もうひとつ考えられる疑問は、私たちは、その時々に応じて、さまざまなアイデンティティを持った人間として立ち現れるとしたら、自分のアイデンティティは複数あるのかという問いだ。これは、「アイデンティティ」をどのように理解するかという難しい問題をはらんでいる。しかし、アイデンティティをひとつに限る必要はないと考える人はいる。

たとえば、作家の平野啓一郎は、『私とは何か』（二〇一二）の中で、「個人」ではなく「分人」という考え方を提案している。この本によると、たったひとつの「本当の自分」など存在しない。むしろ、［5］。

「分人」という考え方の素晴らしいところは、たとえ、Aさんとの関係で見せている自分は好きではなくても、Bさんとの関係で見せている自分を支えにしていけると示している点だ。学校でいじめられて苦しんでいる自分がすべてではなく、家に帰って家族から愛されている自分を認めることで生きていける。

このように、複数のアイデンティティを表現することは、後期近代の特徴だという人もいる（ギデンズ(注1)二〇〇五）。そう言われてみると、以前の日本企業は、終身雇用が(イ)売りだった。一度就職すれば、退職するまで同じ会社で働く。自分のアイデンティティは、昇進などで変わるぐらいで、基本的には、会社の限られた人間関係にもとづいていた。(ウ)へたをすると、「会社」が、その人のアイデンティティになる場合も多かった。

ところが今は、ひとつの会社に就職しても、転職する人もいる。同じ会社で働く人も、正社員から派遣社員、嘱託やアルバイト、それに加えて転職組など、あらゆる立場の人たちが一緒だ。会社の上下関係だけにもとづいて接していては、仕事わり合うことでつくり続けるものだとみなす考え方を「構築主義」と呼ぶ。

構築主義によれば、人はあらかじめ「持っている」アイデンティティを表現しているのではなく、他の人と関わり合う中で、その時々に応じて、さまざまなアイデンティティを持った人間として立ち現れるのだ。本書では、構築主義の考え方にもとづいて、ことばとアイデンティティの関係を見ていく。

「構築主義」という考え方の特徴は、何よりも、私たちのアイデンティティは、他の人との関わり合いの中で表現されるものだと考える点だ。関わり合う相手は、人間でなくてもよい。ペットに話しかけるときには、自分でもびっくりするぐらい優しい自分になっている時がある。

しかし、ここまで読んできて、いくつかの疑問を持った読者がいると思う。

まず考えられる疑問は、他の人と関わり合うことで、その時々に応じてアイデンティティを表現するとしたら、人と関わり合う前の自分は空っぽなのかという問いだ。この、「自分は空っぽ」というのは、たいていの人の感覚とずれている。むしろ私たちは、自分の中には何か自分らしさがあるという感覚を持っているのではないか。

これに対して、構築主義を提案した人たちは、次のように説明する。私たちは、繰り返し習慣的に特定のアイデンティティを表現し続けることで、そのアイデンティティが自分の「 4 」であるかのような幻想を持つ。

そう言われてみると、私たちが日常的に関わり合う人たちは、結構、似たような人であることが多い。毎日、新しい出会いがある人もいるかもしれないが、たいていは、家族やクラスメート、学校の先生など、同じような顔触れなのではないだろうか。だとすると、私たちは、日常生活で関わる人に対して、かなり長い期間、繰り返し、同じような自分を表現していることになる。そして、それが「自分らしさ」を形成していると感じるようになっているとしても、不思議ではない。

哲学者のジュディス・バトラーは、ジェンダーに関わるアイデンティティについて、「ジェンダーとは、身体をくりかえたとえば、アイデンティティのうちで「ジェンダー」（女らしさや男らしさ）に関わる側面を本質主義にもとづいて表現すると、人は〈女らしさ〉や〈男らしさ〉を「持っていて」、その〈女らしさ〉や〈男らしさ〉にもとづいて、ことばを使うと理解される。ある人が女らしい言葉づかいをするのは、その人が女らしいからで、男らしい言葉づかいをするのは、その人が男らしいからだと言われた（ちなみに、本書では、「性別」ではなく「ジェンダー」を用いる。性別とは生物学的な性の違いを指し、ジェンダーは、社会文化的な女らしさや男らしさを指す）。

しかし、B このような考え方では説明のつかないことがたくさん出てきてしまった。もっとも大きな問題は、私たちはだれでも、それぞれの状況に応じてさまざまに異なる言葉づかいをしていることがはっきりしてきた点である。同じ人でも、家庭での言葉づかいと学校での言葉づかいは異なる。同じ学校で話していても、話す相手や、場所、目的によって異なる。さらに、同じ人でも子どもの時と大人になってからでは言葉づかいが変わる。同じ〈男らしさ〉を持っている人でも、その言葉づかいはそれぞれに異なる。むしろ、いつでも、だれとでも、同じ言葉づかいで話している方が不自然に感じられるのではないだろうか。［ 2 ］、私たちが、すでにあるアイデンティティにもとづいて人との関わり方を決めているのだとしたら、このように言葉づかいが多様に変化することを説明できない。

そこで提案されたのが、アイデンティティをコミュニケーションの原因ではなく結果ととらえる考え方である。私たちは、あらかじめ備わっている〈日本人・男・中学生〉という属性にもとづいて言葉を選んでいるのではなく、人とのコミュニケーションによって自分のアイデンティティをつくり上げている。「私は日本人だ」「男として恥ずかしい」「もう中学生になった」などと言う行為が、その人をその時〈日本人〉〈男〉〈中学生〉として表現すると考えるのである。

アイデンティティを、その人が「持っている」属性とみなすのではなく、人と関わり合うことでつくりあげる、［ 3 ］、「アイデンティティする」行為の結果だとみなすのである。このように、アイデンティティを、他の人とことばを使って関

1　アイデンティティは人と関わり合う中から立ち現れてくるもので、私たちは、すでにあるアイデンティティにもとづいて人との関わり方を決めているのではない。だから、人と関わるときに大きな役割を果たす「ことば」は、重要だ。
2　アイデンティティには、大きく三つの側面がある。
3　アイデンティティを表現するのに利用できる「ことば」には、いくつかの種類がある。
4　アイデンティティは、さまざまな方法で表現されるので、いつ表現されたアイデンティティも、その人のすべてを表しているのではなく、いつも部分的になる。

以下で、ひとつずつ見ていこう。

最初の、「アイデンティティは人と関わり合う中から立ち現れてくるもので、私たちは、すでにあるアイデンティティにもとづいて人との関わり方を決めているのではない」という考え方は、ことばとアイデンティティの関係から理解すると分かりやすい。

これまで、ことばとアイデンティティの関係は、あらかじめ話し手には自分のアイデンティティがあって、そのアイデンティティが言葉づかいにも自然にあらわれると理解されていた。謙虚な人はていねいな言葉づかいをし、傲慢な人は(ア)おうへいな言葉づかいをする。ある人がていねいな言葉づかいをするのは、その人が謙虚な人だからだと考えられた。つまり、「私たちは、すでにあるアイデンティティにもとづいて人との関わり方を決めている」と考えられていたのだ。

このように、アイデンティティをその人にあらかじめ備わっている属性のようにとらえて、人はそれぞれの属性にもとづいてコミュニケーションをするという考え方を「A本質主義」と呼ぶ。

(9) 商品の魅力をレッキョする。 [9]

① 撮影のキョカをとる。
② キョリを計算する。
③ キョシュで賛意を示す。
④ 二世帯がドウキョする。

(10) 銀杏《いちょう》がラクヨウする。 [10]

① ラクノウを営む。
② 山間のシュウラクを訪ねる。
③ ラクテン的に考える。
④ 文章のミャクラクをつかむ。

二

次の文章を読んで、後の問い（問1〜10）に答えなさい。

「アイデンティティ」とは何なのか。その定義は分野によって違う。[1]言えば、「私という人間」とでも表すことができる。「私がどんな人なのかというイメージ」のようなものだ。「私」だけでなく、話している相手や会話で話題になっている人の人物像を指す場合もある。

そんな、あいまいな概念だが、社会言語学では、アイデンティティを以下の四つの特徴から考える。

(6) コウミョウな手口でだます。　6

① コウレイの駅伝大会を開く。
② 複雑なギコウを凝らす。
③ 大学のコウギに出席する。
④ 耳鼻インコウ科を受診する。

(7) ユウホドウを散策する。　7

① 視察のためにガイユウする。
② 時間にヨユウをもつ。
③ ユウゲンな景色を眺める。
④ 国民的なエイユウになる。

(8) 美しい演奏にトウスイする。　8

① トウホン西走する。
② トウフを味噌《みそ》汁《しる》に入れる。
③ 暖房用のトウユを買う。
④ トウキの皿を洗う。

(3) ドンカク三角形を描く。 3

① 昼食にテンドンを食べる。
② ドンヨクに知識を求める。
③ 人の気持ちにドンカンではいけない。
④ ドンテンの切れ目から日光が差す。

(4) ロウレンな職人を頼る。 4

① 長年のコウロウに報いる。
② 建物がロウキュウ化する。
③ 作文をロウドクする。
④ ロウデン箇所を修理する。

(5) サイシンの注意を払う。 5

① 畑でヤサイを育てる。
② サイジキで季語を調べる。
③ ササイなことにこだわる。
④ 日本銀行のソウサイに就任する。

国語

（六〇分）

一　次の⑴～⑽の各文の傍線部を漢字に直したとき、それと同じ漢字を含むものを、下の各群の①～④のうちからそれぞれ一つずつ選びなさい。解答番号は 1 ～ 10 。

⑴　自然のセツリを感じる。　1

① セツドのある生活をする。
② 多様な概念をホウセツする。
③ 野外に会場をセツエイする。
④ レンズで光がクッセツする。

⑵　蛸《たこ》のキュウバンを観察する。　2

① 日本のバンコン化が急速に進む。
② 夕食のおショウバンにあずかる。
③ 試合でバンユウをふるう。
④ 映画がシュウバンに近づく。

解答編

英語

1 解答
問1．③　問2．①　問3．④　問4．③　問5．③
問6．②　問7．①　問8．③　問9．②　問10．③
問11．④　問12．②　問13．④　問14．②　問15．①

2 解答
A．問1．③　問2．①　問3．③　問4．①
B．問1．②　問2．④　問3．①　問4．②

3 解答
問1．24—⑤　25—①　問2．26—②　27—④
問3．28—③　29—②

4 解答　≪留学生が体験したカルチャーショックについて≫
問1．②　問2．④　問3．③　問4．①　問5．②　問6．②
問7．④　問8．②

5 解答
A．≪氷の中から発見された生物由来の遺物≫
問1．③　問2．④
B．≪折り紙の利点≫
問3．②　問4．③
C．≪夢のはたらき≫
問5．④　問6．①

日本史

1 解答 ≪外国から見た日本≫

問1．④　問2．②　問3．③　問4．①　問5．③　問6．②
問7．②　問8．③　問9．⑥　問10．①

2 解答 ≪原始・古代の社会・経済≫

問1．④　問2．①　問3．④　問4．③　問5．②　問6．②
問7．③　問8．①　問9．④　問10．②

3 解答 ≪古代・中世の外交≫

問1．②　問2．④　問3．④　問4．②　問5．③　問6．①
問7．①　問8．③　問9．④　問10．②

4 解答 ≪近世の政治≫

問1．①　問2．①　問3．③　問4．②　問5．⑤　問6．④
問7．②　問8．③　問9．①　問10．④

5 解答 ≪近現代の経済≫

問1．②　問2．③　問3．①　問4．④　問5．③　問6．⑥
問7．②　問8．④　問9．①　問10．②

世界史

1 解答 ≪歴史上の金属≫

問1．③　問2．④　問3．④　問4．③　問5．①　問6．②
問7．③　問8．②　問9．③　問10．⑤

2 解答 ≪地中海世界の文明・文化≫

問1．④　問2．④　問3．②　問4．④　問5．②　問6．④
問7．③　問8．③　問9．④　問10．④

3 解答 ≪中国の都市≫

問1．①　問2．③　問3．②　問4．②　問5．④　問6．③
問7．④　問8．③　問9．①　問10．②

4 解答 ≪15～16世紀の航海者たち≫

(ア)―⑧　(カ)―①　(コ)―⑥　(イ)―⑥　(エ)―④　(ウ)―⑥　(ク)―②　(オ)―⑤
(ケ)―③　(キ)―①

5 解答 ≪東南アジアの民族運動≫

問1．③　問2．④　問3．①　問4．②　問5．③　問6．①
問7．③　問8．④　問9．④　問10．②

三

出典　加藤尚武『進歩の思想　成熟の思想――21世紀を生きるために』（講談社学術文庫）

解答

問1　（ア）―④　（イ）―①
問2　④
問3　②
問4　②
問5　5―⑥　6―①
問6　③
問7　④
問8　①

国語

一

解答

(1)—② (2)—④ (3)—③ (4)—② (5)—③ (6)—② (7)—① (8)—④ (9)—③ (10)—②

二

出典 中村桃子『「自分らしさ」と日本語』〈第1章 アイデンティティ表現の材料としての「ことば」〉（ちくまプリマー新書）

解答

問1 (ア)—③ (イ)—④

問2 ③

問3 ②

問4 ①

問5 ②

問6 2—④ 3—⑤

問7 ②

問8 ①

問9 ③

問10 ③

■一般選抜C

問題編

〔3月10日実施分〕

▶試験科目・配点

【総合福祉・コミュニティ政策・教育・地域創生・経営・人文学部】

①一般教養テスト（記述式を含む，国語・英語を中心とする）〔100点〕

②書類審査（調査書）〔10点〕

【看護栄養学部】

①一般教養テスト（記述式を含む，国語・英語を中心とする）〔100点〕

②グループ面接〔50点〕

③書類審査（調査書）〔10点〕

▶備　考

・看護栄養学部のグループ面接は個人面接となることがある。

一般教養テスト

（60分）

1

A：次の問1～6の［ 1 ］～［ 6 ］に入る最も適当な番号を、それぞれ下の①～④の中から1つ選びなさい。

問1　Maria has lived in this city ［ 1 ］ she was eight years old.
① when　② until　③ since　④ for

問2　May I ［ 2 ］ you a favor, John?
① want　② like　③ believe　④ ask

問3　We were surprised because James ［ 3 ］ solved that problem.
① ease　② easy　③ easier　④ easily

問4　I must go out tomorrow.　Could you ［ 4 ］ after my dog?
① look　② take　③ go　④ name

問5　*Kusamakura* ［ 5 ］ written in 1906 by Natsume Soseki.
① did　② had　③ was　④ has been

問6　I think this painting is ［ 6 ］ beautiful than that one.
① much　② more
③ the more　④ the most

B：次の問7・8において、それぞれ下の語を並べかえて意味の通じる英文を完成させなさい。解答は［ 7 ］、［ 8 ］に入る最も適当な番号を、それぞれ下の①～④の中から1つ選びなさい。

問7　Do you ＿＿ ＿＿ [7] ＿＿ ?

① is　② know　③ she　④ who

問8　The man's kind ＿＿ ＿＿ [8] ＿＿ .

① happy　② made　③ us　④ words

[2] 次の問1～4の会話文中の[9]～[12]に入る発話として最も適当な番号を、それぞれ下の①～④の中から1つ選びなさい。

問1　Eddy: Do you like playing sports?

Lisa: Yes. I like playing tennis.

Eddy: [9]

Lisa: Two or three times a month.

① What sport do you like?

② Where do you practice?

③ How often do you play?

④ How hard is it?

問2　Nancy: Have you finished the assignment, Akira?

Akira: [10]

Nancy: The history assignment for Ms. Suzuki's class.

Akira: Oh! I already turned it in last week.

① I'm working on it now.

② Yes, it took me more than a week.

③ No, I haven't finished it yet.

④ What are you talking about?

問3

Mike: Excuse me. Does this train stop at Higashi Sakura?

Stranger: No. This is an express train.

Mike: [11]

Stranger: Just change to the local train at the next stop.

① Thank you. I'm relieved.

② Then, what should I do?

③　So, it stops there, right?

④　How long does it take?

問4

Mr. Sasaki:　Hello.　Could I speak to Ms. Green, please?

Ms. Green:　[12]

Mr. Sasaki:　This is Mr. Sasaki.　I'm returning your call.

Ms. Green:　Oh!　Thank you, Mr. Sasaki.

①　Speaking.

②　Hold on.　I'll put you through.

③　Oh.　She's absent today.

④　You have the wrong number.

[3]

問1　次の(1)～(5)の傍線部にあてはまる漢字を、次の各群の①～④の中からそれぞれ一つずつ選びなさい。解答番号は[13]～[17]。

(1)　ヨウ赦のない仕打ち。[13]

①　擁　　②　容　　③　要　　④　用

(2)　ケン悪な両国の関係。[14]

①　倹　　②　権　　③　嫌　　④　険

(3)　上司に逐ジ報告する。[15]

①　次　　②　示　　③　事　　④　時

(4)　責任の転カをするな。[16]

①　嫁　　②　禍　　③　渦　　④　価

(5)　彼は古美術に造ケイが深い。[17]

①　傾　　②　憬　　③　詣　　④　敬

問2　次の(1)～(3)の熟語の読みとして最も適当なものを、次の各群の①～④の中からそれぞれ一つずつ選びなさい。解答番号は[18]～[20]。

(1) 克己 18

① カッコ　② カッキ　③ コッキ　④ カツイ

(2) 唯物 19

① ユイブツ　② イブツ　③ イモツ　④ エブツ

(3) 凄惨 20

① ソウザン　② セイサン　③ セイザン　④ サイサン

問3　次の(1)～(3)の傍線部の語句の意味として最も適当なものを、次の各群の①～④の中からそれぞれ一つずつ選びなさい。解答番号は 21 ～ 23 。

(1) 今夜は殊のほか冷え込むようだ。 21

① どこでも同じように　② 意外なほど
③ 思った通り　④ いつものように

(2) 彼の意見はあながち的外れではない。 22

① 一見して　② おそらく
③ よく考えると　④ 必ずしも

(3) テクノロジーが漸進する。 23

① 段階を追って少しずつ進む　② 一気に先へ進む
③ 新しい段階へと進む　④ ゆっくりと進む

問4　次の(1)～(3)のことばの意味として最も適当なものを、次の各群の①～④の中からそれぞれ一つずつ選びなさい。解答番号は 24 ～ 26 。

(1) うがった見方 24

① 本質をとらえた見方のこと。
② 疑ってかかる見方のこと。
③ いい加減な見方のこと。
④ 誤った見方のこと。

(2)　当意即妙　[25]

①　相手の意思を尊重し対応すること。

②　素早く機転を利かし対応すること。

③　あわてておかしな対応をしてしまうこと。

④　自分の意思をうまく伝えること。

(3)　琴線に触れる　[26]

①　相手を悲しませてしまうこと。

②　相手の記憶を呼び起こすこと。

③　相手の怒りを買ってしまうこと。

④　相手に共感や感動をおぼえること。

問5　次の①～④の語の組み合わせのうちで、同義語の関係として**正しくないもの**を、一つ選びなさい。解答番号は[27]。

①　継起―頻発　　②　風潮―時流

③　豪語―強意　　④　栄達―出世

問6　次の①～④の語の組み合わせのうちで、対義語の関係として**正しくないもの**を、一つ選びなさい。解答番号は[28]。

①　卑近―高慢　　②　濃縮―希釈

③　債務―債権　　④　紛糾―解決

4　次の文章は、日本の食品ロス対策に関して述べたものである。これに関連する、問１～６の各問いに答えなさい。解答番号は 29 ～ 34 。

国際連合の持続可能な開発目標（ＳＤＧｓ）が掲げる食料の廃棄削減目標を踏まえ、日本は 2019 年に食品ロス削減推進法を施行するなど、食品ロス削減の取り組みを推進している。日本の食品ロス量は 2016 年度から減少傾向にあり（資料１）、より一層の削減をめざして、2030 年度までに家庭系と事業系の食品ロス量をそれぞれ 2000 年度比で半減させる目標を定めている。

資料１　食品ロス量の推移

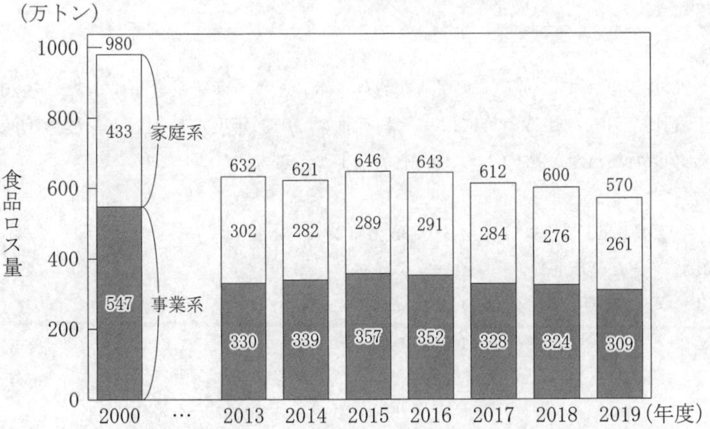

（資料）消費者庁「食品ロス削減関係参考資料」を加工して作成

資料２　2019 年度の事業系食品ロスの内訳

業種	外食産業	食品製造業	食品卸売業	食品小売業
食品ロス量 （割合）	103 万トン （33%）	128 万トン （41%）	14 万トン （5%）	64 万トン （21%）

（資料）農林水産省「食品ロス量の推移」を加工して作成

問１　廃棄される食品のうち、食品ロスに**含まれないもの**を、次の①～④の中から１つ選びなさい。 29

①　卵の殻　　②　賞味期限切れのチーズ

③　食べ残したご飯　　④　厚くむいた野菜の皮

問2　食品ロスが問題視されている理由として**誤っているもの**を、次の①～④の中から1つ選びなさい。 30

① 水分を含む食品は焼却する際に多くのエネルギーを必要とし、二酸化炭素を大量に排出するため、地球温暖化の一因となっている。
② 食品は衛生上の理由から資源として再利用することができず、すべてがごみとなってしまう。
③ 大量の食品を無駄にし続けていると、世界人口の増加に伴う将来的な食料危機に対応できない。
④ 食料の多くを輸入に頼りながら、大量の食品ロスを出している状況は経済的に無駄が多い。

問3　2030年度までに、ア「家庭系食品ロス量」とイ「事業系食品ロス量」を2000年度比で半減させるためには、それぞれを2019年度から何万トン程度削減する必要があるか。次の①～④の中から1つ選びなさい。 31

① ア－0.45万トン　イ－0.36万トン
② ア－4.5万トン　イ－3.6万トン
③ ア－45万トン　イ－36万トン
④ ア－450万トン　イ－360万トン

問4　食品ロス削減につながる行動として**適切でないもの**を、次の①～④の中から1つ選びなさい。 32

① 賞味期限の近いものは購入しない。
② 料理は食べきれる量を作り、残った場合は適切に保存する。
③ 食材の在庫を確認したうえで、必要な分だけ購入する。
④ 飲食店で注文しすぎないようにする。

問5　おもに企業や農家などから食品ロスを引き取り、福祉施設などに無償で提供する活動や団体の名称として正しいものを、次の①～④の中から1つ選びなさい。 33

① フードデリバリー　② フードテック
③ フードバンク　④ フードダイバーシティ

問６　資料２によると、事業系食品ロスの約４分の３は、食品製造業と外食産業で発生していることがわかる。これらの業種において食品ロスをおさえるにはどのような取り組みが有効だと考えられるか。業種名を明記して、50字以内で説明しなさい。**なお、解答は別紙に記入すること。** 34

解答編

一般教養テスト

1 解答 A：問1．③　問2．④　問3．④　問4．①
問5．③　問6．②
B：問7．③　問8．③

2 解答 問1．③　問2．④　問3．②　問4．①

3 解答 問1．(1)―②　(2)―④　(3)―①　(4)―①　(5)―③
問2．(1)―③　(2)―①　(3)―②
問3．(1)―②　(2)―④　(3)―①
問4．(1)―①　(2)―②　(3)―④
問5．③
問6．①

4 解答 問1．①　問2．②　問3．③　問4．①　問5．③
問6．食品製造業では，お菓子の切れ端などこれまで廃棄していた食品を利用した商品を開発して販売する。(50 字以内)

MEMO

MEMO

MEMO

MEMO

MEMO

MEMO

教学社 刊行一覧

2024年版 大学入試シリーズ（赤本）

378大学555点
全都道府県を網羅

国公立大学（都道府県順）

全国の書店で取り扱っています。店頭にない場合は，お取り寄せができます。

1 北海道大学（文系－前期日程）
2 北海道大学（理系－前期日程） 医
3 北海道大学（後期日程）
4 旭川医科大学（医学部〈医学科〉） 医
5 小樽商科大学
6 帯広畜産大学
7 北海道教育大学
8 室蘭工業大学／北見工業大学
9 釧路公立大学
10 公立千歳科学技術大学
11 公立はこだて未来大学 総推
12 札幌医科大学（医学部） 医
13 弘前大学 医
14 岩手大学
15 岩手県立大学・盛岡短期大学部・宮古短期大学部
16 東北大学（文系－前期日程）
17 東北大学（理系－前期日程） 医
18 東北大学（後期日程）
19 宮城教育大学
20 宮城大学
21 秋田大学 医
22 秋田県立大学
23 国際教養大学 総推
24 山形大学 医
25 福島大学
26 会津大学
27 福島県立医科大学（医・保健科学部） 医
28 茨城大学（文系）
29 茨城大学（理系）
30 筑波大学（推薦入試） 医 総推
31 筑波大学（前期日程） 医
32 筑波大学（後期日程）
33 宇都宮大学
34 群馬大学 医
35 群馬県立女子大学
36 高崎経済大学
37 前橋工科大学
38 埼玉大学（文系）
39 埼玉大学（理系）
40 千葉大学（文系－前期日程）
41 千葉大学（理系－前期日程） 医
42 千葉大学（後期日程） 医
43 東京大学（文科） DL
44 東京大学（理科） DL 医
45 お茶の水女子大学
46 電気通信大学
47 東京医科歯科大学 医
48 東京外国語大学 DL
49 東京海洋大学
50 東京学芸大学
51 東京藝術大学
52 東京工業大学
53 東京農工大学
54 一橋大学（前期日程） DL
55 一橋大学（後期日程）
56 東京都立大学（文系）
57 東京都立大学（理系）
58 横浜国立大学（文系）
59 横浜国立大学（理系）
60 横浜市立大学（国際教養・国際商・理・データサイエンス・医〈看護〉学部）
61 横浜市立大学（医学部〈医学科〉） 医
62 新潟大学（人文・教育〈文系〉・法・経済科・医〈看護〉・創生学部）
63 新潟大学（教育〈理系〉・理・医〈看護を除く〉・歯・工・農学部） 医
64 新潟県立大学
65 富山大学（文系）
66 富山大学（理系） 医
67 富山県立大学
68 金沢大学（文系）
69 金沢大学（理系） 医
70 福井大学（教育・医〈看護〉・工・国際地域学部）
71 福井大学（医学部〈医学科〉） 医
72 福井県立大学
73 山梨大学（教育・医〈看護〉・工・生命環境学部）
74 山梨大学（医学部〈医学科〉） 医
75 都留文科大学
76 信州大学（文系－前期日程）
77 信州大学（理系－前期日程） 医
78 信州大学（後期日程）
79 公立諏訪東京理科大学 総推
80 岐阜大学（前期日程） 医
81 岐阜大学（後期日程）
82 岐阜薬科大学
83 静岡大学（前期日程）
84 静岡大学（後期日程）
85 浜松医科大学（医学部〈医学科〉） 医
86 静岡県立大学
87 静岡文化芸術大学
88 名古屋大学（文系）
89 名古屋大学（理系） 医
90 愛知教育大学
91 名古屋工業大学
92 愛知県立大学
93 名古屋市立大学（経済・人文社会・芸術工・看護・総合生命理・データサイエンス学部）
94 名古屋市立大学（医学部） 医
95 名古屋市立大学（薬学部）
96 三重大学（人文・教育・医〈看護〉学部）
97 三重大学（医〈医〉・工・生物資源学部） 医
98 滋賀大学
99 滋賀医科大学（医学部〈医学科〉） 医
100 滋賀県立大学
101 京都大学（文系）
102 京都大学（理系） 医
103 京都教育大学
104 京都工芸繊維大学
105 京都府立大学
106 京都府立医科大学（医学部〈医学科〉） 医
107 大阪大学（文系） DL
108 大阪大学（理系） 医
109 大阪教育大学
110 大阪公立大学（現代システム科学域〈文系〉・文・法・経済・商・看護・生活科〈居住環境・人間福祉〉学部－前期日程）
111 大阪公立大学（現代システム科学域〈理系〉・理・工・農・獣医・医・生活科〈食栄養〉学部－前期日程） 医
112 大阪公立大学（中期日程）
113 大阪公立大学（後期日程）
114 神戸大学（文系－前期日程）
115 神戸大学（理系－前期日程） 医
116 神戸大学（後期日程）
117 神戸市外国語大学 DL
118 兵庫県立大学（国際商経・社会情報科・看護学部）
119 兵庫県立大学（工・理・環境人間学部）
120 奈良教育大学／奈良県立大学
121 奈良女子大学
122 奈良県立医科大学（医学部〈医学科〉） 医
123 和歌山大学
124 和歌山県立医科大学（医・薬学部） 医
125 鳥取大学 医
126 公立鳥取環境大学
127 島根大学 医
128 岡山大学（文系）
129 岡山大学（理系） 医
130 岡山県立大学
131 広島大学（文系－前期日程）
132 広島大学（理系－前期日程） 医
133 広島大学（後期日程）
134 尾道市立大学 総推
135 県立広島大学
136 広島市立大学
137 福山市立大学 総推
138 山口大学（人文・教育〈文系〉・経済・医〈看護〉・国際総合科学部）
139 山口大学（教育〈理系〉・理・医〈看護を除く〉・工・農・共同獣医学部） 医
140 山陽小野田市立山口東京理科大学 総推
141 下関市立大学／山口県立大学
142 徳島大学 医
143 香川大学 医
144 愛媛大学 医
145 高知大学 医
146 高知工科大学
147 九州大学（文系－前期日程）
148 九州大学（理系－前期日程） 医
149 九州大学（後期日程）
150 九州工業大学
151 福岡教育大学
152 北九州市立大学
153 九州歯科大学
154 福岡県立大学／福岡女子大学
155 佐賀大学 医
156 長崎大学（多文化社会・教育〈文系〉・経済・医〈保健〉・環境科〈文系〉学部）
157 長崎大学（教育〈理系〉・医〈医〉・歯・薬・情報データ科・工・環境科〈理系〉・水産学部） 医
158 長崎県立大学 総推
159 熊本大学（文・教育・法・医〈看護〉学部）
160 熊本大学（理・医〈看護を除く〉・薬・工学部） 医
161 熊本県立大学
162 大分大学（教育・経済・医〈看護〉・理工・福祉健康科学部）
163 大分大学（医学部〈医学科〉） 医
164 宮崎大学（教育・医〈看護〉・工・農・地域資源創成学部）
165 宮崎大学（医学部〈医学科〉） 医
166 鹿児島大学（文系）
167 鹿児島大学（理系） 医
168 琉球大学 医

2024年版　大学入試シリーズ（赤本）

国公立大学 その他

- 169 〔国公立大〕医学部医学科 総合型選抜・学校推薦型選抜 医 総推
- 170 看護・医療系大学〈国公立 東日本〉
- 171 看護・医療系大学〈国公立 中日本〉
- 172 看護・医療系大学〈国公立 西日本〉
- 173 海上保安大学校／気象大学校
- 174 航空保安大学校
- 175 国立看護大学校
- 176 防衛大学校 総推
- 177 防衛医科大学校（医学科） 医
- 178 防衛医科大学校（看護学科）

※No.169～172の収載大学は赤本ウェブサイト（http://akahon.net/）でご確認ください。

私立大学①

北海道の大学（50音順）

- 201 札幌大学
- 202 札幌学院大学
- 203 北星学園大学・短期大学部
- 204 北海学園大学
- 205 北海道医療大学
- 206 北海道科学大学
- 207 北海道武蔵女子短期大学
- 208 酪農学園大学（獣医学群〈獣医学類〉）

東北の大学（50音順）

- 209 岩手医科大学（医・歯・薬学部） 医
- 210 仙台大学 総推
- 211 東北医科薬科大学（医・薬学部） 医
- 212 東北学院大学
- 213 東北工業大学
- 214 東北福祉大学
- 215 宮城学院女子大学 総推

関東の大学（50音順）

あ行（関東の大学）

- 216 青山学院大学（法・国際政治経済学部－個別学部日程）
- 217 青山学院大学（経済学部－個別学部日程）
- 218 青山学院大学（経営学部－個別学部日程）
- 219 青山学院大学（文・教育人間科学部－個別学部日程）
- 220 青山学院大学（総合文化政策・社会情報・地球社会共生・コミュニティ人間科学部－個別学部日程）
- 221 青山学院大学（理工学部－個別学部日程）
- 222 青山学院大学（全学部日程）
- 223 麻布大学（獣医、生命・環境科学部）
- 224 亜細亜大学
- 225 跡見学園女子大学
- 226 桜美林大学
- 227 大妻女子大学・短期大学部

か行（関東の大学）

- 228 学習院大学（法学部－コア試験）
- 229 学習院大学（経済学部－コア試験）
- 230 学習院大学（文学部－コア試験）
- 231 学習院大学（国際社会科学部－コア試験）
- 232 学習院大学（理学部－コア試験）
- 233 学習院女子大学
- 234 神奈川大学（給費生試験）
- 235 神奈川大学（一般入試）
- 236 神奈川工科大学
- 237 鎌倉女子大学・短期大学部
- 238 川村学園女子大学
- 239 神田外語大学
- 240 関東学院大学
- 241 北里大学（理学部）
- 242 北里大学（医学部） 医
- 243 北里大学（薬学部）
- 244 北里大学（看護・医療衛生学部）
- 245 北里大学（未来工・獣医・海洋生命科学部）
- 246 共立女子大学・短期大学
- 247 杏林大学（医学部） 医
- 248 杏林大学（保健学部）
- 249 群馬医療福祉大学 新
- 250 群馬パース大学 総推
- 251 慶應義塾大学（法学部）
- 252 慶應義塾大学（経済学部）
- 253 慶應義塾大学（商学部）
- 254 慶應義塾大学（文学部） 総推
- 255 慶應義塾大学（総合政策学部）
- 256 慶應義塾大学（環境情報学部）
- 257 慶應義塾大学（理工学部）
- 258 慶應義塾大学（医学部） 医
- 259 慶應義塾大学（薬学部）
- 260 慶應義塾大学（看護医療学部）
- 261 工学院大学
- 262 國學院大學
- 263 国際医療福祉大学 医
- 264 国際基督教大学
- 265 国士舘大学
- 266 駒澤大学（一般選抜T方式・S方式）
- 267 駒澤大学（全学部統一日程選抜）

さ行（関東の大学）

- 268 埼玉医科大学（医学部） 医
- 269 相模女子大学・短期大学部
- 270 産業能率大学
- 271 自治医科大学（医学部） 医
- 272 自治医科大学（看護学部）／東京慈恵会医科大学（医学部〈看護学科〉）
- 273 実践女子大学 総推
- 274 芝浦工業大学（前期日程〈英語資格・検定試験利用方式を含む〉）
- 275 芝浦工業大学（全学統一日程〈英語資格・検定試験利用方式を含む〉・後期日程）
- 276 十文字学園女子大学
- 277 淑徳大学
- 278 順天堂大学（医学部） 医
- 279 順天堂大学（スポーツ健康科・医療看護・保健看護・国際教養・保健医療・医療科・健康データサイエンス学部） 総推
- 280 城西国際大学 新
- 281 上智大学（神・文・総合人間科学部）
- 282 上智大学（法・経済学部）
- 283 上智大学（外国語・総合グローバル学部）
- 284 上智大学（理工学部）
- 285 上智大学（TEAPスコア利用方式）
- 286 湘南工科大学
- 287 昭和大学（医学部） 医
- 288 昭和大学（歯・薬・保健医療学部）
- 289 昭和女子大学
- 290 昭和薬科大学
- 291 女子栄養大学・短期大学部
- 292 白百合女子大学
- 293 成蹊大学（法学部－A方式）
- 294 成蹊大学（経済・経営学部－A方式）
- 295 成蹊大学（文学部－A方式）
- 296 成蹊大学（理工学部－A方式）
- 297 成蹊大学（E方式・G方式・P方式）
- 298 成城大学（経済・社会イノベーション学部－A方式）
- 299 成城大学（文芸・法学部－A方式）
- 300 成城大学（S方式〈全学部統一選抜〉）
- 301 聖心女子大学
- 302 清泉女子大学
- 303 聖徳大学・短期大学部
- 304 聖マリアンナ医科大学 医
- 305 聖路加国際大学（看護学部）
- 306 専修大学（スカラシップ・全国入試）
- 307 専修大学（学部個別入試）
- 308 専修大学（全学部統一入試）

た行（関東の大学）

- 309 大正大学
- 310 大東文化大学
- 311 高崎健康福祉大学 総推
- 312 拓殖大学
- 313 玉川大学
- 314 多摩美術大学
- 315 千葉工業大学
- 316 千葉商科大学
- 317 中央大学（法学部－学部別選抜）
- 318 中央大学（経済学部－学部別選抜）
- 319 中央大学（商学部－学部別選抜）
- 320 中央大学（文学部－学部別選抜）
- 321 中央大学（総合政策学部－学部別選抜）
- 322 中央大学（国際経営・国際情報学部－学部別選抜）
- 323 中央大学（理工学部－学部別選抜）
- 324 中央大学（6学部共通選抜）
- 325 中央学院大学
- 326 津田塾大学
- 327 帝京大学（薬・経済・法・文・外国語・教育・理工・医療技術・福岡医療技術学部）
- 328 帝京大学（医学部） 医
- 329 帝京科学大学 総推
- 330 帝京平成大学 総推
- 331 東海大学（医〈医〉学部を除く－一般選抜）
- 332 東海大学（文系・理系学部統一選抜）
- 333 東海大学（医学部〈医学科〉） 医
- 334 東京医科大学（医学部〈医学科〉） 医
- 335 東京家政大学・短期大学部 総推
- 336 東京経済大学
- 337 東京工科大学
- 338 東京工芸大学
- 339 東京国際大学
- 340 東京歯科大学
- 341 東京慈恵会医科大学（医学部〈医学科〉） 医
- 342 東京情報大学
- 343 東京女子大学
- 344 東京女子医科大学（医学部） 医
- 345 東京電機大学
- 346 東京都市大学
- 347 東京農業大学
- 348 東京薬科大学（薬学部） 総推
- 349 東京薬科大学（生命科学部） 総推
- 350 東京理科大学（理学部〈第一部〉－B方式）
- 351 東京理科大学（創域理工学部－B方式・S方式）
- 352 東京理科大学（工学部－B方式）
- 353 東京理科大学（先進工学部－B方式）
- 354 東京理科大学（薬学部－B方式）
- 355 東京理科大学（経営学部－B方式）
- 356 東京理科大学（C方式、グローバル方式、理学部〈第二部〉－B方式）

2024年版　大学入試シリーズ（赤本）

私立大学②

357 東邦大学（医学部） 医
358 東邦大学（薬学部）
359 東邦大学（理・看護・健康科学部）
360 東洋大学（文・経済・経営・法・社会・国際・国際観光学部）
361 東洋大学（情報連携・福祉社会デザイン・健康スポーツ科・理工・総合情報・生命科・食環境科学部）
362 東洋大学（英語〈3日程×3カ年〉） 新
363 東洋大学（国語〈3日程×3カ年〉） 新
364 東洋大学（日本史・世界史〈2日程×3カ年〉） 新
365 東洋英和女学院大学
366 常磐大学・短期大学 総推
367 獨協大学
368 獨協医科大学（医学部） 医

な行（関東の大学）

369 二松学舎大学
370 日本大学（法学部）
371 日本大学（経済学部）
372 日本大学（商学部）
373 日本大学（文理学部〈文系〉）
374 日本大学（文理学部〈理系〉）
375 日本大学（芸術学部）
376 日本大学（国際関係学部）
377 日本大学（危機管理・スポーツ科学部）
378 日本大学（理工学部）
379 日本大学（生産工・工学部）
380 日本大学（生物資源科学部）
381 日本大学（医学部） 医
382 日本大学（歯・松戸歯学部）
383 日本大学（薬学部）
384 日本大学（医学部を除く−N全学統一方式）
385 日本医科大学 医
386 日本工業大学
387 日本歯科大学
388 日本社会事業大学 新 総推
389 日本獣医生命科学大学
390 日本女子大学
391 日本体育大学

は行（関東の大学）

392 白鷗大学（学業特待選抜・一般選抜）
393 フェリス女学院大学
394 文教大学
395 法政大学（法〈法律・政治〉・国際文化・キャリアデザイン学部−A方式）
396 法政大学（法〈国際政治〉・文・経営・人間環境・グローバル教養学部−A方式）
397 法政大学（経済・社会・現代福祉・スポーツ健康学部−A方式）
398 法政大学（情報科・デザイン工・理工・生命科学部−A方式）
399 法政大学（T日程〈統一日程〉・英語外部試験利用入試）
400 星薬科大学 総推

ま行（関東の大学）

401 武蔵大学
402 武蔵野大学
403 武蔵野美術大学
404 明海大学
405 明治大学（法学部−学部別入試）
406 明治大学（政治経済学部−学部別入試）
407 明治大学（商学部−学部別入試）
408 明治大学（経営学部−学部別入試）
409 明治大学（文学部−学部別入試）
410 明治大学（国際日本学部−学部別入試）
411 明治大学（情報コミュニケーション学部−学部別入試）
412 明治大学（理工学部−学部別入試）
413 明治大学（総合数理学部−学部別入試）
414 明治大学（農学部−学部別入試）
415 明治大学（全学部統一入試）
416 明治学院大学（A日程）
417 明治学院大学（全学部日程）
418 明治薬科大学 総推
419 明星大学
420 目白大学・短期大学部

ら・わ行（関東の大学）

421 立教大学（文系学部−一般入試〈大学独自の英語を課さない日程〉）
422 立教大学（国語〈3日程×3カ年〉）
423 立教大学（日本史・世界史〈2日程×3カ年〉）
424 立教大学（文学部−一般入試〈大学独自の英語を課す日程〉）
425 立教大学（理学部−一般入試）
426 立正大学
427 早稲田大学（法学部）
428 早稲田大学（政治経済学部）
429 早稲田大学（商学部）
430 早稲田大学（社会科学部）
431 早稲田大学（文学部）
432 早稲田大学（文化構想学部）
433 早稲田大学（教育学部〈文科系〉）
434 早稲田大学（教育学部〈理科系〉）
435 早稲田大学（人間科・スポーツ科学部）
436 早稲田大学（国際教養学部）
437 早稲田大学（基幹理工・創造理工・先進理工学部）
438 和洋女子大学 総推

中部の大学（50音順）

439 愛知大学
440 愛知医科大学（医学部） 医
441 愛知学院大学・短期大学部
442 愛知工業大学 総推
443 愛知淑徳大学
444 朝日大学 総推
445 金沢医科大学（医学部） 医
446 金沢工業大学
447 岐阜聖徳学園大学・短期大学部 総推
448 金城学院大学
449 至学館大学 総推
450 静岡理工科大学
451 椙山女学園大学
452 大同大学
453 中京大学
454 中部大学
455 名古屋外国語大学 総推
456 名古屋学院大学 総推
457 名古屋学芸大学 総推
458 名古屋女子大学・短期大学部 総推
459 南山大学（外国語〈英米〉・法・総合政策・国際教養学部）
460 南山大学（人文・外国語〈英米を除く〉・経済・経営・理工学部）
461 新潟国際情報大学
462 日本福祉大学
463 福井工業大学
464 藤田医科大学（医学部） 医
465 藤田医科大学（医療科・保健衛生学部）
466 名城大学（法・経営・経済・外国語・人間・都市情報学部）
467 名城大学（情報工・理工・農・薬学部）
468 山梨学院大学

近畿の大学（50音順）

469 追手門学院大学 総推
470 大阪医科薬科大学（医学部） 医
471 大阪医科薬科大学（薬学部） 総推
472 大阪学院大学 総推
473 大阪経済大学 総推
474 大阪経済法科大学 総推
475 大阪工業大学 総推
476 大阪国際大学・短期大学部 総推
477 大阪産業大学 総推
478 大阪歯科大学（歯学部）
479 大阪商業大学 総推
481 大阪成蹊大学・短期大学 総推
482 大谷大学 総推
483 大手前大学・短期大学 総推
484 関西大学（文系）
485 関西大学（理系）
486 関西大学（英語〈3日程×3カ年〉）
487 関西大学（国語〈3日程×3カ年〉）
488 関西大学（文系選択科目〈2日程×3カ年〉）
489 関西医科大学（医学部） 医
490 関西医療大学 総推
491 関西外国語大学・短期大学部 総推
492 関西学院大学（文・社会・法学部−学部個別日程）
493 関西学院大学（経済・人間福祉・国際学部−学部個別日程）
494 関西学院大学（神・商・教育・総合政策学部−学部個別日程）
495 関西学院大学（全学部日程〈文系型〉）
496 関西学院大学（全学部日程〈理系型〉）
497 関西学院大学（共通テスト併用日程・英数日程）
498 畿央大学 総推
499 京都外国語大学・短期大学 総推
500 京都光華女子大学・短期大学部 総推
501 京都産業大学（公募推薦入試） 総推
502 京都産業大学（一般選抜入試〈前期日程〉）
503 京都女子大学 総推
504 京都先端科学大学 総推
505 京都橘大学 総推
506 京都ノートルダム女子大学 総推
507 京都薬科大学 総推
508 近畿大学・短期大学部（医学部を除く−推薦入試） 総推
509 近畿大学・短期大学部（医学部を除く−一般入試前期）
510 近畿大学（英語〈医学部を除く3日程×3カ年〉） 新
511 近畿大学（理系数学〈医学部を除く3日程×3カ年〉） 新
512 近畿大学（国語〈医学部を除く3日程×3カ年〉） 新
513 近畿大学（医学部−推薦入試・一般入試前期） 医 総推
514 近畿大学・短期大学部（一般入試後期） 医
515 皇學館大学 総推
516 甲南大学 総推
517 神戸学院大学 総推
518 神戸国際大学 総推
519 神戸女学院大学 総推
520 神戸女子大学・短期大学 総推
521 神戸薬科大学 総推
522 四天王寺大学・短期大学部 総推
523 摂南大学（公募制推薦入試） 総推
524 摂南大学（一般選抜前期日程）
525 帝塚山学院大学 新 総推
526 同志社大学（法、グローバル・コミュニケーション学部−学部個別日程）
527 同志社大学（文・経済学部−学部個別日程）
528 同志社大学（神・商・心理・グローバル地域文化学部−学部個別日程）
529 同志社大学（社会学部−学部個別日程）

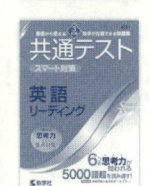

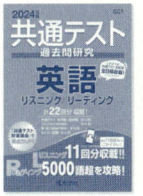

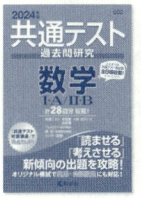

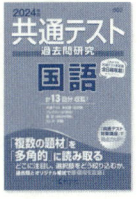

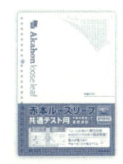

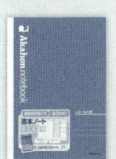

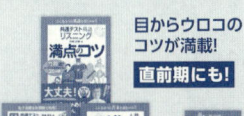

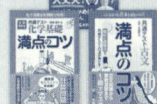

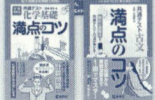

2024年版　大学入試シリーズ　No. 277

淑徳大学

2023年8月30日　第1刷発行

定価は裏表紙に表示しています

ISBN978-4-325-25714-1

編　　集　教学社編集部
発 行 者　上原寿明
発 行 所　教　学　社

〒606-0031
京都市左京区岩倉南桑原町 56
電話 075(721)6500
振替 01020-1-15695

印刷　共同印刷工業

- 乱丁・落丁等につきましてはお取替えいたします。
- 本書に関する最新の情報(訂正を含む)は,赤本ウェブサイト http://akahon.net/ の書籍の詳細ページでご確認いただけます。
- 本書は当社編集部の責任のもと独自に作成したものです。本書の内容についてのお問い合わせは,赤本ウェブサイトの「お問い合わせ」より,必要事項をご記入の上ご連絡ください。電話でのお問い合わせは受け付けておりません。なお,受験指導など,本書掲載内容以外の事柄に関しては,お答えしかねます。また,ご質問の内容によってはお時間をいただく場合がありますので,あらかじめご了承ください。

- 本シリーズ掲載の入試問題等について,万一,掲載許可手続等に遺漏や不備があると思われるものがございましたら,当社編集部までお知らせください。